Certificazione di Italiano Lingua Straniera

percorso CILS

Simone Scafi
Lisa Loccisano

DUE B2

manuale di preparazione e approfondimento

Edizione aggiornata

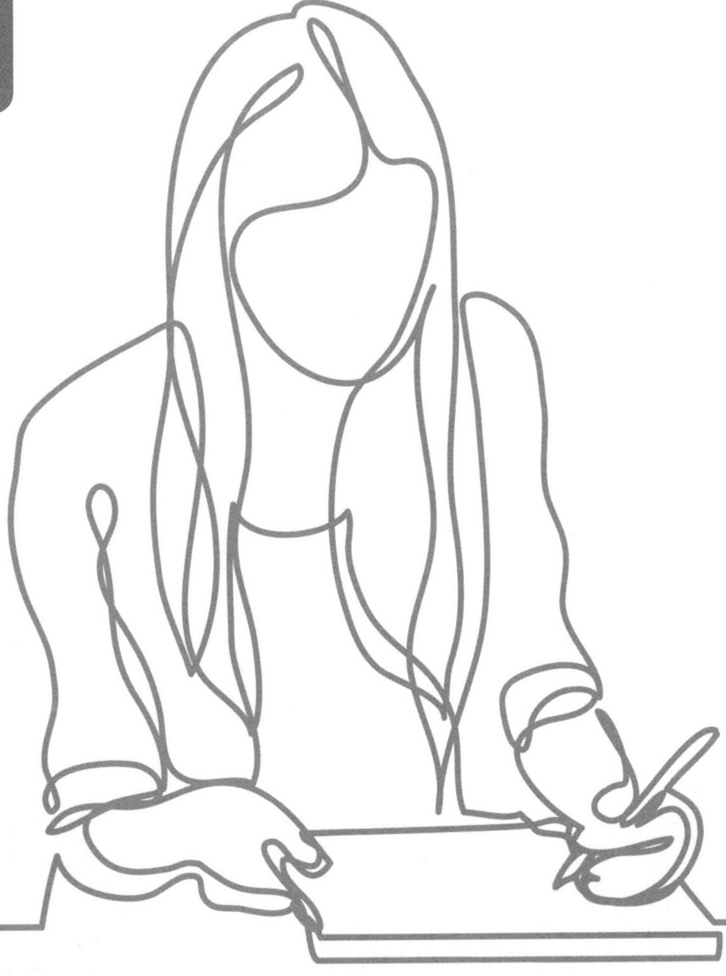

audio + risorse gratuite
scaricabili dal sito

ornimi
EDITIONS

Simone Scafi è docente di lingua e cultura italiana dal 2004.

Attualmente lavora presso la Facoltà di Lingue e letterature straniere e Culture moderne dell'Università di Torino (dal 2009) e presso la Scuola internazionale per stranieri CiaoItaly di Torino (dal 2009).

Ad oggi, ha insegnato lingua e cultura italiana agli stranieri per più di 12000 ore, considerando anche le scuole pubbliche e private in cui ha prestato servizio ed i Programmi di apprendimento permanente (2007-2013) ed Erasmus + (2014-2018).

Ha insegnato ed insegna anche per il Master di Didattica della lingua italiana per stranieri (MITAL2) per l'Università di Torino con moduli su Certificazioni linguistiche e tecniche didattiche.

Ha lavorato su diversi progetti di ricerca sulle Certificazioni linguistiche e sull'accreditamento di esse presso il Miur. È esaminatore di lingua italiana per stranieri CILS, CELI e AIL e formatore DITALS.

Ha diretto sei edizioni del Master di Didattica della Lingua Italiana per stranieri (organizzato dalla Scuola Ciaoltaly) e coordina per la stessa Scuola il corso in preparazione all'esame DITALS (quarta edizione).

Collabora anche con la Scuola Leonardo di Firenze sulla Certicazione AIL.

Grazie ai suoi titoli universitari (la sua prima laurea è in cinema italiano, solo più tardi ha completato il percorso di didattica della lingua italiana per stranieri) ha intrapreso un progetto di ricerca sulla didattica alternativa (un nuovo modo di usare il cinema italiano).

Lisa Loccisano è attualmente docente di italiano per stranieri presso Ciao Italy dove tiene corsi di lingua, si occupa di corsi per studenti sinofoni del progetto Marco Polo e Turandot, di corsi di formazione DITALS e di corsi di preparazione all'esame CILS.

Dopo essersi laureata presso l'Università degli Studi di Torino si è specializzata in didattica dell'italiano per stranieri presso l'Università Statale di Milano, con il Master PROMOITALS, e presso l'Università Ca' Foscari di Venezia, dove ha concluso il Master Itals di II livello con un percorso di ricerca - azione in classi sinofone del progetto Marco Polo e Turandot.

Ha frequentato, e continua a frequentare, corsi di formazione e aggiornamento presso le Università per Stranieri di Perugia e Siena dove ha ottenuto i titoli di esaminatore CELI, somministratore CILS e formatore DITALS.

Ha collaborato con l'IIC di Tirana in corsi di italiano LS, si è inoltre occupata di progetti di italiano per studiare nelle Scuole Medie Inferiori statali e di corsi di italiano settoriale presso multinazionali site sul territorio torinese. Infine ha collaborato, e collabora, con il CLA dell'Università degli Studi di Torino come docente di italiano L2/LS ed esaminatore CELI.

Redazione: **Gennaro Falcone**

Impaginazione e progetto grafico: **ORNIMI Editions**

© 2020 ORNIMI Editions
4ª ristampa (Edizione aggiornata): agosto 2025
ISBN: 978-618-84586-6-6

ORNIMI Editions
Lontou 8
10681 Atene
T. +30 210 3300073
www.ornimieditions.com

L'Editore è a disposizione degli aventi diritto che non è stato possibile rintracciare e per eventuali omissioni o inesattezze. Tutti i diritti di traduzione, memorizzazione elettronica, riproduzione e di adattamento parziale o totale, tramite qualsiasi mezzo (digitale o supporti di qualsiasi tipo), di quest'opera, sono riservati in Italia e all'estero.

Premessa

Percorso CILS
Manuale di preparazione e approfondimento

Percorso CILS DUE-B2 è un manuale, pensato e realizzato per essere usato sia in **autonomia** sia in **classe**, che offre una **panoramica** completa dell'esame e consente di conoscerne la **struttura** e le **strategie** di svolgimento. Questo vuole essere un libro utile per conoscere, attraversare e superare l'esame di lingua italiana per stranieri CILS. Il titolo scelto rispecchia l'unicità di questo manuale.

Perché la parola percorso nel titolo?

L'uso della parola *percorso* **è un uso** figurato che vuole rappresentare l'evoluzione, il processo di graduale avanzamento e trasformazione in cui lo studente è guidato tra le pagine del volume. Questi elementi rispecchiano la struttura scelta e adottata nella preparazione di questo manuale. Qui lo studente è guidato gradualmente e per *step* alla conoscenza della struttura, alle tempistiche, ai contenuti ed alla scoperta delle diverse prove d'esame.

I testi proposti sono stati scritti rispettando quelle caratteristiche necessarie, definite dal *Quadro Comune Europeo di Riferimento*, che definiscono un testo adatto ad un livello B2, tra queste ci sono:

- il numero di parole e la lunghezza complessiva del testo;
- le diverse tipologie testuali presenti nelle prove d'esame (testi espositivi, informativi, regolativi…);
- l'uso del lessico previsto per il livello B2;
- la considerazione delle diverse strutture richieste in ricezione e produzione al livello B2.

Con il rispetto di questi criteri nella produzione di testi originali e unici, gli studenti, e i docenti, sono guidati gradualmente alla preparazione e all'approfondimento dell'esame a piccoli passi attraverso un manuale strutturato in modo semplice, ma al contempo in modo completo e **versatile**, che si adatta al contesto classe, ma anche all'autoapprendimento.

Questa struttura comprende **4 macrosezioni**:

- **Introduzione**
- **Preparazione all'esame**
- **Quaderni d'esame**
- **Esercitazione**

Introduzione

L'introduzione è il primo passo verso la preparazione dell'esame ed è stata pensata per fornire una conoscenza teorica attraverso la presentazione di quegli elementi che si ritengono necessari, tra questi si trovano:

- la presentazione dell'esame B2;
- le tempistiche e le modalità di svolgimento delle singole prove;
- i contenuti richiesti al livello B2 con la presenza di un sillabo grammaticale B2 e uno complessivo di livello intermedio B1-B2 che rispecchiano le indicazioni fornite dal *Quadro Comune Europeo di Riferimento*;
- alcuni consigli che si ritengono utili sia per i docenti che per gli studenti;
- un'utile presentazione dei criteri di attribuzione dei punteggi.

Preparazione all'esame

Questa sezione è la parte centrale del manuale ideata in modo innovativo proprio per rispondere alla necessità di un libro utilizzabile in autoapprendimento, ma al contempo stesso in un contesto classe. L'unicità di questa sezione è data dalla presenza di:

- tre quaderni d'esame completi divisi per abilità. La scelta di questa suddivisione è nata per rispondere alle dinamiche d'aula dove il docente è facilitato a guidare i propri studenti all'approfondimento delle singole abilità integrando, se ritenuto necessario, con materiali ad hoc. L'ordine proposto rispecchia quello che lo studente troverà poi nel quaderno d'esame ufficiale:

- ascolto
- comprensione della lettura
- analisi delle strutture della comunicazione
- produzione scritta
- produzione orale

- prove d'esame complete di approfondimenti e soluzioni. La risposta corretta è seguita dalla spiegazione e dall'eventuale approfondimento grammaticale o lessicale che lo rendono utilizzabile in autoapprendimento.

Quaderni d'esame

In questa sezione lo studente può familiarizzare, ed esercitarsi, con la struttura d'esame attraverso **due quaderni d'esame** completi. La scelta di inserire i quaderni d'esame completi dopo la presentazione generale dell'esame e della scoperta guidata alle prove rispecchia il graduale avanzamento che caratterizzano questo volume.

Esercitazione

A conclusione, e a completamento, di questo percorso guidato sono stati ideati **esercizi di rinforzo grammaticale** pensati e creati per esercitare, ripassare e fissare in particolar modo gli elementi grammaticali presenti nella prova d'esame *Analisi delle strutture di comunicazione*. In questa sottosezione ci sono diverse tipologie di esercizi che comprendono:

- pronomi (diretti, indiretti, combinati, particelle ci e ne);
- aggettivi e pronomi possessivi, numerali, dimostrativi, indefiniti, relativi ecc... ;
- coniugazione dei diversi modi e tempi verbali;
- lessico probabile.

A completamento del volume sono presenti:

- le soluzioni dei due quaderni d'esame completi e degli esercizi per il rinforzo grammaticale;
- le trascrizioni delle prove d'ascolto;
- un utile glossario in 3 lingue: italiano, inglese e spagnolo;
- uno spazio online dove è possibile scaricare le tracce audio e i glossari in altre lingue.

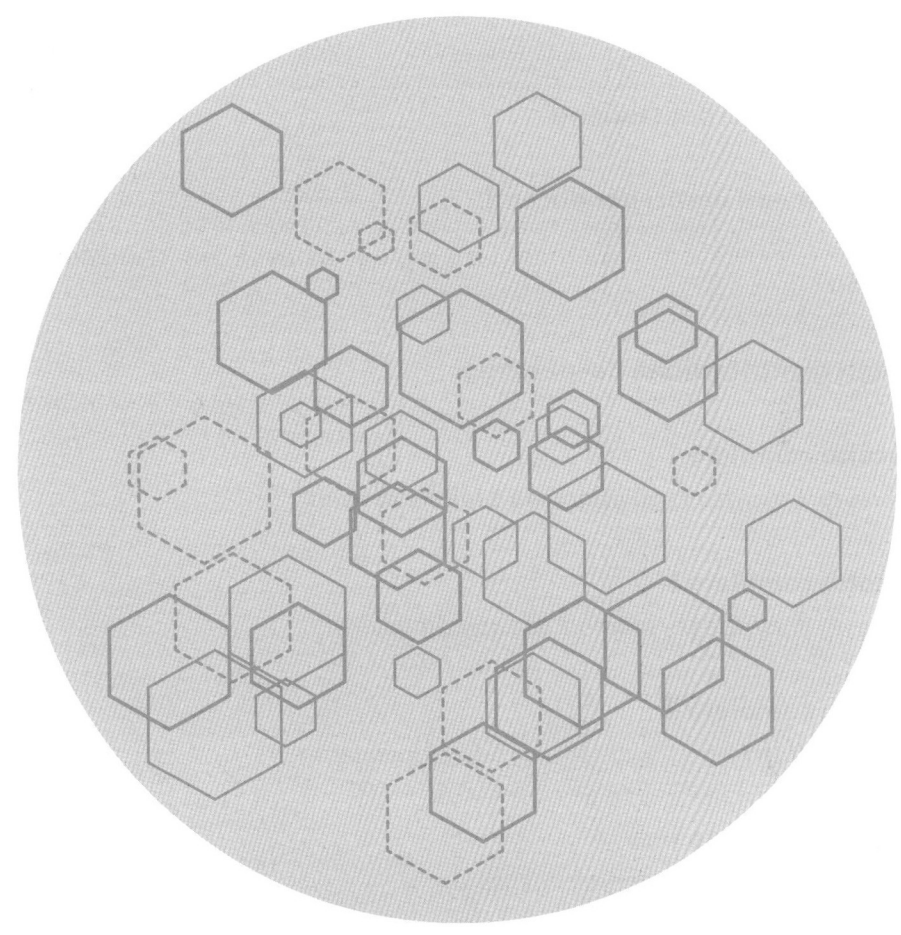

- INDICE
- PRINCIPI TEORICI DELL'ESAME
- PRESENTAZIONE DELL'ESAME
- CONSIGLI PRATICI PER STUDENTI
- SUGGERIMENTI PRATICI PER DOCENTI
- SILLABO
- CRITERI DI ATTRIBUZIONE DEI PUNTEGGI

INDICE

	pagina
Principi teorici dell'esame	8
Presentazione dell'esame	10
Consigli pratici per studenti	18
Suggerimenti pratici per docenti	25
Sillabo	29
Criteri di attribuzione dei punteggi	32
Ascolto completo 1 *(3 prove – trascrizioni – soluzioni con approfondimenti)*	35
Ascolto completo 2 *(3 prove – trascrizioni – soluzioni con approfondimenti)*	47
Ascolto completo 3 *(3 prove – trascrizioni – soluzioni con approfondimenti)*	59
Lettura completa 1 *(3 prove – soluzioni con approfondimenti)*	73
Lettura completa 2 *(3 prove – soluzioni con approfondimenti)*	85
Lettura completa 3 *(3 prove – soluzioni con approfondimenti)*	97
Analisi completa 1 *(4 prove – soluzioni con approfondimenti)*	109
Analisi completa 2 *(4 prove – soluzioni con approfondimenti)*	125
Analisi completa 3 *(4 prove – soluzioni con approfondimenti)*	137

INDICE

	pagina
Produzione scritta completa 1 *(2 prove)*	149
Produzione scritta completa 2 *(2 prove)*	155
Produzione scritta completa 3 *(2 prove)*	159
Produzione orale completa 1 *(2 prove)*	163
Produzione orale completa 2 *(2 prove)*	167
Produzione orale completa 3 *(2 prove)*	171
Prova completa 1 *(ascolto e soluzioni – lettura e soluzioni – analisi strutture e soluzioni – produzione scritta – produzione orale)*	175
Prova completa 2 *(ascolto e soluzioni – lettura e soluzioni – analisi strutture e soluzioni – produzione scritta – produzione orale)*	199
Eserciziario	223
Lessico Probabile	233
Soluzioni eserciziario	236
Vocabolario sintetico suddiviso in campi semantici	243
Bibliografia e sitografia	250

PRINCIPI TEORICI DELL'ESAME

Il terzo volume della collana Percorso CILS è rivolto agli studenti che vogliono sostenere l'esame di certificazione di lingua italiana CILS livello B2 del QCER (Quadro Comune Europeo di Riferimento).

Percorso CILS B2 presenta caratteristiche uniche, tra cui:

- una presentazione generale dell'esame;
- un curricolo in cui sono presenti tutti gli argomenti previsti per il livello scelto;
- diversi consigli utili alla preparazione ed al superamento delle prove d'esame, per studenti e per docenti;
- prove d'esame suddivise per abilità con soluzioni ed approfondimenti;
- quaderni d'esame completi con soluzioni;
- esercizi grammaticali e lessicali per approfondimento e rinforzo.

Percorso CILS B2 è un manuale pensato e realizzato per essere usato sia in autonomia che in classe. Offre una panoramica completa dell'esame e consente di conoscerne la struttura e le strategie di svolgimento.

Un Ente Certificatore si costituisce garante nei confronti degli individui e della società del raggiungimento di un determinato livello di competenza linguistico-comunicativa, attraverso prassi, pratiche e metodologie formalizzate, testate e istituzionalizzate. Uno dei principi da cui partire è sicuramente il fondamento etico. La Certificazione, come tutte le valutazioni istituzionalizzate, è infatti uno strumento di utilità sociale ed individuale che non può fare a meno dell'equità nella valutazione dei candidati.

La Certificazione assume un significato sociale notevole perché influisce sul percorso dei candidati a prescindere dal profilo che questi rappresentano.

Per questi motivi CILS ha sottoscritto il Codice di Buone Pratiche dell'EALTA, impegnandosi a rispettare e difendere i principi in esso contenuti.

Uno di principi etici più importanti nella certificazione CILS è la garanzia dell'**affidabilità** e dell'**omogeneità** della valutazione per tutti i candidati.

La Certificazione di Italiano come Lingua Straniera (CILS), realizzata dall'Università per Stranieri di Siena, è il titolo ufficiale che attribuisce il grado di competenza linguistica-comunicativa in italiano come lingua straniera.

Le prove della certificazione CILS sono pensate per proporre la lingua italiana in tutti i suoi aspetti, tenendo in considerazione la dinamicità della lingua all'interno del contesto sociale; infatti la Certificazione misura le competenze linguistiche e comunicative in sviluppo ed è suddivisa in sei livelli:

Livello A1
Livello A2
Livello UNO-B1
Livello DUE-B2
Livello TRE-C1
Livello QUATTRO-C2

PRINCIPI TEORICI DELL'ESAME

	QUADRO COMUNE EUROPEO DI RIFERIMENTO	LIVELLI CILS
PROFICIENT USER	C2	CILS QUATTRO-C2
	C1	CILS TRE-C1
INDIPENDENT USER	B2	CILS DUE-B2
	B1	CILS UNO-B1
BASIC USER	A2	CILS A2
	A1	CILS A1

Ogni livello CILS è autonomo e completo: la certificazione di ogni livello descrive un grado di capacità comunicativa adeguato a specifici contesti sociali, professionali e di studio.

STRUTTURA DEL LIBRO

Questo libro è composto da una parte introduttiva in cui docenti e candidati possono trovare informazioni utili relativamente al livello di capacità comunicativa, agli elementi che lo costituiscono e consigli utili allo svolgimento delle prove d'esame.

Successivamente sono presenti **le prove divise per abilità** con soluzioni, spiegazioni e approfondimenti utili per comprendere meglio le risposte.

In particolare, il libro è composto da 3 prove per ogni abilità:

Ascolto, Lettura, Analisi delle strutture di comunicazione, Produzione scritta e Produzione orale.

Inoltre, il libro presenta diverse prove d'esame **complete** con soluzioni ed esercizi grammaticali di **rinforzo** utili in fase di preparazione.

PRESENTAZIONE DELL'ESAME

L'esame di livello B2 è così costituito:

Prove scritte

• TEST DI ASCOLTO	3 prove	30 minuti
• TEST DI COMPRENSIONE DELLA LETTURA	3 prove	50 minuti
• TEST DI ANALISI DELLE STRUTTURE DELLA COMUNICAZIONE	4 prove	1 ora
• PRODUZIONE SCRITTA	2 prove	1 ora e 10 minuti

Prova orale

• PRODUZIONE ORALE	2 prove	10 minuti

• **TEST DI ASCOLTO**	3 prove

Il candidato all'esame di livello B2 deve essere in grado di comprendere in modo efficace durante un soggiorno in Italia, per motivi di studio e di lavoro.

Le tre prove sono state registrate in uno studio da due parlanti nativi e rappresentano la varietà dell'italiano STANDARD a una velocità media e controllata.

La prova nel suo complesso dura **30 minuti**, i testi sono fatti ascoltare due volte, nella registrazione sono compresi i tempi per lo svolgimento delle prove e per la trascrizione delle risposte nei **fogli delle risposte**.

ESEMPIO PARZIALE DELLA PROVA N.1

Ascolta i testi. Poi completa le frasi. Scegli una delle quattro proposte di completamento. Alla fine del test di ascolto DEVI SCRIVERE LE RISPOSTE NEL "FOGLIO DELLE RISPOSTE".

1. Venerdì mattina, Marco e suo fratello

A) seguiranno la presentazione di un libro.

B) andranno al concerto di giovani musicisti.

C) avranno una lezione di musica.

D) visiteranno un museo di storia.

Il candidato dovrà scegliere una sola fra le quattro risposte. Le frasi da completare sono **7**. Generalmente la **Prova di ascolto n. 1** affronta temi della quotidianità, dialoghi di argomento quotidiano, legati alla sfera personale, al dominio educativo e pubblico.

PRESENTAZIONE DELL'ESAME

ESEMPIO PARZIALE DELLA PROVA N. 2

Ascolta il testo: è un'intervista radiofonica. Poi completa le frasi. Scegli una delle quattro proposte di completamento. Alla fine del test di ascolto, DEVI SCRIVERE LE RISPOSTE NEL 'FOGLIO DELLE RISPOSTE'.

1. Il master in Comunicazione commerciale è indicato

A) per chi è interessato a sviluppare competenze linguistiche.
B) per tutte le persone che vogliono perfezionarsi nel marketing.
C) per gli operatori del settore del turismo.
D) per chi ama viaggiare e conoscere culture diverse.

Il candidato dovrà scegliere una sola fra le quattro risposte. Le frasi da completare sono **7**. Generalmente la **Prova di ascolto n. 2** è un'intervista radiofonica che affronta un tema in particolare, articolando più voci.

ESEMPIO PROVA n. 3

Ascolta il testo. Poi leggi le informazioni. Indica se le informazioni (da 1 a 12) sono vere o false. Alla fine del test di ascolto, DEVI SCRIVERE LE RISPOSTE NEL 'FOGLIO DELLE RISPOSTE'.

	Vero	Falso
1. Mario Esposito è un ricercatore universitario che si occupa di studi sulla lingua italiana.	○	○
2. L'obiettivo di Mario è preservare il congiuntivo.	○	○
3. In tutta Italia ci sono diverse iniziative per far conoscere l'importanza del congiuntivo.	○	○
4. Il progetto iniziale di Mario Esposito era di studiare tutti gli errori grammaticali.	○	○
5. Nel suo progetto iniziale Mario Esposito voleva coinvolgere i bambini.	○	○
6. Nella sua ricerca Mario Esposito ha coinvolto anche studenti di scuola media.	○	○
7. Mario Esposito ha aperto un sito di divulgazione linguistica.	○	○
8. […]	○	○

Il candidato dovrà scegliere quali informazioni sono vere e quali sono false (tra le 12 date, da 1 a 12) e dovrà scrivere le risposte nel **foglio delle risposte**.

• TEST DI COMPRENSIONE DELLA LETTURA	3 prove
Il candidato deve saper comprendere in modo efficace le principali informazioni presenti in articoli e relazioni su questioni d'attualità e in testi narrativi contemporanei. I tre testi sono riproduzioni di lettere, brani di narrativa, articoli informativo-divulgativi, testi di istruzioni, regolamenti e interviste. I tre testi sono adattamenti funzionali al livello B2.	

PRESENTAZIONE DELL'ESAME

ESEMPIO PARZIALE PROVA N. 1

Leggi il testo

Intervista al giornalista Mario Esposito

Il giornalista Mario Esposito sta promuovendo il suo ultimo libro dal titolo "La lingua della politica italiana".

Dottor Esposito, perché ha deciso di dedicarsi alla lingua della politica?

Perché se capiamo il tipo di linguaggio che viene utilizzato, capiremo meglio i politici.

Chi l'ha aiutata in questo progetto?

Indubbiamente la televisione…

[…]

Completa le seguenti frasi. Scegli una delle quattro proposte di completamento che ti diamo per ogni frase. DEVI SCRIVERE LE RISPOSTE NEL "FOGLIO DELLE RISPOSTE".

1. Il giornalista Mario Esposito sta promuovendo

A) un nuovo disco.

B) un libro sulla sua carriera.

C) un libro sulla lingua della politica italiana.

D) un libro di politica italiana.

Il candidato dovrà scegliere una sola fra le quattro risposte. Le frasi da completare sono **7**. Generalmente la **Comprensione della lettura Prova n. 1** è una scelta multipla.

PRESENTAZIONE DELL'ESAME

ESEMPIO PARZIALE PROVA N. 2

Leggi il testo

MENSA UNIVERSITARIA

Gli utenti
Il servizio è accessibile a tutti gli studenti iscritti presso l'Università di Torino.

Le strutture
Le strutture presso le quali è possibile usufruire della mensa sono in via della Rocca 79.

Caratteristiche del servizio
Il servizio è attivo dal lunedì al venerdì, dalle ore 12.00 alle ore 15.00, dal mese di gennaio al mese di luglio e dal mese di settembre al mese di dicembre…

Leggi le informazioni. Indica se le informazioni, da 1 a 14, sono Vere o False. DEVI SCRIVERE LE RISPOSTE NEL 'FOGLIO DELLE RISPOSTE'.

	Vero	Falso
1. La mensa è accessibile per tutti gli studenti universitari di Torino.	○	○
2. Alle strutture del servizio mensa dell'Università di Torino non possono accedere i docenti e il personale tecnico amministrativo che lavora all'Università.	○	○
3. Possono accedere solo studenti del Politecnico.	○	○
4. Il servizio mensa non è attivo il sabato e la domenica.	○	○
5. Per accedere al servizio mensa gli studenti devono avere il tesserino universitario.	○	○
6. Gli utenti del servizio mensa non possono portare né consumare il pasto fuori dalle strutture del servizio.	○	○
7. Le strutture presso le quali è possibile usufruire della mensa sono in via della Rocca 79.	○	○
8. Il servizio è attivo dal lunedì al venerdì.	○	○
9. […]	○	○

Il candidato dovrà scegliere quali informazioni sono vere e quali sono false (tra le 14 date, da 1 a 14) e dovrà scrivere le risposte nel **foglio delle risposte**.

PRESENTAZIONE DELL'ESAME

ESEMPIO PROVA N.3

Leggi il testo. Il testo è diviso in 11 parti. Le parti non sono in ordine. Ricostruisci il testo. Scrivi il numero d'ordine accanto a ciascuna parte. **DEVI SCRIVERE LE RISPOSTE NEL "FOGLIO DELLE RISPOSTE".**

1	A.	Mario è un ragazzo di 30 anni che ha pubblicato il suo primo libro di poesie
☐	B.	A 11 anni ha cominciato a leggere poesie.
☐	C.	Il nonno quando era molto piccolo gli raccontava moltissime poesie.
☐	D.	I genitori si sono accorti subito che amava molto sfogliare i libri e leggere filastrocche
☐	E.	Ora vorrebbe fare il grande passo e scrivere un testo di narrativa
☐	F.	A 16 anni ha ricevuto il suo primo premio.
☐	G.	A 17 anni aveva già scritto un piccolo libro di racconti.
☐	H.	Le insegnanti si sono accorte da subito della sua innata abilità nel raccontare storie e nel trovare le parole giuste.
☐	I.	A 5 anni sapeva già leggere in modo autonomo.
☐	J.	Il suo primo libro di poesie parlava di animali.
☐	K.	A 6 anni ha cominciato a disegnare parole.

Il candidato dovrà ricostruire il testo scrivendo il numero d'ordine. Le risposte devono essere scritte nel **foglio delle risposte**.

• **ANALISI DELLE STRUTTURE DI COMUNICAZIONE**	4 prove

Il candidato deve dimostrare di saper compiere operazioni di trasformazione delle strutture linguistiche sul piano lessicale e morfosintattico.

La prova ha la durata di **1 ora** ed è costituita da 4 prove di diverso tipo.

La **prima prova** mira a verificare la conoscenza di **aggettivi** e **pronomi**.

La **seconda prova** mira a verificare la conoscenza dei **tempi verbali** in un testo.

La **terza prova** mira a testare la conoscenza del **lessico** in un testo.

La **quarta prova** mira a testare la conoscenza di **espressioni** in particolari situazioni di **comunicazione**.

PRESENTAZIONE DELL'ESAME

ESEMPIO PARZIALE DELLA PROVA N.1

Completa il testo con gli aggettivi e i pronomi. DEVI SCRIVERE LE RISPOSTE NEL 'FOGLIO DELLE RISPOSTE'.

Lo Chef Mario Esposito

Mario Esposito è il simbolo della cucina made in Italy nel mondo. Mario è napoletano e a 31 anni, dopo aver gestito vari ristoranti in Italia, si trasferisce in Colorado, dove, grazie alla (1)_____ abilità e alla (2)_____ creatività, si fa apprezzare e diventa amatissimo dal pubblico americano. La (3)_____ grande popolarità si deve alla partecipazione al programma Masterchef America, nel (4)_____ è riuscito a mettersi in mostra vincendo la finale. […]

ESEMPIO PARZIALE DELLA PROVA N. 2

Completa il testo con le forme dei verbi che sono tra parentesi. DEVI SCRIVERE LE RISPOSTE NEL 'FOGLIO DELLE RISPOSTE'.

Un caldo incredibile

Ieri mattina, quando 0. (**svegliarsi**) <u>mi sono svegliato</u>, ho sentito la tv accesa e le previsioni meteo che avvisavano dell'arrivo di un'ondata di caldo proveniente dal deserto del Sahara. 1. (**Alzarsi**) _____ e 2. (**andare**) _____ in soggiorno dove mio marito 3. (**fare**) _____ serenamente colazione con un buon caffè, pane e marmellata. Io, in piedi e assonnata, ho guardato fuori dalla finestra e 4. (**pensare**) _____: "5. (**essere**) _____ una giornata molto calda e faticosa". […]

ESEMPIO PARZIALE DELLA PROVA N.3

Completa il testo. Scegli una delle proposte di completamento. DEVI SCRIVERE LE RISPOSTE NEL 'FOGLIO DELLE RISPOSTE'.

La giornata₀ mondiale del Progetto Erasmus

Il 12 aprile è la giornata mondiale del Progetto Erasmus che festeggia l'importanza di viaggiare e di incontrare culture diverse. Il suo eterno (1) _____ ha portato migliaia di ragazzi ad incontrarsi ed a (2) _____ le differenze. Durante questa giornata i (3) _____ assoluti del Progetto organizzano (4) _____, spettacoli ed eventi per mettere in contatto vecchi e nuovi compagni di studio. Questa ricorrenza è nata nel 1996 per (5) _____ del Parlamento di Bruxelles con l'obiettivo di promuovere il progresso culturale, mantenere vivo l'interesse per il viaggio e per lo studio...
[…]

0.	a) giorno	b) mattina	c) *giornata*	d) serata
1.	a) fascino	b) bellezza	c) pregio	d) difetto
2.	a) varcare	b) superare	c) attraversare	d) concludere
3.	a) personaggi	b) protagonisti	c) signori	d) professori
4.	a) colloqui	b) riunioni	c) discorsi	d) conferenze
5.	a) volontà	b) lavoro	c) colpa	d) domanda

PRESENTAZIONE DELL'ESAME

ESEMPIO PARZIALE DELLA PROVA N.4

Scegli per ogni espressione una delle quattro situazioni di comunicazione. DEVI SCRIVERE LE RISPOSTE NEL 'FOGLIO DELLE RISPOSTE'.

1. "Buongiorno signora, l'accesso alla biblioteca è libero, ma per il servizio prestito è necessaria l'iscrizione".

A) Un professore spiega ai suoi studenti come iscriversi alla biblioteca universitaria.

B) Un operatore della biblioteca informa un utente sul funzionamento della biblioteca.

C) Uno studente telefona per avere informazioni sul funzionamento della biblioteca.

D) Un utente legge le informazioni presenti nell'avviso appeso all'ingresso della biblioteca.

2. "Ti va un caffè? Vieni, andiamo a sederci in quel bar!"

A) In un bar, ordini un caffè al barista.

B) Chiedi ad un tuo amico di andare in un bar per un caffè.

C) Dici ad una tua amica di ordinarti un caffè.

D) A casa chiedi a tua mamma di prepararti un caffè.

[…]

• PRODUZIONE SCRITTA	2 prove

Il candidato deve essere in grado di produrre testi scritti chiari ed articolati su un'ampia gamma di argomenti, deve saper trasmettere le informazioni in modo **chiaro** ed **efficace** dal punto di vista **comunicativo** fornendo informazioni e ragioni a favore o contro una determinata opinione.

ESEMPIO PROVA N.1

Descrivi un luogo che hai visitato o dove hai vissuto per lungo tempo. Devi scrivere da 120 a 140 parole. DEVI SCRIVERE IL TESTO NEL 'FOGLIO DELLA PRODUZIONE SCRITTA-PROVA N.1'.

ESEMPIO PROVA N. 2

Scrivi una richiesta per partecipare a un concorso estivo per ricercatori scientifici. Scrivi una lettera di candidatura al responsabile del concorso.

Devi scrivere da 80 a 100 parole. DEVI SCRIVERE IL TESTO NEL 'FOGLIO DELLA PRODUZIONE SCRITTA-PROVA N.2'.

PRESENTAZIONE DELL'ESAME

• PRODUZIONE ORALE	2 prove

Il candidato deve saper esprimere in maniera chiara il proprio pensiero, utilizzando le strutture **fondamentali** della lingua italiana per comunicare con efficacia i messaggi orali. Il candidato deve saper comunicare con un grado di spontaneità e scioltezza sufficiente per interagire in modo normale con parlanti nativi. Deve saper usare l'italiano parlato in modo appropriato nelle situazioni di comunicazione quotidiana e deve essere in grado di adattarsi agli elementi di novità o alle interferenze dell'interlocutore.

Le prove sono 2 (10 minuti in totale):
- **Dialogo con l'esaminatore** (2/3 minuti)
- **Monologo** (2 minuti circa)

ESEMPIO PROVA N.1 (Conversazione con l'esaminatore)	ESEMPIO PROVA N.2 (Monologo)
• Libri e film preferiti. • Aspetti positivi e negativi della vita in città. • Una città ideale. • Il lavoro dei sogni. • Il clima.	• Un personaggio che ti ha colpito. • L'uso del telefonino. • Una città in cui non torneresti più. • Descrizione di un'immagine.

CONSIGLI PRATICI PER STUDENTI

Questo manuale di preparazione all'esame di certificazione CILS, livello B2, è pensato per tutti gli apprendenti della lingua italiana, autodidatti e non, che vogliono sostenere l'esame e certificare la loro competenza linguistica.

L'esame è composto da cinque parti ugualmente importanti in cui si testano tutte le abilità linguistiche: comprensione e produzione orale, comprensione e produzione scritta, interazione orale. Per questo motivo la preparazione deve includere diverse tipologie di attività che consentano allo studente di familiarizzare con la struttura dell'esame. La conoscenza della struttura, dei tempi e delle consegne di ciascuna prova è uno dei presupposti necessari per il superamento dell'esame.

Si elencano, di seguito, i consigli pratici che si ritengono utili per lo svolgimento delle prove.

1. Test di ascolto.

La prova di ascolto si svolge in aula con la presenza dell'esaminatore che ha l'unico compito di garantire la corretta riproduzione delle tre tracce audio. L'ascolto non può essere interrotto e quindi lo studente deve essere capace di ascoltare e rispettare i tempi previsti tra l'ascolto di una traccia e la successiva. È bene chiarire che l'ascolto di ogni traccia avviene due volte con due minuti di pausa tra il primo e il secondo ascolto per la lettura della prova.

Prova uno (sette brevi ascolti indipendenti l'uno dall'altro) e due (un unico ascolto). Ascolta i testi. Poi completa le frasi.

Cosa deve fare lo studente durante il primo ascolto della prova?

È meglio concentrarsi solo sull'ascolto della traccia senza leggere le domande previste dalla prova per evitare confusione tra ciò che viene ascoltato e ciò che viene letto. È sbagliato pensare di trovare parole identiche tra quelle ascoltate e quelle lette.

Cosa fare durante la pausa della durata di due minuti tra il primo e il secondo ascolto?

Nella pausa il candidato non ha il tempo necessario per leggere interamente la prova, per questo motivo è meglio leggere solo la frase da completare, data in grassetto, in modo che durante il secondo ascolto ci si possa concentrare sulle informazioni da individuare.

Esempio:

1. La signora Maria va in banca per chiedere un prestito perché

➤ a. deve fare una visita di controllo.
   b. vuole comprare una casa.
   c. deve cambiare macchina.
   d. vuole comprare un motorino.

Durante il secondo ascolto il candidato svolge la prova e individua, quindi, le risposte corrette. Al termine del secondo ascolto il candidato ha 2 minuti per riflettere e controllare le risposte scelte.

In questi due minuti non è necessario riportare le risposte sul *foglio delle risposte,* perché al termine delle tre prove è previsto un tempo di circa tre minuti in cui il candidato può scrivere le risposte nell'apposita sezione del *foglio delle risposte.*

CONSIGLI PRATICI PER STUDENTI

Prova tre.
Ascolta il testo. Indica se le informazioni (da 1 a 12) sono vere o false.
La terza prova di ascolto non prevede il completamento di una frase data con una scelta multipla, bensì prevede che il candidato individui le informazioni vere o false tra le dodici frasi proposte. Lo svolgimento degli ascolti avviene nello stesso modo con cui si sono svolte la prima e la seconda prova.

2. Test di comprensione della lettura.
La comprensione della lettura è la prova in cui il candidato deve dimostrare di comprendere il significato di testi scritti di diverse tipologie, previste per il livello scelto, e di svolgere il compito richiesto. La durata è di 50 minuti in cui il candidato deve svolgere le tre prove lasciando a ciascuna il tempo necessario. Durante questa prova, come per tutte le altre, non è consentito l'uso di dizionari e traduttori. È probabile che durante la lettura ci siano parole mai lette o sentite, questo non è obbligatoriamente un problema. La lettura deve essere mirata all'individuazione delle informazioni più importanti, che potranno essere: l'argomento, il tema centrale, i protagonisti, il tempo e il luogo, le opinioni dei diversi personaggi ed eventualmente la conclusione a cui arriva l'autore del testo.

Prova uno. Completa le frasi. Scegli una delle quattro proposte di completamento.
La prima prova della comprensione della lettura prevede la comprensione di un unico testo. Questo testo può essere di natura diversa secondo le linee guida previste dal QCER per il livello scelto, tra questi troviamo frequentemente: testi espositivi, il cui scopo è quello di esporre un fatto, un accaduto, testi informativi, il cui scopo è quello di informare il lettore, articoli di giornale, adattati alla prova d'esame ed infine interviste, in cui lo scambio di battute è tra giornalista ed intervistato.
Indipendentemente dalla tipologia di testo, il candidato deve leggere una prima volta interamente il testo in modo da capire quale sia l'argomento centrale. Dopo questa prima lettura si consiglia di leggere le frasi da completare e le relative scelte.
Le informazioni da individuare sono in ordine all'interno del testo, quindi il candidato deve proseguire ordinatamente, dalla 1 alla 7, nello svolgimento della prova.
Di solito si rivela molto utile sottolineare l'informazione individuata nel testo. In questo modo, in fase di controllo, sarà più semplice controllare la scelta effettuata.

Esempio:

2. Secondo il sindaco di Firenze, gli Uffizi
   A. sono importanti per il settore ristorazione.
   B̶. determinano effetti positivi su tutta l'economia della città.
   C. ha poche visite.
   D. non è più frequentato come gli anni scorsi.

Il sindaco di Firenze è molto contento del numero elevato di turisti e ha dichiarato: "Investire in questo Museo <u>è importante per tutta l'economia della città di Firenze</u>, non solo per il turismo".

CONSIGLI PRATICI PER STUDENTI

Prova due. Leggi le informazioni. Scegli le sette informazioni presenti nel testo.

La differenza con la prima prova consiste nella modalità di svolgimento e non riguarda la tipologia del testo. In questa prova il candidato deve indicare se le 14 informazioni date sono vere o false.

Anche in questa prova, come nella prima, è utile sottolineare nel testo l'informazione che si ritiene sia presente per essere sicuri che le informazioni presenti coincidano completamente e non solo parzialmente.

Esempio:

1. Il Master è obbligatorio per gli insegnanti delle scuole italiane. *(informazione falsa in quanto nel testo non è presente l'informazione "il corso è obbligatorio").*
2. Il Master è uno strumento di aggiornamento per gli insegnanti delle scuole primarie e secondarie. *(informazione vera presente nel testo)*

   1. falso
   2. vero

L'obiettivo del Master in Didattica dell'italiano L2 e LS è quello di <u>rispondere al crescente bisogno di formazione, aggiornamento e riqualificazione professionale degli insegnanti della scuola primaria e secondaria</u>, e quello di formare la nuova figura professionale del docente di italiano per stranieri. Quindi l'informazione 1 è FALSA.

Prova tre. Leggi il testo, il testo è diviso in undici parti. Ricostruisci il testo.

La terza prova, diversamente dalle prime due, prevede il riordino di un testo. Questo testo ha una sequenzialità logica scandita dall'ordine degli eventi o delle informazioni. Il candidato per riuscire a ricostruire correttamente il testo deve individuare alcuni elementi necessari, tra cui: date, momenti della giornata (mattina, pomeriggio, sera), connettivi temporali (prima, mentre, dopo, innanzitutto, infine…). Oltre all'individuazione di questi elementi, sia in testi espositivi che narrativi, è utile seguire la logica degli eventi e trovare quelle parole che collegano una frase alla successiva. Infine non bisogna dimenticare di leggere il titolo che potrebbe contenere informazioni in merito al testo.

Il testo è diviso in undici parti, la numero uno è indicata.

Esempio:

> **Il giorno della carbonara e i suoi ingredienti.**

Nel titolo sono presenti due informazioni essenziali che rappresentano il tema centrale del testo: gli ingredienti per la preparazione della pasta carbonara e la giornata dedicata a questo piatto.

1. E. In molti paesi si festeggia "il giorno della carbonara" che rappresenta un successo mondiale tutto italiano. **Ma quali sono gli ingredienti?**

2. B. I **cinque ingredienti** fondamentali sono: il pecorino, il sale, il pepe nero, le uova e il guanciale di maiale. Ma secondo i più prestigiosi esperti c'è un altro ingrediente fondamentale.

3. J. Infatti, per ottenere una carbonara perfetta, il **sesto ingrediente** è la **qualità** dei prodotti.

CONSIGLI PRATICI PER STUDENTI

3. Test di analisi delle strutture di comunicazione.

Questa sezione comprende quattro prove da svolgere in un'ora. Queste quattro prove sono diverse tra loro e il loro obiettivo è quello di verificare la competenza grammaticale e lessicale.

Prova uno. Completa il testo con gli aggettivi e i pronomi.

La prova uno prevede l'inserimento degli aggettivi e dei pronomi.

Il candidato che vuole prepararsi per questa prova deve concentrarsi:
- sui pronomi diretti, indiretti, riflessivi e combinati;
- sulle particelle ci e ne;
- sulla differenza di uso degli aggettivi e dei pronomi.

Esempio:

Nel 2017 hanno ottenuto $_1$_____ bandiera più di 340 spiagge. Le regioni con il numero più alto di spiagge premiate sono state la Liguria, con 27 località, e la Toscana, con 19. Il sindaco di Punta Ala è molto soddisfatto per il $_2$_____ costante impegno nel settore ambientale.

Nello spazio n.1 è necessario inserire l'aggettivo dimostrativo adeguato. Nello spazio n. 2 invece è necessario scegliere un aggettivo possessivo.

Prova due. Completa il testo con le forme giuste dei verbi che sono tra parentesi.

La prova due prevede la coniugazione dei verbi forniti tra parentesi alla forma infinita, il suo obiettivo è quello di verificare la competenza linguistica grammaticale. Per prima cosa il candidato deve leggere interamente il testo ed individuare quegli elementi che gli consentano di capire se la narrazione si riferisce ad eventi presenti, passati e futuri. Gli elementi da individuare sono:

- gli altri verbi coniugati già presenti nel testo;
- le espressioni temporali che indicano lo svolgimento dei fatti: prima, dopo, durante, la prossima settimana, due mesi fa ecc. ;
- i discorsi diretti in cui intervengono altre persone perché potrebbe esserci un cambio di tempo e modo;
- i verbi, o particolari costruzioni, che prevedono successivamente l'uso di particolari verbi quali il congiuntivo: penso che, ritenevano che, avete creduto di ecc. ;
- le congiunzioni che devono essere seguite da alcuni verbi al congiuntivo: sebbene, nonostante, prima che ecc.;
- le congiunzioni che devono essere seguite da verbi al modo indicativo: anche se, dopo che ecc. .

Prova tre. Completa il testo con una delle parole proposte.

La prova tre ha l'obiettivo di verificare la conoscenza lessicale e quindi la competenza nell'uso di un lessico adeguato.

Per scegliere la parola corretta non si può far riferimento alla categoria grammaticale.

CONSIGLI PRATICI PER STUDENTI

Esempio:

| 0. | a) giornata | b) festività | c) settimana | d) ricorrenza |

Queste parole sono tutti nomi femminili singolari. La loro unica differenza è il significato, una sua sfumatura o un uso particolare in determinate espressioni della lingua italiana.

Anche in questa prova è utile leggere interamente il testo e il titolo in modo da avere informazioni sull'argomento, sulla forma in cui il testo è scritto e sul registro adottato.

Al termine dello svolgimento della prova si consiglia al candidato di rileggere interamente il testo in modo da controllarne il significato globale.

Prova quattro. Completa il testo con una delle parole proposte.

La prova quattro prevede l'individuazione della situazione comunicativa in cui si svolge uno scambio comunicativo come quello proposto. L'obiettivo di questa prova è verificare la capacità di uso della lingua nei diversi contesti comunicativi. Tra queste diverse situazioni comunicative, o contesti, si può trovare:

- un annuncio (cerco-offro casa/camera);
- una richiesta cortese ad un cameriere, un barista, un addetto reception, un commesso di negozio;
- un'ordinazione al bar, al ristorante, in pizzeria;
- una prenotazione di un tavolo al ristorante o di una camera in albergo;
- un messaggio di segreteria telefonica;
- un consiglio scambiato tra amici, parenti, conoscenti;
- un biglietto d'auguri scritto per una particolare ricorrenza: compleanno, matrimonio, laurea, battesimo;
- un messaggio (sms) sul cellulare;
- una lamentela;
- un'informazione, data o ricevuta da passanti, in palestra, in piscina, in una scuola di lingue;
- una proposta, un invito da accettare o rifiutare;
- una richiesta di un favore o di un aiuto;
- un annuncio in un luogo pubblico come una stazione ferroviaria, un aeroporto che comunicano cancellazioni, cambio di orario partenza o arrivo, il binario, il gate;
- delle previsioni metereologiche.

Tutte queste situazioni comunicative sono caratterizzate da una maggior o minor formalità nel registro adottato.

Esempio:

> *Il volo AZ1430 con destinazione Roma Fiumicino partirà con un ritardo di 60 minuti, ci scusiamo per il disagio.*

Annuncio in luogo pubblico.

A. Sull'aereo l'assistente di volo si scusa del ritardo.
B. Telefoni ad un tuo amico e gli comunichi che il tuo aereo partirà con un ritardo di 60 minuti.
C. In aeroporto un annuncio avvisa del ritardo di un volo.
D. In aeroporto un passeggero si lamenta del ritardo del volo.

CONSIGLI PRATICI PER STUDENTI

4. Test di produzione scritta.

È prevista la produzione di due testi con caratteristiche diverse in un'ora e dieci minuti. Solitamente un testo è di tipo narrativo o espositivo mentre il secondo è una lettera o email, formale o informale, da inviare per chiedere o dare informazioni relativamente a quanto esplicitato nella consegna. In entrambe le prove è utile osservare alcuni consigli, tra cui:

- leggere attentamente quanto richiesto in modo da individuare l'argomento centrale ed evitare di scrivere cose non richieste che penalizzano nell'assegnazione del punteggio;
- fare una scaletta, un elenco sul foglio di brutta copia da seguire durante la scrittura in modo da produrre un testo ordinato e chiaro;
- scrivere frasi corrette, anche se brevi, usando bene la punteggiatura ed evitare di fare frasi con troppe subordinate in quanto la possibilità di commettere errori aumenta notevolmente;
- usare in modo opportuno congiunzioni (ma, però, e, anche) e connettivi in modo da rendere il testo coeso, compatto;
- individuare e successivamente usare il registro, formale o informale, da rispettare così da scegliere accuratamente la forma dei verbi, degli appellativi e delle formule di chiusura e apertura della lettera o email;
- rileggere il testo per autocorreggere la struttura della frase o la scelta lessicale nel caso in cui non risulti corretta al candidato;
- rileggere il testo, se il candidato ha tempo, al contrario, dalla fine all'inizio, in modo da individuare eventuali errori ortografici ovvero nella scrittura della singola parola.

5. Test di produzione orale.

Il test di produzione orale comprende due prove: la produzione di un dialogo e di un monologo. In entrambe le prove il candidato ha qualche minuto per riordinare le idee, pensare al lessico necessario allo svolgimento della prova ed eventualmente creare una scaletta del discorso. Durante la registrazione della prova non è consentito avere davanti a sé fogli o appunti.

Prova uno.

Questa prova consiste in un dialogo, in una conversazione faccia a faccia, che il candidato fa con l'esaminatore che ha il compito di interagire con lui. Dopo la scelta della situazione, e passati i minuti di preparazione, il candidato può iniziare la conversazione con l'esaminatore rispettando il registro richiesto dalla situazione, formale o informale. La produzione deve essere quanto più possibile naturale, reale e colloquiale con un uso corretto della lingua italiana. Durante questa prova lo scambio comunicativo è forte e quindi possono esserci domande e risposte tra i due interlocutori che sono sullo stesso livello. La durata di questo dialogo può variare tra i due e i tre minuti circa.

Prova due.

Questa prova invece consiste in un monologo, in un parlato monodirezionale in cui l'esaminatore ha il solo compito di ascoltare e registrare.
Il candidato può scegliere tra due argomenti o tra due fotografie da descrivere in un minuto e mezzo circa.
A differenza della prima prova, qui, l'esaminatore non interviene. Per questo motivo, nei minuti di prepa-

CONSIGLI PRATICI PER STUDENTI

razione, è utile crearsi una scaletta, un ordine da rispettare per evitare di creare un monologo confusionario o di non sapere cosa dire dopo pochi secondi dall'inizio.

La scelta della descrizione dell'immagine può, a volte, essere un aiuto per il candidato, se in possesso del lessico necessario, perché può fornire vari input da utilizzare. Infatti, dopo la descrizione di ciò che è presente nell'immagine, il candidato potrebbe parlare di qualcosa di collegato ad essa in modo da riempire il tempo necessario richiesto per lo svolgimento.

SUGGERIMENTI PRATICI PER DOCENTI

La sezione di questo manuale è destinata agli insegnanti di italiano L2/LS che sono chiamati a preparare i propri studenti all'esame di certificazione di conoscenza della lingua italiana CILS, livello B2. Questi esami di certificazione attestano la competenza linguistico comunicativa e l'uso della lingua, per questa ragione i diversi test sono pensati e strutturati per testare il livello di un apprendente della lingua italiana in tutti i suoi aspetti.

La preparazione all'esame può essere svolta al di fuori del contesto classe, in cui avviene il normale iter di acquisizione, o all'interno dello stesso. Gli aspetti su cui è necessario soffermarsi sono quelli che, normalmente, un insegnante non prenderebbe in considerazione nella stesura del sillabo e del curriculo iniziale in quanto non necessari e non previsti in corsi di lingua generici.

Si deve partire dall'analisi del livello di competenza linguistica per il quale lo studente decide di intraprendere la preparazione. Gli esami CILS fanno riferimento al Quadro Comune Europeo e ai relativi descrittori, utili a definire ciò che un individuo deve imparare per agire efficacemente con la lingua[1], per ogni livello di competenza linguistica. Una volta individuato il livello di competenza linguistica-comunicativa presunto dello studente è possibile iniziare ad orientarlo verso la preparazione dell'esame. Si ritiene utile descrivere in modo dettagliato la struttura dell'esame, ovvero: il numero delle prove, i tempi previsti per ciascuna prova, la lettura delle consegne e la spiegazione del foglio delle risposte. La spiegazione degli aspetti più pratici dell'esame consentirà al candidato, una volta ricevuto il materiale in sede d'esame, di poter cominciare a svolgere le prove senza perdere tempo nella comprensione delle consegne e della struttura, cosa che lo porterebbe ad un notevole rallentamento e all'insorgere di uno stato di ansia.

Le abilità dell'esame sono cinque:

1. comprensione dell'ascolto;
2. comprensione della lettura;
3. analisi delle strutture di comunicazione;
4. produzione scritta;
5. produzione orale.

Molto spesso gli studenti, soprattutto sinofoni, sono portati a pensare che il solo studio mnemonico grammaticale sia sufficiente per superare l'esame, questo è completamente sbagliato. Ogni test verifica e certifica una particolare abilità linguistica e la relativa competenza d'uso per questo motivo in fase di preparazione ogni abilità avrà lo stesso peso e la stessa attenzione nelle esercitazioni.

Qui di seguito si riportano alcuni consigli che si pensa possano essere utili in fase di preparazione.

1. Comprensione dell'ascolto

Le prove di ascolto sono tre:

- la prima prevede un completamento con scelta multipla di sette brevi tracce audio che possono essere mini dialoghi, annunci, pubblicità radiofoniche;
- la seconda prevede un completamento con scelta multipla di un'unica traccia audio della durata di un paio di minuti, il testo audio può essere un dialogo, un'intervista, un programma radiofonico;
- la terza prevede di individuare se le informazioni date sono vere o false. Il testo audio ascoltato è spesso un testo espositivo o informativo.

---

1 QCER, pp.1-2

SUGGERIMENTI PRATICI PER DOCENTI

La comprensione dell'ascolto è il test che crea maggiori difficoltà spesso per la mancanza di esercizio, ma anche per la velocità dell'eloquio. Spesso sono abituati al tono dell'insegnante che adatta la velocità del proprio eloquio alle necessità di comprensione degli studenti, ripetendo tutte le volte che lo ritiene necessario. Nel test dell'ascolto la riproduzione avviene automaticamente e anche le pause sono dettate dal cd audio. In fase di preparazione dobbiamo abituare i candidati a rispettare i tempi, ad ascoltare diverse tipologie di testo con diversi toni e velocità.

Le tecniche didattiche più appropriate sono quelle per lo sviluppo delle attività di comprensione. Può essere utile usare domande aperte, anche se non previste in sede di test, per testare la comprensione globale ed analitica del testo.

2. Test di comprensione della lettura

I testi proposti sono di diversa tipologia e di una lunghezza che varia dalle duecento alle quattrocento parole circa. Il lessico è quello previsto dal livello di competenza linguistica anche se a volte sono presenti termini che possono risultare sconosciuti ad un livello B2. Nella preparazione a questo test è necessario guidare gli studenti in modo che imparino a:

- leggere in modo critico i testi;
- individuare le parole chiave utili alla comprensione globale usando sottolineature o altri segni grafici;
- scorrere la prova dall'inizio alla fine per cercare il completamento alle frasi date;
- regolare il tempo da dedicare ad ognuna delle tre prove di comprensione della lettura per evitare di non riuscire a concluderle per mancanza di tempo.

Per fare questo ci sono alcune tecniche didattiche più appropriate di altre. Per lo sviluppo dell'abilità di comprensione scritta si consigliano le tecniche tradizionali per verificare la comprensione dopo aver letto il testo, tra queste ci sono: la domanda aperta, che in fase di esercitazione si può proporre in forma scritta orale, la griglia o tabella, in cui non è richiesta, come in questa sezione d'esame, la produzione scritta ed infine la scelta multipla. Un'attenzione in più merita la terza prova in cui è richiesto il riordino di un testo. In questa prova, oltre ad usare le tecniche elencate, sono necessari esercizi sui connettivi sia inerenti la collocazione nella frase che i loro significati. In alcuni casi possono essere utili tecniche di seriazione e sequenziazione che, chiedendo il riordino di un insieme caotico in base ad un parametro, possono aiutare ad individuare un ordine cronologico o di intensità.

3. Test di analisi delle strutture di comunicazione

Questa è la sezione in cui maggiormente si analizza la competenza linguistica grammaticale e in cui è maggiormente utile la riflessione metalinguistica. Le prove sono quattro e prevedono:

- differenze d'uso aggettivi e pronomi;
- differenze d'uso preposizioni semplici e articolate;
- uso dei tempi verbali del modo indicativo, condizionale, congiuntivo, imperativo e infinito;
- scelta lessico appropriato;
- individuazione situazioni comunicative.

In fase di preparazione, per le prove uno e due, si possono guidare i candidati verso una riflessione sulla grammatica:
- con tecniche di fissazione delle regole;
- con attività di natura comportamentistica, anche se ripetitive;

SUGGERIMENTI PRATICI PER DOCENTI

- con giochi magari più motivanti;
- con tecniche di reimpiego o di riflessione grammaticale esplicita laddove necessaria a colmare lacune.

4. Test di produzione scritta

Le prove previste sono due:
- la prima prevede la produzione di un testo molto spesso descrittivo o espositivo di 120-140 parole;
- la seconda prevede la produzione di una email (o lettera), formale o informale, di 80-100 parole.

La preparazione al test di produzione scritta non può essere fatta solamente in aula. Il tempo che lo studente impiegherebbe per scrivere risulterebbe tempo perso, per un confronto con il docente. Per questo motivo si consiglia di lasciare come compito a casa la produzione scritta che verrà successivamente consegnata al docente, che si occuperà di correggere l'elaborato e segnalare gli errori morfologici, morfosintattici, sintattici, lessicali e ortografici.

Il punteggio assegnato considera:

- efficacia comunicativa;
- correttezza morfosintattica;
- adeguatezza e ricchezza lessicale;
- ortografia e punteggiatura;
- adeguatezza stilistica alla tipologia testuale (solo nella seconda prova in cui è richiesto al candidato la produzione di un testo formale o informale).

La correzione è a discrezione del docente che sarebbe meglio si astenesse dal fornire punteggi o valutazioni come quelli dell'esame in quanto l'unico centro valutatore è il centro CILS di Siena. Il docente può segnalare e correggere gli errori e orientare il candidato verso produzioni scritte migliori e prive di errori, ma senza l'assegnazione, che potrebbe essere causa di una futura contestazione, di un voto anche se molto spesso richiesto dagli studenti.

5. Test di produzione orale

Il test di produzione orale deve essere spiegato in sede di preparazione, anche se poi il somministratore ripeterà brevemente prima dell'inizio della registrazione, così che il candidato capisca la differenza da altri esami di certificazione che, eventualmente, potrebbe conoscere o aver sostenuto in precedenza.

Questo test prevede due produzioni orali:
- **un dialogo faccia a faccia svolto con il somministratore.** Qui il candidato è invitato a parlare naturalmente seguendo una traccia precedentemente scelta. Possono emergere opinioni, esperienze personali, progetti futuri o quanto il candidato desideri comunicare a patto però che non vada fuori tema. Il compito del somministratore, e del docente in fase di preparazione, è quello di assecondare il candidato e di sollecitarlo con domande che non lo mettano in difficoltà.
Le tecniche didattiche più appropriate per sviluppare la capacità di interazione orale, prevista per questa prova, sono quelle di simulazione: role-taking, role-making e rolepaly. I roleplay possono essere proposti anche tra studenti con il docente che assume il ruolo di facilitatore nello scambio comunicativo e poi, nella fase finale della preparazione, sicuramente con il docente stesso;

SUGGERIMENTI PRATICI PER DOCENTI

- **un monologo.** Qui il candidato deve scegliere se esporre un argomento, tra i due proposti, o se descrivere una fotografia. Nel caso in cui decidesse di descrivere una fotografia si deve spiegare che questa può essere usata anche solo come input, come spunto, da cui partire per poi collegare altri elementi benché siano attinenti al tema ritratto nella foto. Altrimenti il candidato può scegliere di raccontare un episodio, descrivere un'esperienza o esprimere un' opinione con gli strumenti linguistici di cui un livello B2 deve essere in possesso. Il tema del monologo deve essere precedentemente assegnato, in modo che il problema del "che cosa" dire non interferisca con l' attenzione sul "come dire" e cioè sull'aspetto linguistico.

In fase di preparazione, molto spesso il monologo in classe crea problemi perché solo in gruppi poco numerosi è possibile mantenere costante la motivazione e l'attenzione di tutti gli studenti. Un'attività che risulta interessante è quella di chiedere agli studenti di ascoltare a turno i compagni, eventualmente di prendere appunti, in modo da rispondere alle domande che successivamente il docente farà per assicurarsi che abbiano ascoltato e ancor più compreso. Per esercitare meglio i candidati a questa prova, può essere assegnata come compito a casa la produzione orale e la registrazione di un audio da ascoltare poi, insieme, in classe e su cui fare riflessioni utili per tutti.

B2 - È il livello che attesta la piena autonomia della competenza comunicativa in italiano come lingua straniera. Il candidato è in grado di comunicare efficacemente durante un soggiorno in Italia per motivi di studio e di gestire i contatti con la lingua e la cultura italiana anche per motivi di lavoro. L'interazione con i parlanti nativi si sviluppa senza eccessiva fatica e tensione. Il candidato, con questo livello di competenza, è in grado di comprendere le idee fondamentali di testi anche complessi che si riferiscono sia ad argomenti legati alla realtà della vita quotidiana sia a concetti più astratti. La produzione orale e scritta è comunicativamente efficace, anche se contiene alcuni errori. È il livello minimo di competenza per l'accesso al sistema universitario italiano, per realizzare un ciclo di studi entro un progetto di mobilità breve di studenti, ma anche di docenti e ricercatori, per fruire di borse di studio assegnate dallo Stato italiano e per svolgere un periodo di tirocinio presso un corso di diploma o presso aziende.

SILLABO GRAMMATICALE LIVELLO B2

Articoli determinativi:
- omissioni e uso in determinate locuzioni (andare in vacanza/passare le vacanze, cambiare casa, vivere in città, cercare lavoro).

Preposizioni:
- ampliamento del repertorio delle locuzioni preposizionali a tre elementi (a causa di/ per causa di, a dispetto di, a favore di, a fianco di, per mezzo di, ad opera di, a seguito di, da parte di, in base a, in relazione a, in quanto a, a proposito di, in modo che, per via che ecc…);
- ampliamento degli avverbi focalizzanti (solo, perfino, soprattutto, addirittura, proprio, specialmente);
- connettivi testuali (al contrario, tuttavia, anzi, in effetti, in altre parole, in realtà, evidentemente, ovvero, vale a dire, anzitutto, per la prima volta, prima di tutto, in secondo luogo, inoltre ecc…);
- segnali discorsivi (ecco, no?, niente, capirai, vedi).

Verbi:
- passato remoto dei verbi regolari ad alta frequenza;
- differenze fra passato prossimo e passato remoto (la distanza temporale e psicologica dall'evento, preferenze regionali, soggettive);
- il modo congiuntivo (presente e imperfetto, passato e trapassato);
- congiuntivo desiderativo accompagnato o meno da introduttori (piovesse almeno, magari venisse, non lo avessi mai detto, volesse il cielo ecc…);
- il congiuntivo nelle frasi subordinate introdotte da congiunzioni che indicano uno scopo, una condizione (purché), un tempo (prima che), un contrasto (nonostante), un modo (come se), un limite (a meno che);
- concordanza dei tempi;
- ripasso e approfondimento del condizionale presente e condizionale passato (uso giornalistico, evento futuro rispetto a un evento passato);
- il periodo ipotetico;
- infinito e gerundio, frasi implicite;
- forma passiva dei verbi transitivi (solo il riconoscimento).

SILLABO

SILLABO COMPLESSIVO LIVELLO INTERMEDIO (B1-B2)

Fonetica e ortografia	Ripasso ortografico: digrammi e trigrammi, consonanti doppie, grafemi particolari
	Ripasso: L'accento tonico e grafico
	Elisione
	Troncamento
	Rafforzamento sintattico fonetico e grafico
Morfologia e sintassi	Genere dei nomi: particolarità
	Numero dei nomi: particolarità
	L'articolo partitivo
	Usi particolari dell'articolo: con nomi propri di persona e cognomi, nomi di parentela preceduti da aggettivo possessivo, nomi geografici, nomi dei giorni e dei mesi
	L'articolo zero
	Le preposizioni articolate
	Pronomi diretti e indiretti
	Pronomi combinati
	Pronomi relativi
	Pronome partitivo 'ne'
	Uso di *ci*
	Ripasso: verbi transitivi e intransitivi
	Morfologia verbale: ripasso indicativo presente, imperfetto, passato prossimo, futuro semplice
	Morfologia verbale: indicativo trapassato prossimo, futuro anteriore, passato remoto
	Morfologia verbale: condizionale presente e passato
	Morfologia verbale: imperativo
	Morfologia verbale: congiuntivo presente, imperfetto, passato, trapassato
	Espressioni, locuzioni, congiunzioni da cui dipende il congiuntivo
	Forma passiva
	Si impersonale e passivante
	I gradi dell'aggettivo
	Gli avverbi: gradi e alterazione
	Locuzioni avverbiali
	Interiezioni ed esclamazioni
	Voci onomatopeiche
	C'è presentativo
	La doppia negazione
	Dislocazione a destra
	Dislocazione a sinistra
	Frasi nominali
Lessico e riflessione sulla lingua	Campo semantico 'sport'
	Campo semantico 'musica, strumenti musicali'
	Campo semantico 'scuola'
	Parole composte, conglomerati, parole-frase, parole-macedonia, unità lessicali
	Sinonimi di intensità crescente e decrescente
	Famiglie di parole: prefissi-suffissi, prefissoidi-suffissoidi
	Il linguaggio figurato: metafore del registro quotidiano
	Strategie metalinguistiche: prefissi e suffissi per i nomi di mestiere, sistemi di denominazione nelle insegne dei negozi
	Strategie metalinguistiche: meccanismi di formazione di contrari mediante suffissi
	Strategie metalinguistiche. Meccanismi di derivazione mediante prefissi e suffissi: nomi deverbali, aggettivi denominali…

SILLABO

Competenze pragmatiche	Comunicare che si ricorda (un fatto, una persona, una spiegazione)
	Comunicare che si è dimenticato qualcosa
	Confermare, incoraggiare l'interlocutore
	Esprimere perplessità
	Chiedere di approfondire o spiegare meglio
	Manifestare l'avvenuta comprensione
	Inserirsi in una conversazione
	Chiedere e verificare attenzione e comprensione dell'interlocutore
	Precisare, spiegarsi, correggere
	Riformulare, esemplificare, parafrasare
	Cedere il turno all'interlocutore
	Cambiare discorso, fare una digressione
	Smentire un'affermazione
	Esprimere una possibilità o un'impossibilità
	Esprimere disaccordo, disapprovazione
	Motivare il proprio disaccordo
	Esprimere accordo, solidarietà
	Chiedere cortesemente, ordinare
	Raccomandare di fare o di non fare
	Avvertire, segnalare
	Esprimere preoccupazione, paura, delusione
	Lamentarsi, esprimere noia
	Pregare, supplicare
	Chiedere consiglio, sostegno
	Manifestare gratitudine, soddisfazione
	Esprimere gioia, simpatia, antipatia…
Contenuti socio-culturali	Le abitudini degli italiani
	L'Università italiana
	La scuola in Italia
	Lo sport in Italia
	La musica in Italia
	Cinema e televisione in Italia
	Le vacanze degli italiani
	Viaggiare in Italia. Mete e mezzi di trasporto.
	Le festività in Italia
	Oroscopo e superstizioni
Varietà dell'Italiano	Registri e contesti comunicativi
	Lingua parlata e lingua scritta

CRITERI DI ATTRIBUZIONE DEI PUNTEGGI

TEST DI ASCOLTO

Prova n. 1

Test a scelta multipla composto da 7 item.
Punteggio massimo: punti 7.
I punti saranno così assegnati:
- punti 1: per ogni risposta esatta;
- punti 0: per ogni risposta sbagliata o omessa.

Prova n. 2

Test a scelta multipla composto da 7 item.
Punteggio massimo: punti 7.
I punti saranno così assegnati:
- punti 1: per ogni risposta esatta;
- punti 0: per ogni risposta sbagliata o omessa.

Prova n. 3

Test a individuazione di informazioni vere o false composto da 12 item.
Punteggio massimo: punti 6.
I punti saranno così assegnati:
- punti: 0,5 per ogni risposta esatta (per ogni individuazione di vero e falso esatta)
- punti 0: per ogni risposta omessa o errata.

Punteggio totale del test di ascolto: punti 20

TEST DI COMPRENSIONE DELLA LETTURA

Prova n. 1

Test a scelta multipla composto da 7 item.
Punteggio massimo: punti 7.
I punti saranno così assegnati:
- punti 1: per ogni risposta esatta;
- punti 0: per ogni risposta sbagliata o omessa.

Prova n. 2

Test a individuazione di informazioni vere o false composto da 14 item.
Punteggio massimo: punti 7.
I punti saranno così assegnati:
- punti: 0,5 per ogni risposta esatta (per ogni individuazione di vero e falso esatta)
- punti 0: per ogni risposta omessa o errata.

Prova n. 3

Test a ricostruzione composto da 10 item.
Punteggio massimo: punti 6.
I punti saranno così assegnati:
- punti 0,6: per ogni legame ricostruito in modo consequenziale;
- punti 0: per ogni legame ricostruito in modo non consequenziale o omesso.

Punteggio totale del test di comprensione della lettura: punti 20

CRITERI DI ATTRIBUZIONE DEI PUNTEGGI

TEST DI ANALISI DELLE STRUTTURE DI COMUNICAZIONE

Prova n. 1
Test a completamento composto da 20 item.
Punteggio massimo: punti 6.
I punti saranno così assegnati:
- punti 0,3: per ogni risposta esatta;
- punti 0: per ogni risposta sbagliata o omessa.

Prova n. 2
Test a completamento composto da 20 item.
Punteggio massimo: punti 6.
I punti saranno così assegnati:
- punti 0,3: per ogni risposta esatta;
- punti 0: per ogni risposta sbagliata o omessa.

Prova n. 3
Test a completamento con scelta multipla composto da 15 item.
Punteggio massimo: punti 6.
I punti saranno così assegnati:
- punti 0,4: per ogni completamento esatto;
- punti 0: per ogni completamento sbagliato o omesso.

Prova n. 4
Test a scelta multipla composto da 10 item.
Punteggio massimo: punti 6.
I punti saranno così assegnati:
- punti 0,6: per ogni risposta esatta;
- punti 0: per ogni risposta sbagliata o omessa.

Punteggio massimo grezzo = 24 - il punteggio totale del test deve essere riportato alla scala mediante la seguente proporzione: 20 : 24 = x : punteggio ottenuto dal candidato. (coeff: 0,83)

TEST DI PRODUZIONE SCRITTA

Prova n. 1
Prova a tema (120 - 140 parole).
Punteggio massimo: punti 10.
I punti saranno così assegnati:
a) efficacia comunicativa: fino a punti 4;
b) correttezza morfosintattica: fino a punti 3,5;
c) adeguatezza e ricchezza lessicale: fino a punti 1,5;
d) ortografia e punteggiatura: fino a punti 1.

CRITERI DI ATTRIBUZIONE DEI PUNTEGGI

Prova n. 2

Prova a tema (80 - 100 parole).

Punteggio massimo: punti 10.

I punti saranno così assegnati:

a) efficacia comunicativa: fino a punti 3;

b) adeguatezza stilistica alla tipologia testuale: fino a punti 1;

c) correttezza morfosintattica: fino a punti 3,5;

d) adeguatezza e ricchezza lessicale: fino a punti 1,5;

e) ortografia e punteggiatura: fino a punti 1.

Punteggio totale del test di produzione scritta: punti 20

TEST DI PRODUZIONE ORALE

Prova n. 1

Interazione faccia a faccia.

Punteggio massimo: punti 10.

I punti saranno così assegnati:

a) efficacia comunicativa: fino a punti 4;

b) correttezza morfosintattica: fino a punti 3;

c) adeguatezza e ricchezza lessicale: fino a punti 2;

d) pronuncia e intonazione: fino a punti 1.

Prova n. 2

Parlato faccia a faccia monodirezionale.

Punteggio massimo: punti 10.

I punti saranno così assegnati:

a) efficacia comunicativa: fino a punti 4;

b) correttezza morfosintattica: fino a punti 3;

c) adeguatezza e ricchezza lessicale: fino a punti 2;

d) pronuncia e intonazione: fino a punti 1.

Punteggio totale del test di produzione orale: punti 20

percorso CILS DUE B2

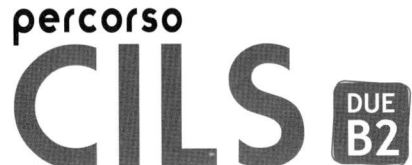

ASCOLTO COMPLETO 1

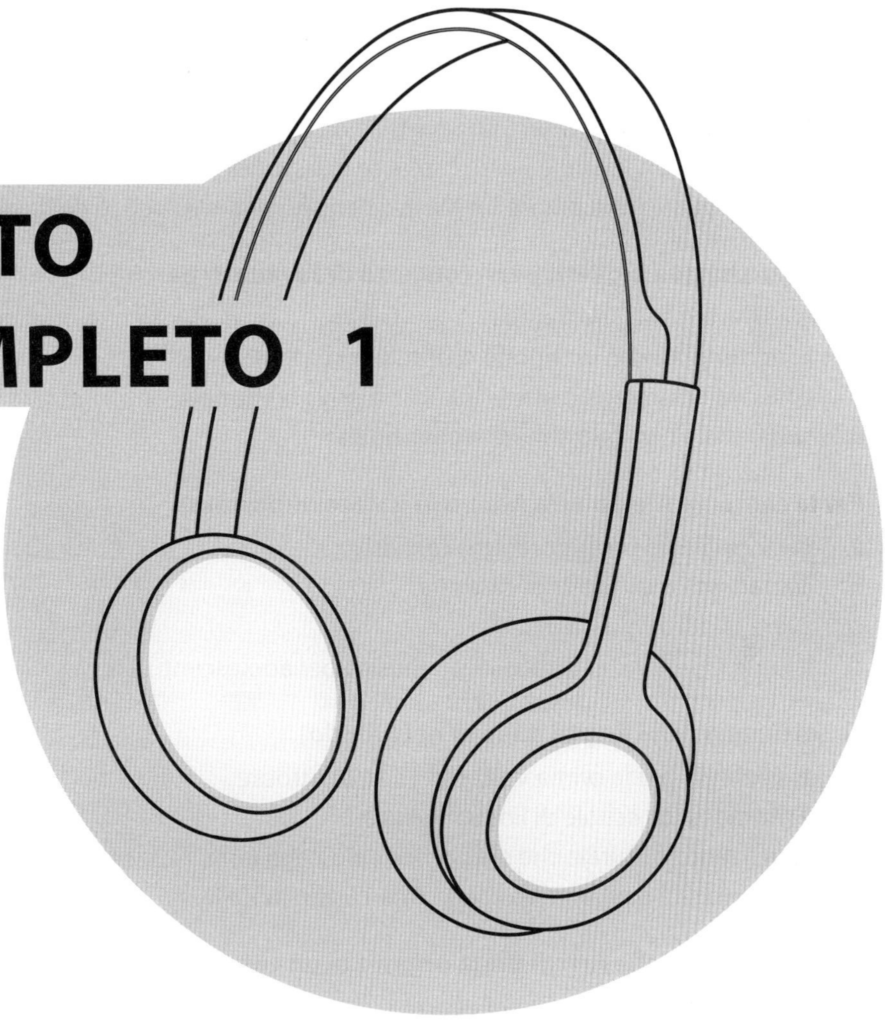

- **ASCOLTO**
  - PROVA N.1
  - PROVA N.2
  - PROVA N.3
- **TRASCRIZIONI**
  - PROVA N.1
  - PROVA N.2
  - PROVA N.3
- **SOLUZIONI E APPROFONDIMENTI**

ASCOLTO - PROVA N.1

Ascolta i testi. Poi completa le frasi. Scegli una delle quattro proposte di completamento. Sentirai i testi due volte.

1. **I ragazzi parlano**
   a. dell'esame del Professor Toni dello scorso semestre.
   b. della tesina di laurea da presentare al termine del secondo semestre.
   c. di un corso universitario e delle modalità d'esame.
   d. dei risultati delle prove scritte.

2. **Il ragazzo chiama per chiedere informazioni sul Master perché**
   a. è disoccupato e vuole usufruire di alcune agevolazioni regionali.
   b. lavora e vuole frequentare un master a distanza.
   c. è in cerca di un lavoro e vuole capire se questo Master può essergli utile.
   d. lavora e vuole frequentare un Master pensato per le esigenze dei lavoratori.

3. **Il ragazzo ha due biglietti per il concerto di Jovanotti perché**
   a. glieli ha regalati suo fratello.
   b. li ha comprati con un buono sconto per studenti.
   c. li ha ricevuti in regalo grazie ad un'iniziativa comunale.
   d. suo fratello non può andare e glieli ha dati.

4. **Per la cantante Alessandra Amoroso è stato importante**
   a. partecipare ad un programma televisivo.
   b. cantare sotto la doccia di casa sua.
   c. avere una famiglia vicina.
   d. la partecipazione al festival della musica per adolescenti.

5. **La settimana della lingua italiana nel mondo**
   a. si celebrerà per la prima volta dal 15 al 21 ottobre.
   b. è promossa da scuole di lingua italiana.
   c. è un evento culturale che si è confermato negli anni.
   d. è organizzata dal Ministero degli Affari Esteri in Italia.

6. **L'Accademia di Belle Arti di Brera organizza un concerto**
   a. il cui ricavato andrà in beneficenza.
   b. in collaborazione con il Comune di Milano.
   c. dopo la cena della Vigilia di Natale.
   d. in occasione delle festività natalizie.

7. **Vasco Rossi ha annunciato**
   a. la fine della sua carriera nel 2019.
   b. le tappe italiane del suo nuovo tour.
   c. le città europee in cui si svolgerà il suo tour del 2019.
   d. la regione in cui si terrà il suo ultimo concerto del 2019.

ASCOLTO - PROVA N. 2

Ascolta il testo. Poi completa le frasi. Scegli una delle quattro proposte di completamento. Sentirai il testo due volte.

1. **L'intervista di Marco Mengoni**
   a. è su Radio Italia in occasione dell'inizio del Festival italiano della musica.
   b. è in una trasmissione radiofonica in onda tutti i sabato mattina.
   c. ha lo scopo di avvicinare i radioascoltatori al cantautorato italiano.
   d. è in onda su Radio Italia tutti i giorni dalle 9 alle 11.

2. **Marco Mengoni pensa che questo compleanno sia stato speciale**
   a. perché ha presentato il suo nuovo album.
   b. perché ha festeggiato in modo particolare.
   c. perché ha ricevuto un premio per il suo nuovo album.
   d. perché ha compiuto 30 anni.

3. **Questo album è particolarmente importante per il cantante perché**
   a. è nato durante un viaggio.
   b. esce dopo una lunga assenza del cantante.
   c. parla della sua personalità.
   d. nasce da un lungo lavoro di prove e registrazioni.

4. **Nel nuovo tour "Atlantico" il cantante pensa di**
   a. personalizzare tutti gli spettacoli.
   b. andare solo in alcune città.
   c. cantare sia canzoni vecchie che nuove.
   d. far salire sul palco alcuni fan in modo da renderli protagonisti.

5. **La partecipazione di Radio Italia al tour "Atlantico" è importante perché**
   a. lo spettacolo sarà in diretta da Torino.
   b. le permetterà di conoscere da vicino i suoi radioascoltatori.
   c. sarà un'ottima pubblicità per gli italiani residenti all'estero.
   d. consentirà ai radioascoltatori di partecipare ad un concorso a premi.

6. **Nella vita del cantante la fama e il successo hanno comportato**
   a. cambiamenti sia positivi che negativi.
   b. tanti benefici e ricompense economiche.
   c. la possibilità di avere sconti nei negozi e nei supermercati.
   d. pochi cambiamenti nella quotidianità.

7. **Al termine della trasmissione il cantante vuole ringraziare particolarmente**
   a. i suoi fan e il suo pubblico per il loro appoggio.
   b. i suoi grandi amici per non averlo mai abbandonato.
   c. le persone che lavorano con lui, e per lui, dietro le quinte.
   d. la sua famiglia, i suoi amici e i suoi collaboratori.

ASCOLTO - PROVA N.3

Ascolta il testo. Poi leggi le informazioni. Indica se le informazioni, da 1 a 12, sono Vere o False.

	Vero	Falso
1. Tutti i sabati mattina *Radio Noi* trasmette una rubrica sulle bellezze italiane.	○	○
2. Durante la diretta i radioascoltatori possono inviare domande ed effettuare le prenotazioni.	○	○
3. I radioascoltatori possono condividere le proprie esperienze sul social network della radio.	○	○
4. L'Area Archeologica di Villa Adriana è interamente visitabile.	○	○
5. Villa Adriana ha caratteristiche simili a molte altre ville dello stesso periodo storico.	○	○
6. All'interno dell'Area Archeologica si trova una piscina circondata da un grande giardino.	○	○
7. Durante la visita è possibile mangiare nella terrazza centrale presso un ristorante.	○	○
8. Le decorazioni della villa sono uniche e pregiate.	○	○
9. Villa Adriana è stata abbandonata per un certo periodo.	○	○
10. I lavori di restauro e ristrutturazione sono cominciati nel 1870.	○	○
11. All'inizio della visita è possibile ammirare una riproduzione in miniatura dell'intera Area Archeologica.	○	○
12. All'interno dell'Area Archeologica è possibile parcheggiare.	○	○

TRASCRIZIONI - PROVA N.1

Trascrizione del testo audio

Ascolta il testo. Poi completa le frasi. Scegli una delle quattro proposte di completamento.

1.
- Ciao ragazzi, come state? (uomo)
- **Abbastanza bene, siamo appena stati al ricevimento del Professor Toni per parlare del lavoro di gruppo per il prossimo semestre. (donna)**
- Già è vero, mi ero dimenticato che questo corso dura due semestri.
- **E sì, la prima parte prevede l'esame scritto che abbiamo già fatto, la seconda la presentazione di un elaborato di gruppo.**

2.
- Pronto, chiamo per avere alcune informazioni sul vostro Master in Economia e Finanza…è possibile frequentare questo Master anche se si è già occupati? (uomo)
- **Certamente, questo master è pensato proprio per le persone che lavorano. (donna)**
- La frequenza è obbligatoria? Quante sono le ore di lezione a settimana?
- **La frequenza è obbligatoria per poter ottenere il titolo finale. Le lezioni sono il venerdì pomeriggio e il sabato mattina per dieci mesi.**

3.
- Ada, verresti con me al concerto di Jovanotti sabato 15 aprile? (uomo)
- **Ci verrei volentieri ma i biglietti sono finiti da settimane. (donna)**
- Non ti preoccupare ho due biglietti. Il Comune di Bologna ha regalato ad alcuni studenti universitari dei biglietti… e io ho ricevuto due biglietti per il concerto di Jovanotti!
- **Ho sentito di questa iniziativa! Mio fratello per esempio ha vinto un biglietto per uno spettacolo teatrale, io niente…per questo ti accompagno volentieri!**

4.
- Un saluto ai nostri radioascoltatori e alla nostra ospite, Alessandra Amoroso. Alessandra, quando hai iniziato la tua carriera di cantante? (uomo)
- **Ho iniziato a diciott'anni con la partecipazione ad un programma televisivo su Canale5. (donna)**
- Chi ti ha consigliato di partecipare a questo programma?
- **I miei genitori, volevano qualcosa in più per me oltre al festival per adolescenti e a sentirmi cantare sotto la doccia… loro sono stati sicuramente i miei primi fan!**

5.
- (voce maschile) - Dal 15 al 21 ottobre si celebrerà la settimana della lingua italiana nel mondo. Questo evento si è affermato negli anni come il momento per eccellenza per la promozione della lingua italiana nel mondo. Ogni anno il Ministero degli Affari Esteri assegna un tema particolare a questa settimana piena di iniziative ed eventi culturali.

6.

- (voce femminile) L'Accademia di Belle Arti di Brera organizza un concerto natalizio gratuito. Questo omaggio natalizio sarà un'occasione di incontro in cui scambiarsi gli auguri. Questo evento è in collaborazione con l'Istituto Alberghiero di Brera che offrirà ai partecipanti panettone e vin brulè.

7.

- (voce maschile) Vasco Rossi ha annunciato l'inizio di una serie di concerti per l'anno 2019. Come consuetudine l'artista farà tappe solo sul territorio italiano partendo, come sempre, dalla regione in cui è nato: l'Emilia Romagna.

TRASCRIZIONI - PROVA N.2

Trascrizione del testo audio

Ascolta il testo. Sentirai il testo due volte.

- (voce femminile) Ben ritrovati cari radioascoltatori di Radio Italia. Al microfono ci sono sempre io, come ogni sabato mattina dalle 9 alle 11, con la nostra solita trasmissione in cui parliamo con famosi cantanti e cantautori italiani. Oggi sono in compagnia di uno dei più famosi e amati cantanti del momento… Marco Mengoni. Benvenuto Marco!
- (voce maschile) Ciao Martina, ciao a tutti i radioascoltatori, è un onore essere qui con voi.
- **Iniziamo con gli auguri di buon compleanno, anche se in ritardo.**
- E già… il 25 dicembre ho compiuto 30 anni e non c'è stato modo migliore di festeggiare se non con la presentazione del mio album "Atlantico".
- **Assolutamente, complimenti! Ma le novità non finiscono qua.**
- L'altra grande novità riguarda anche il mio nuovo tour che inizierà ad aprile.
- **Il tuo nuovo disco, Atlantico, è particolarmente importante per te?**
- È un disco a cui tengo particolarmente perché vengo da due anni e mezzo di silenzio, con tanti viaggi e riflessioni. È arrivato dopo un percorso abbastanza lungo e intenso di riflessione personale. Dentro questo disco c'è molto della mia personalità, dei miei sentimenti… Sono diventato "un po' più grande" insomma…
- **Pronto per l'inizio del tuo tour, saranno mesi impegnativi pieni di soddisfazione, ma anche stancanti immagino.**
- Certamente, dormire meno di 8 ore non mi spaventa, ma sul palco voglio dare il meglio e quindi non mi limito in nulla. La nostra idea è quella di non replicare mai lo stesso spettacolo bensì di cambiarlo in base alla città in cui si svolgerà in modo da rendere protagonisti i miei fan e la città ospitante.
- **A proposito vorrei ricordare ai nostri radioascoltatori che Radio Italia sarà radio ufficiale di Mengoni Live 2019, che partirà il 27 aprile da Torino dopo cinque concerti in giro per l'Europa. Questa sarà per Radio Italia un'occasione speciale in cui incontrare le migliaia di radioascoltatori in tutta Italia e anche tutti gli italiani residenti all'estero. A proposito Marco, quanto pensi che ti abbia cambiato la vita questo lavoro, i tour in Italia e all'estero, la fama insomma…?**
- Assolutamente tantissimo, anzi, completamente direi… Anche se ho sempre ammesso di non voler cambiare la quotidianità questo non è stato possibile perché un lavoro come questo condiziona qualsiasi momento, anche solo la spesa nel mercato della proprio paese. Tutti ti riconoscono, chiedono fotografie, autografi… A me non dà fastidio ma a volte vorrei un po' più di privacy, a volte mi manca.
- **Bene, ti ringrazio a nome di tutta la radio e di tutti i radioascoltatori che ci sono stati vicini con messaggi ed email in diretta. Vuoi ringraziare anche tu qualcuno?**
- Non saranno mai sufficienti le parole per ringraziare il pubblico e i miei fan, sono qualcosa di unico a cui non potrei mai rinunciare. Oggi però il mio ringraziamento va a tutti i miei collaboratori, i tecnici, i musicisti, le truccatrici…Tutti coloro che non salgono sul palco con me non ricevono gli applausi, ma senza i quali non sarebbe possibile niente… Grazie a voi tutti, siete collaboratori ma anche grandi amici.
- **Grazie Marco, un grande in bocca al lupo per tutto!**

TRASCRIZIONI - PROVA N.3

Trascrizione del testo audio

Ascolta il testo. Sentirai il testo due volte.

(voce maschile) – Ben ritrovati cari radioascoltatori di Radio Noi e buongiorno. Oggi con la nostra solita rubrica del sabato mattina vi portiamo alla scoperta di una delle tante bellezze del nostro paese. Oggi in particolare parleremo dell'Area Archeologica di Villa Adriana a Latina, vicino a Roma. Vi ricordo di scrivere sulla nostra pagina facebook durante la diretta, raccontateci la vostra visita all'Area Archeologica di Villa Adriana e condividete la vostra esperienza con gli altri radioascoltatori.

L' Area Archeologica di Villa Adriana, Patrimonio dell'Umanità dell'Unesco, comprende un enorme complesso architettonico che si estende per circa 120 ettari, di cui solo una parte visitabili, in una pianura vicino alla cittadina di Tivoli in provincia di Roma.

Quest'area è divisa in 4 nuclei principali che, pur rifacendosi agli schemi tradizionali delle Ville Romane, rispecchiano l'unicità del suo proprietario, l'imperatore Adriano, che ne iniziò la costruzione nel 117 d.C. con una concezione innovativa ispirata alle costruzioni monumentali che aveva ammirato durante i suoi viaggi nelle province dell'Impero.

Molto amato dai visitatori c'è il Pecile, un enorme giardino con piscina centrale. Particolarmente suggestiva è anche la Terrazza con il Padiglione di Tempe, con una magnifica vista sulla valle circostante. Interessanti sono le Terme, divise in Grandi e Piccole, la Biblioteca Greca e la Biblioteca Latina e la Sala dei Filosofi.

In seguito ad un periodo di abbandono la Villa fu privata di molte delle sue decorazioni e dei suoi marmi, utilizzati per abbellire altre ville nelle vicinanze, come la splendida Villa d'Este.

Questo complesso archeologico è stato riscoperto nel Rinascimento, ispirò artisti ed architetti rinominati e nel 1870 divenne di proprietà dello Stato Italiano.

La visita, fra il verde di alberi, comincia con la visione di una riproduzione in miniatura che riproduce l'intero complesso architettonico ed è facilitata da una segnaletica descrittiva dei singoli monumenti.

L' Area Archeologica di Villa Adriana è aperta dal lunedì alla domenica con orari diversi in base alla stagione. Ricordiamo che la biglietteria chiude un'ora e mezza prima della chiusura e che il primo gennaio e il 25 dicembre, Villa Adriana è chiusa. All'interno potete trovare un negozio di libri, souvenir e un parcheggio a pagamento. Per ulteriori informazioni è possibile visitare il sito internet www.villaadriana.beniculturali.it.

SOLUZIONI E APPROFONDIMENTI

PROVA N.1

1. c

I ragazzi parlano del corso del Professor Toni, della sua durata e delle diverse modalità di verifica previste al termine dei due semestri.

Semestre: indica una durata di sei mesi. In ambito universitario il semestre indica la divisione, in sei mesi, dell'anno accademico.

Tesi: in ambito universitario indica un elaborato scritto da presentare al termine degli esami per poter ottenere il titolo finale di *dottore*.

Tesina: in ambito scolastico e universitario è usato per indicare un elaborato scritto, attinente al percorso di studi, di ridotta lunghezza e complessità rispetto ad una tesi.

2. d

Il Master è pensato per le persone che lavorano e quindi risponde alle loro esigenze.

Master: in Italia questo termine non fa riferimento, come nei paesi anglosassoni, al diploma di laurea bensì fa riferimento ad un corso post universitario di specializzazione. Il Master può essere di primo livello, al termine della laurea triennale, o di secondo livello, al termine della laurea magistrale.

3. c

Il ragazzo ha i biglietti perché il Comune di Bologna ha regalato ad alcuni studenti alcuni biglietti per concerti ed opere teatrali.

Iniziativa: azione finalizzata a realizzare qualcosa.

Avere l'iniziativa: prendere per primi la decisione di fare qualcosa.

4. a

Per la cantante Alessandra Amoroso è stata molto importante la partecipazione ad un programma televisivo.

5. c

La settimana della lingua italiana nel mondo è un evento affermato negli anni.

Evento: avvenimento di una certa rilevanza, importanza.

6. d

Il concerto organizzato dall'Accademia di Belle Arti di Brera sarà un'occasione di incontro in cui le persone potranno scambiarsi gli auguri.

Vigilia di Natale: 24 dicembre, giorno precedente al giorno di Natale.

Panettone: tipico dolce del periodo natalizio.

Vin brulè: bevanda calda a base di vino rosso, zucchero, cannella e spezie.

Beneficienza: opera di carità rivolta ai più bisognosi. Consiste nella raccolta di denaro, o anche di beni, da destinare a persone indigenti e bisognose.

7. b

Il cantante Vasco Rossi ha annunciato l'inizio di una serie di concerti per l'anno 2019. Le tappe saranno tutte italiane e la prima sarà in Emilia Romagna.

Tappa: all'interno di un viaggio, di un percorso, indica una sosta, una fermata.

Concerto: spettacolo musicale.

PROVA N.2

1. b

La risposta si trova alla riga n. 2. L'intervista trasmessa in una trasmissione radiofonica che va in onda ogni sabato dalle 9 alle 11.

Ogni: aggettivo indefinito, usato per indicare una singola unità.

Le seguenti espressioni hanno lo stesso significato.

Ogni + giorno della settimana	Ogni lunedì, ogni martedì, ogni mercoledì
Tutti + articolo det. + giorno della settimana	Tutti i lunedì, tutti i martedì, tutti i mercoledì..
Articolo det. + giorno della settimana	Il lunedì, il martedì, il sabato, la domenica

2. a

La risposta si trova alle righe n. 7-8. La presentazione del nuovo album è stato il modo migliore per festeggiare il compleanno.

3. b

La risposta si trova alle righe n. 12-13. La pubblicazione esce dopo un lungo periodo di silenzio quindi di assenza dalla scena.

4. a

La risposta si trova alla riga n. 19. L'idea è quella di non replicare mai lo stesso spettacolo e quindi di renderlo unico in ogni città in cui si svolgerà.

5. b

La risposta si trova alla riga n. 23. La radio potrà incontrare i suoi radioascoltatori.

Migliaia: sostantivo plurale (al singolare *migliaio*) che indica una quantità superiore a mille.

A migliaia: si usa per indicare un gran numero.

A migliaia visitano ogni giorno i Musei Vaticani di Roma.

Occasione: in questo contesto significa *occasione, situazione particolare*. In altri contesti assume il significato di situazione, momento favorevole per lo svolgimento di un'azione.

6. a

La risposta si trova alle righe n. 27-29, in cui il cantante elenca quali sono stati i cambiamenti dovuti alla sua professione e alla sua fama. Questi cambiamenti sono sia positivi, come l'essere riconosciuto e amato, ma anche negativi, come la mancanza di privacy.

7. c

La risposta si trova alle righe n. 33-35. Il cantante ringrazia in particolar modo i suoi collaboratori, tutti coloro che lavorano con lui e che non sono conosciuti dal pubblico perché non salgono sul palco con lui.

Dietro le quinte: *espressione usata per indicare il retro di un teatro, la parte nascosta non visibile allo spettatore ma in cui lavorano tecnici, truccatori, stilisti e molte altre persone.*

Questa espressione si usa anche *per indicare qualcosa che viene fatto di nascosto, senza farsi vedere e riconoscere.*

PROVA N.3

| 1. V | 2. F | 3. V | 4. F | 5. F | 6. V | 7. F | 8. F | 9. V | 10. F | 11. V | 12. V |

1.
L'informazione VERA si trova alla riga n. 2. La solita rubrica del sabato mattina.
Solita: indica la continuità e la ripetitività della rubrica.
3.
L'informazione VERA si trova alle righe n. 4-5. I radioascoltatori possono condividere le loro esperienze sulla pagina Facebook della radio.
6.
L'informazione VERA si trova alle righe n. 13-14. All'interno dell'Area Archeologica c'è un parco con una piscina centrale.
9.
L'informazione VERA si trova alla riga n. 17. La villa è stata abbandonata per un certo periodo.
11.
L'informazione VERA si trova alla riga n. 21. La visita comincia con la visione di una riproduzione in miniatura.
Miniatura: riproduzione di dimensioni ridotte rispetto a quelle originali.
12.
L'informazione VERA si trova alla riga n. 26. All'interno dell'Area Archeologica c'è un parcheggio a pagamento e quindi è possibile parcheggiare.

percorso

CILS DUE B2

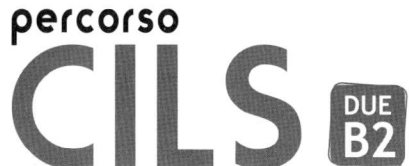

ASCOLTO COMPLETO 2

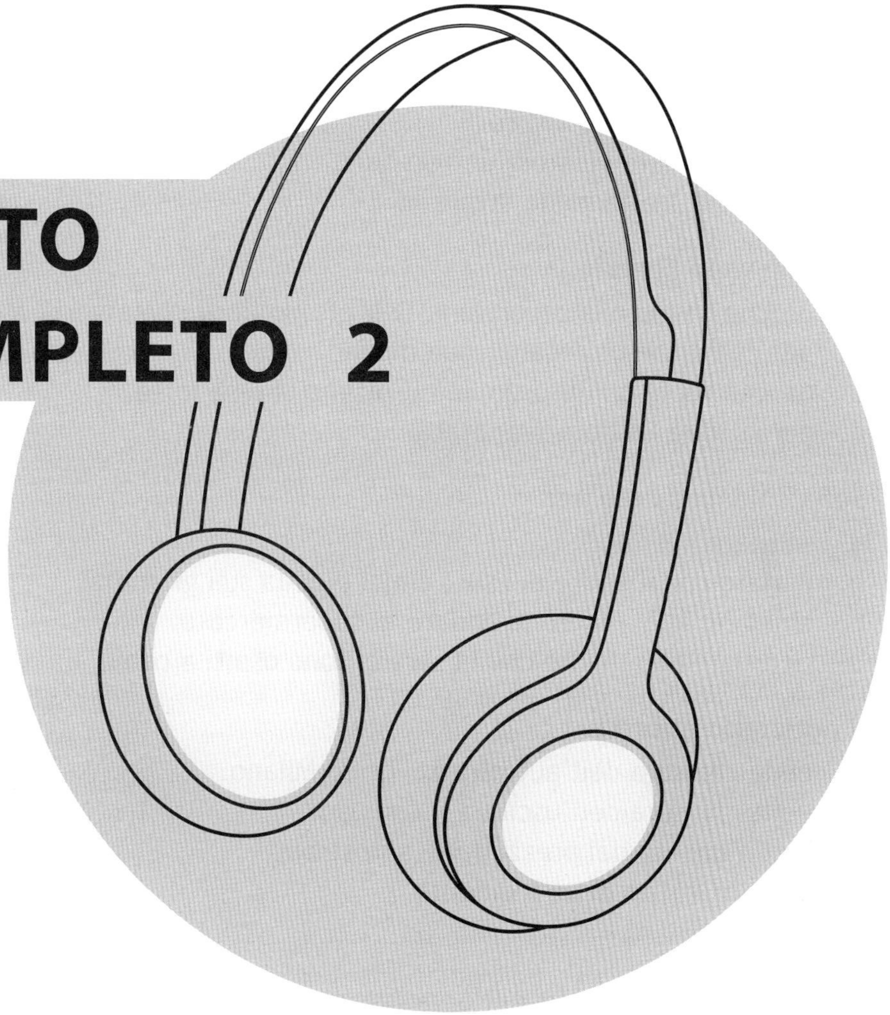

- **ASCOLTO**
  - PROVA N.1
  - PROVA N.2
  - PROVA N.3
- **TRASCRIZIONI**
  - PROVA N.1
  - PROVA N.2
  - PROVA N.3
- **SOLUZIONI E APPROFONDIMENTI**

ASCOLTO - PROVA N.1

Ascolta i testi. Poi completa le frasi. Scegli una delle quattro proposte di completamento. Sentirai i testi due volte.

1. **Per accedere al portale dell'Università**
   a. è necessario essere in possesso delle credenziali d'accesso.
   b. bisogna fare richiesta scritta alla Segreteria Studenti.
   c. bisogna effettuare l'autenticazione nei locali dell'Università.
   d. è necessario presentare il documento di identità.

2. **Chiara si è trasferita in un paese vicino a Bologna**
   a. per stare vicino al suo fidanzato.
   b. perché ha trovato lavoro.
   c. per continuare gli studi universitari.
   d. perché la sua famiglia lavora lì.

3. **L'uomo va in libreria**
   a. perché ha letto la recensione dell'ultimo libro di Margaret Mazzantini.
   b. per comprare un regalo a sua moglie.
   c. perché vuole un libro simile all'ultimo che ha letto.
   d. per ritirare un libro prenotato.

4. **Sofia chiama a casa per**
   a. salutare i genitori.
   b. parlare con il padre dei suoi amici e della sua giornata.
   c. chiedere alla madre di andare al supermercato.
   d. ricordare alla madre che la sera ci sono ospiti a cena.

5. **Il notiziario informa**
   a. della chiusura dell'autostrada Torino-Milano.
   b. della chiusura dell'uscita a Vicolungo.
   c. dell'aumento dei prezzi delle autostrade.
   d. della presenza di un incidente.

6. **Il 19 settembre**
   a. ci sarà un'assemblea sull'organizzazione dei laboratori linguistici.
   b. le lezioni saranno sospese per uno sciopero dei docenti.
   c. le lezioni saranno dalle 9 alle 12,30.
   d. l'assemblea si svolgerà nei laboratori linguistici.

7. **Presso i supermercati ed ipermercati Conad**
   a. ci saranno particolari sconti per tutti i clienti.
   b. presentando la tessera fedeltà ci sarà un omaggio.
   c. alcuni prodotti saranno scontati per i possessori della carta fedeltà.
   d. non saranno in vendita i prodotti della linea biologica.

ASCOLTO - PROVA N.2

Ascolta il testo. Poi completa le frasi. Scegli una delle quattro proposte di completamento. Sentirai il testo due volte.

1. Secondo il nuotatore per diventare un grande sportivo è necessario
    a. iniziare ad allenarsi giovani, intorno ai 16 anni.
    b. essere costanti e responsabili.
    c. ascoltare i consigli dei genitori.
    d. vivere con i genitori e non andare via di casa da giovani.

2. Per progredire, il talento
    a. è l'unico elemento necessario.
    b. rende più facile l'allenamento.
    c. deve essere accompagnato dalla precisione e da metodo.
    d. evita di doversi allenare tante ore in acqua.

3. Ai mondiali di Barcellona del 2013 il nuotatore ha capito
    a. di poter crescere e fare carriera nel nuoto.
    b. che la pressione esterna era troppa.
    c. di poter continuare a vincere.
    d. che gli avversari erano più forti di lui.

4. Per l'intervistato diventare un talento in età molto giovane
    a. è stato facile perché era già cresciuto mentalmente.
    b. ha comportato un cambiamento mentale necessario.
    c. gli ha consentito di essere più competitivo.
    d. è stato possibile solo grazie all'aiuto di adulti vicini.

5. L'allenamento del nuotatore
    a. è tutti i giorni lo stesso.
    b. prevede pause e riposo.
    c. è molto intenso e prevede molti chilometri a settimana.
    d. è intenso solo prima delle gare in cui arriva a fare 10 allenamenti settimanali.

6. Gareggiare all'estero prevede che gli sportivi italiani
    a. si allenino diversamente.
    b. cambino la loro alimentazione.
    c. conoscano il regolamento delle Olimpiadi.
    d. arrivino nel luogo delle Olimpiadi un mese prima.

7. Tra le passioni del nuotatore c'è
    a. la conoscenza dei suo avversari.
    b. la lettura di alcuni tipi di romanzi.
    c. la scrittura di gialli.
    d. il buon cibo.

ASCOLTO - PROVA N.3

Ascolta il testo. Poi leggi le informazioni. Indica se le informazioni, da 1 a 12, sono Vere o False.

	Vero	Falso
1. La Fiera del Tartufo di Alba si tiene tutti i sabati e le domeniche di ottobre e novembre.	○	○
2. Durante la Fiera i visitatori possono visitare i boschi intorno alla città di Alba.	○	○
3. Nel Mercato Mondiale del Tartufo di Alba i visitatori possono acquistare i migliori tartufi del territorio.	○	○
4. Esperti del settore e cuochi rinomati suggeriscono ricette e modalità di preparazione di piatti a base di tartufo.	○	○
5. Per poter accedere al Mercato è necessario prenotare la visita.	○	○
6. Nell'area degustazione non è possibile sedersi, ma solamente assaggiare prodotti a base di tartufo accompagnati da un buon calice di vino.	○	○
7. I visitatori provengono da tutto il mondo, ma gli italiani restano i più appassionati al tartufo bianco.	○	○
8. La presidente dell'Università Libera di Bolzano ha riservato un saluto speciale ai nuovi studenti.	○	○
9. Gli studenti sono provenienti da tutte le regioni italiane.	○	○
10. L'Università di Bolzano ha cambiato la struttura dei dipartimenti e dei corsi di laurea.	○	○
11. Il rettore ha ringraziato tutti i suoi collaboratori e i docenti dell'Università.	○	○
12. Presso l'Università di Bolzano verrà aperta la prima Facoltà italiana di Musica.	○	○

TRASCRIZIONI - PROVA N.1

Trascrizione del testo audio

Ascolta il testo. Poi completa le frasi. Scegli una delle quattro proposte di completamento.

1.
- Scusi, come posso accedere al portale dell'Università? (uomo)
- **Deve accedere con le credenziali rilasciate dalla Segreteria Studenti al momento dell'iscrizione. (donna)**
- Capito! Nel caso in cui avessi perso le credenziali di accesso, cosa posso fare?
- **Deve scrivere all'indirizzo mail della segretaria e richiedere il rilascio di nuove credenziali... si ricordi di allegare il documento di identità.**

2.
- Ciao Chiara, da quanto tempo… come stai? Cosa fai di bello adesso? (uomo)
- **Ciao Marco… e già sono passati tanti anni da quando eravamo compagni di scuola! Mi sono trasferita, non abito più qui a Torino. (donna)**
- E dove abiti di bello? Perché ti sei trasferita?
- **Abito in un paesino vicino a Bologna, il mio fidanzato lavora lì e per amore ho deciso di seguirlo!**

3.
- Buongiorno, avrei bisogno dell'ultimo libro di Margaret Mazzantini, lo avete? (uomo)
- **Aspetti che controllo nel catalogo online… mi spiace è terminato! Però se vuole posso consigliarle qualche altro romanzo simile… (donna)**
- La ringrazio ma non è per me… è un regalo per mia moglie.
- **Capisco, provi a ripassare dopodomani che arriva il rifornimento!**

4.
- Pronto papà, sono Sofia, c'è mamma? (uomo)
- **Ciao Sofia, mamma è uscita a fare la spesa, hai bisogno? (uomo)**
- Volevo ricordarle che stasera a cena ci sono anche i miei due amici, Paolo e Ciro, e che Paolo è vegetariano.
- **Hai fatto bene a chiamare, perché secondo me se ne era dimenticata! Chiamala al cellulare così compra qualcosa in più.**

5.
- (voce maschile) Notizie in diretta da Autostrade per l'Italia. Si segnala traffico intenso sulla A4 Torino-Milano per incidente sulla terza corsia. Si consiglia agli automobilisti di uscire a Vicolungo e di proseguire sulla statale in direzione Milano.

6.
- (voce femminile) Ricordiamo agli studenti dell'Istituto tecnico commerciale che domani, 19 settembre, le lezioni saranno sospese per assemblea studentesca. La partecipazione è aperta a tutti gli studenti. L'Assemblea si terrà nell'Aula Magna dalle 9:00 alle 12:30 e il tema sarà inerente all'organizzazione di laboratori linguistici.

7.

- (voce maschile) Solo per questa settimana, in tutti i supermercati ed ipermercati Conad, tutti i prodotti della linea biologica saranno in offerta. Per poter usufruire degli sconti, si ricorda alla gentile clientela, che è necessario presentare la carta fedeltà.

TRASCRIZIONI - PROVA N.2

Trascrizione del testo audio

Ascolta il testo. Sentirai il testo due volte.

- (voce femminile) Incontriamo oggi un grande sportivo italiano, Gregorio Paltrineri, che nuota fino a 100 km a settimana, ha vinto un oro ai mondiali ed è favorito ai prossimi giochi olimpici. **Come si diventa un nuotatore come te?**

- (voce maschile) Con la perseveranza e con la costanza di portare avanti le proprie responsabilità. L'ho imparato dai miei genitori, che mi hanno coccolato, ma anche lasciato libero di scegliere. A 16 anni, sono andato via di casa. Ho faticato tanto.

- **Oltre queste tue caratteristiche il talento non conta?**

- Non basta. All'inizio le cose sembravano facili, vincevo per doti naturali e non perché lo volessi davvero. Per progredire serve altro: metodo, pignoleria e soprattutto tante ore in acqua.

- **Qual è stato il momento di svolta?**

- Ai mondiali di Barcellona 2013, fui terzo e presi coscienza che se avessi lavorato sodo sarei cresciuto davvero. Lì anche la pressione esterna e le aspettative sono cresciute.

- **Tutto questo in cosa ti ha cambiato? Sei diventato un grande talento in età molto giovane…**

- Assolutamente sono cambiato molto e soprattutto mentalmente. La testa e l'esperienza contano moltissimo, devi passare attraverso e conoscere per diventare un uomo. Il cambiamento è stato necessario per reggere la competizione che a questi livelli è molto alta.

- **Il prossimo appuntamento sarà alle olimpiadi di Rio de Janeiro, pensi di essere tu quello da battere? Come ti stai allenando in vista di questa grande competizione?**

- Dovrò fare del mio meglio, ci sono atleti veramente forti! Il mio allenamento è molto intenso. Ho una media di 8 km al giorno per 10 allenamenti a settimana per un totale di 100 km. Se mi fermo, penso sia tempo perso. Spingo sempre oltre, sono un perfezionista.

- **A Rio de Janeiro, in Brasile, le finali delle Olimpiadi saranno alle 22, è un problema per voi sportivi? Come vi preparate?**

- Non penso che sarà un problema perché noi andremo in Brasile un mese prima e quindi avremo tempo per adattarci. Sarà difficile adeguarsi i primi giorni tra il fuso orario, l'alimentazione e la temperatura…è un aspetto che comunque non ci spaventa.

- **Altre passioni nella tua vita?**

- Libri… tanti libri… ne ho letto uno bellissimo, ma non dico il titolo: avvantaggerebbe i miei avversari. È un giallo, sono molto appassionato di questo genere di romanzi.

- **Sicuro di non avere altre passioni, attenzione che se è all'ascolto potrebbe offendersi…**

- Assolutamente, hai ragione! La mia fidanzata Letizia, punto stabile e necessario nella mia vita.

- **Cosa pensa una delle tue più grandi tifose, tua mamma?**

- Lei sa che quando vado a trovarli non devono mancare le lasagne. Quando gareggio lei è sempre molto nervosa, sa quali sono le fatiche delle mamme di atleti.

TRASCRIZIONI - PROVA N.3

Trascrizione del testo audio

Ascolta il testo. Sentirai il testo due volte.

- (voce maschile) La Fiera Internazionale del Tartufo Bianco d'Alba è una delle principali vetrine dell'alta gastronomia e delle eccellenze italiane. Il cuore della Fiera, ogni sabato e domenica di ottobre e novembre è il Mercato Mondiale del Tartufo Bianco d'Alba che si trova nel centro storico ed è il luogo ideale per apprezzare ed acquistare il meglio dei tartufi provenienti dai boschi di Langhe Roero e Monferrato. Gli stand espositivi di Alba Qualità offrono una vasta scelta dei prodotti gastronomici e vitivinicoli della zona, con particolare attenzione alle produzioni artigianali del territorio con migliaia di prodotti in degustazione e vendita. Accanto al tartufo è possibile trovare un altro grande protagonista della tradizione piemontese: il vino. È presente infatti un'area riservata alla ristorazione e alla degustazione dei grandi vini di Langhe, Roero e Monferrato, dove si possono assaggiare piatti tipici realizzati per accompagnare ed esaltare i profumi del Tartufo Bianco d'Alba abbinati ad un ottimo calice di vino. L'area degustazione, per una pausa rapida e veloce, non è dotata di posti a sedere, ma di comodi tavoli d'appoggio e non prevede il servizio di prenotazione.

La Fiera, però, è anche festa e grandi rievocazioni storiche, e si conferma e amplia la sua funzione didattica con l'Alba Truffle Bimbi, il padiglione dedicato ai bambini e alle loro famiglie.

- (voce femminile) Si è tenuta oggi la cerimonia di inaugurazione del 21° anno accademico della Libera Università di Bolzano. La presidente ha riservato, nei suoi saluti iniziali, uno speciale benvenuto ai quasi 1.100 nuovi studenti di quest'anno accademico provenienti da circa 40 Paesi: "Abbiamo qualcosa di molto speciale in comune: questo è il mio primo anno da presidente e, anche io come voi, sono arrivata qui nella speranza di poter dare un contributo a questa nostra comunità accademica".

Il rettore ha dichiarato la sua soddisfazione per come l'università si sta muovendo e ha colto l'occasione per ringraziare tutto il personale docente e non docente che ha contribuito al raggiungimento di importanti risultati. Infatti, uno degli obiettivi dell'Università di Bolzano è quello di favorire il successo del Parco tecnologico proprio per poter diventare il motore e l'anima del miglioramento tecnologico e della creazione di impresa. Durante il suo discorso, il rettore ha anche annunciato la creazione della prima ed unica Facoltà di Musica esistente in Italia, attraverso l'accorpamento del Conservatorio Claudio Monteverdi di Bolzano e la creazione della nuova Facoltà di Ingegneria.

SOLUZIONI E APPROFONDIMENTI

PROVA N.1

1. a
Per accedere al portale dell'Università è necessario essere in possesso delle credenziali di accesso. Solo nel caso in cui non si fosse in possesso delle credenziali si deve scrivere alla Segreteria studenti.

Credenziali d'accesso: dati necessari, solitamente composti da nome utente e password, per poter accedere a servizi online.

2. a
Chiara si trasferisce a Bologna per amore, per motivi legati alla sfera sentimentale.

3. b
L'uomo cerca l'ultimo libro di Margaret Mazzantini da regalare a sua moglie.

Catalogo: elenco, lista.

Rifornimento: materiale utile a rifornire.

In altri contesti
Fare rifornimento: *rifornire un veicolo di carburante.*
Stazione di rifornimento: *distributore di carburante, benzinaio.*

4. d
Edoardo chiama a casa per parlare alla madre e ricordarle che la sera ci sono a cena due suoi amici e di comprare qualcosa in più al supermercato.

5. d
Autostrade per l'Italia informa di un incidente automobilistico sull'autostrada che collega Torino e Milano.

Autostrada: strada a pagamento che non attraversa centri abitati.

Tangenziale: strada che collega diversi punti della stessa città evitando centri abitati

Strada statale: strada, che non prevede pagamento, che collega i capoluoghi delle diverse regioni.

Strada provinciale: strada, che non prevede pagamento, che collega il capoluogo e le città di una stessa regione.

Incidente (automobilistico): fatto inatteso, negativo, che coinvolge uno o più veicoli.

6. a
Il 19 settembre le lezioni saranno sospese perché ci sarà un'assemblea studentesca sui laboratori linguistici.

Assemblea studentesca: riunione organizzata da studenti il cui scopo e la discussione di uno specifico tema.

Laboratori linguistici: aule dotate di apparecchiature informatiche come computer, proiettori, registratori ecc...

Aula Magna: aula principale, più grande e importante di un Istituto o Università.

SOLUZIONI E APPROFONDIMENTI

7. c

I prodotti della linea biologica saranno in offerta solo presentando la carta fedeltà.

Carta fedeltà: carta nominativa rilasciata da negozi e supermercati che prevedono spesso una raccolta punti e alcune condizioni vantaggiose come sconti e omaggi.

PROVA N.2

1. b

La risposta si trova alla riga n. 4 in cui Gregorio Paltrineri, il nuotatore intervistato, risponde all'intervistatrice dicendo che per diventare un nuotatore sono necessarie alcune caratteristiche personali come la perseveranza e la costanza.

Perseveranza, costanza: sostantivo che indica costanza nel seguire i propri obiettivi, aggettivo perseverante, costanti.

Responsabilità: sostantivo, aggettivo responsabile.

2. c

La risposta si trova alla riga n. 9 in cui il nuotatore dice che per progredire è necessario uno schema da seguire, la precisione e tanto allenamento.

Pignoleria: sostantivo che indica un eccesso di precisione, aggettivo pignolo.

3. a

La risposta si trova alle righe n. 11-12. In questa competizione il nuotatore ha capito che se avesse lavorato duramente sarebbe riuscito a crescere e ad affermarsi come nuotatore.

Prendere coscienza: rendersi conto, prendere consapevolezza.

Lavorare sodo: lavorare duramente, con impegno.

4. b

La risposta si trova alle righe n. 14-16. Il cambiamento è stato mentale ed è stato necessario per poter sopportare il peso della competizione.

Competizione: in contesto sportivo, gara.

5. c

La risposta si trova alle righe n. 19-20. L'allenamento è molto intenso, Paltrineri percorre a nuoto in media 8 km al giorno.

Allenamento: fase di preparazione in una disciplina (non esclusivamente sportiva).

In altri contesti con la parola tempo...

Prendere tempo	*Temporeggiare, aspettare a fare qualcosa per avere condizioni vantaggiose.*
Lasciare tempo al tempo	*Far scorrere il tempo per permettere che i fatti si evolvano da soli.*

SOLUZIONI E APPROFONDIMENTI

Perdere tempo	Sprecare inutilmente il proprio tempo.
Guadagnare tempo	Risparmiare tempo.
Fare in tempo	Riuscire a concludere qualcosa in tempi stabiliti, prima della scadenza.
Correre contro il tempo	Provare a raggiungere un obiettivo anche se i tempi non lo permetterebbero perché restrittivi.

6. d

La risposta si trova alla riga n. 24. Gli sportivi andranno a Rio de Janeiro, in Brasile, un mese prima dell'inizio delle Olimpiadi.

Adeguarsi: adattarsi a determinate condizioni.

Fuso orario:

7. b

La risposta si trova alla riga n. 29. Il nuotatore è appassionato alla lettura di gialli, una tipologia particolare di romanzi.

Giallo: usato con funzione di sostantivo indica romanzi polizieschi.

PROVA N.3

1. V	2. F	3. V	4. F	5. F	6. V	7. F	8. V	9. F	10. F	11. V	12. V

1.
L'informazione VERA si trova alle righe n. 2-3. La Fiera si tiene ogni sabato e domenica di ottobre e novembre.

Ogni: aggettivo indefinito invariabile che indica ogni singolo elemento di una totalità, tutti.

			Esempio
OGNI	+	SOSTANTIVO SINGOLARE	Ogni giorno Maria beve due caffè.
TUTTI	+	SOSTANTIVO PLURALE	Tutti i giorni Maria beve due caffè.

3.
L'informazione VERA si trova alla riga n. 4. I visitatori possono acquistare il meglio dei tartufi del territorio.

	FUNZIONE DI	SIGNIFICATO	ESEMPIO
MEGLIO	Avverbio	In modo migliore	Per il prossimo esame Luca deve studiare meglio.
	Avverbio nella forma comparativa di maggioranza		Marta è vestita meglio di Chiara.
	Aggettivo	Migliore	È meglio che tu ti comporti bene.
	Sostantivo (valore neutro)	La parte migliore	Ad Alba ci sono il meglio dei tartufi mondiali.

SOLUZIONI E APPROFONDIMENTI

6.
L'informazione VERA si trova alle righe n. 10-11. L'area degustazione non è dotata di posti a sedere, ma solo di tavoli d'appoggio.

Degustazione: sostantivo che indica una quantità di cibo ridotta allo scopo di poter assaggiare diversi prodotti.

8.
L'informazione VERA è presente alle righe n.16-17. La presidente ha riservato uno speciale benvenuto agli oltre mille nuovi studenti.

11.
L'informazione VERA è presente alla riga n. 21. Il rettore, nel suo intervento nella cerimonia di inaugurazione, ha voluto ringraziare tutto il personale docente e non docente.

Personale docente: l'insieme degli insegnanti.

Personale non docente: l'insieme del personale tecnico ed amministrativo che lavora in una scuola, ma che non svolge compiti di docenza.

12.
L'informazione VERA è presente alle righe n. 24-25. Il rettore ha annunciato la creazione della prima ed unica Facoltà di Musica italiana.

percorso CILS DUE B2

ASCOLTO COMPLETO 3

- **ASCOLTO**
  - PROVA N.1
  - PROVA N.2
  - PROVA N.3

- **TRASCRIZIONI**
  - PROVA N.1
  - PROVA N.2
  - PROVA N.3

- **SOLUZIONI E APPROFONDIMENTI**

ASCOLTO - PROVA N. 1

Ascolta i testi. Poi completa le frasi. Scegli una delle quattro proposte di completamento. Sentirai i testi due volte.

1. **Marta rifiuta l'invito perché**
   a. lavora anche nel fine settimana.
   b. ha una partita di pallavolo con amici.
   c. sabato lavora a Milano.
   d. ha un impegno sportivo con i suoi colleghi.

2. **La signora si reca in un'agenzia immobiliare perché**
   a. vuole vendere due appartamenti.
   b. è interessata ad acquistare un immobile in Via delle Rosine.
   c. cerca un piccolo appartamento in affitto.
   d. vuole ristrutturare l'appartamento.

3. **Il farmacista consiglia al cliente di**
   a. andare subito dal suo medico curante.
   b. provare con una cura per un paio di giorni.
   c. bere un tè caldo con miele.
   d. non prendere colpi d'aria.

4. **Sara propone all'amico di**
   a. andare dal Professor Migli per avere maggiori indicazioni sul lavoro da fare.
   b. frequentare il corso di Demografia Internazionale.
   c. aiutarlo nello svolgimento del progetto di ricerca.
   d. consegnare il compito entro la prossima settimana.

5. **Le previsioni del tempo annunciano che nel fine settimana**
   a. farà più freddo soprattutto nel Nord Italia.
   b. pioverà in tutta Italia.
   c. ci sarà vento in tutte le regioni italiane.
   d. un'unica perturbazione porterà aria fredda sull'Italia.

6. **I parcheggi del supermercato delimitati da strisce gialle**
   a. sono disponibili per tutti i clienti.
   b. possono essere utilizzati solo in caso di necessità.
   c. possono essere usati solo nei giorni festivi.
   d. sono riservati alle persone in possesso di un particolare tagliando.

7. **Dal 21 gennaio il Ministero della Salute**
   a. offre a tutti piani di allenamento tramite un'applicazione.
   b. organizza una serie di incontri sul tema della salute.
   c. organizza iniziative culturali per i più giovani.
   d. offre allenamenti sportivi presso le palestre comunali.

ASCOLTO - PROVA N.2

Ascolta il testo. Poi completa le frasi. Scegli una delle quattro proposte di completamento. Sentirai il testo due volte.

1. **Nella chiacchierata con l'intervistatore, Alessandra ammette di**
    a. essere stanca.
    b. essere stata felice di lavorare a due serie televisive contemporaneamente.
    c. aver avuto paura di apparire così spesso in televisione.
    d. aver amato i suoi ruoli nelle due fiction girate.

2. **Per l'attrice, lavorare a due serie televisive**
    a. è stato pesante.
    b. non è stato difficile grazie all'organizzazione dei due registi.
    c. è stato impegnativo perché aveva il ruolo di protagonista.
    d. è stato molto divertente e stimolante.

3. **Il pubblico ama l'attrice per**
    a. il suo carattere e soprattutto per la sua serietà.
    b. le sue doti di attrice drammatica.
    c. la sua bravura dovuta agli anni di studio accademici.
    d. la sua naturalezza e spontaneità.

4. **L'attrice ha frequentato il Centro Sperimentale di Cinematografia**
    a. non concludendo però gli studi.
    b. entrando in contatto con il mondo del teatro.
    c. rinunciando ad un'offerta di lavoro.
    d. ottenendo ottimi risultati.

5. **L'attrice pensa che le sue apparizioni pubblicitarie**
    a. siano state esperienze poco utili e formative.
    b. siano state utili al cento per cento.
    c. l'abbiano portata a commettere gravi errori.
    d. siano servite a farla diventare famosa.

6. **Per Alessandra, Londra è**
    a. casa sua.
    b. una metropoli in cui si vive molto bene.
    c. la città in cui si è trasferita per lavoro.
    d. un modo per allenare l'uso dell'inglese.

7. **Alessandra e il suo compagno hanno scelto di vivere a Londra perché**
    a. lui ci è cresciuto.
    b. è un compromesso tra l'Italia e gli Stati Uniti.
    c. lavora ad una serie televisiva inglese.
    d. il loro lavoro è molto ricercato.

ASCOLTO - PROVA N.3

Ascolta il testo. Poi leggi le informazioni. Indica se le informazioni, da 1 a 12, sono Vere o False.

	Vero	Falso
1. È la prima puntata di una nuova rubrica radiofonica.	○	○
2. È una rubrica rivolta ad un pubblico femminile.	○	○
3. In questa puntata l'argomento è il cambiamento del ruolo della donna nella società moderna.	○	○
4. Gli incentivi europei di cui si parla non sono riservati solo a donne.	○	○
5. Per poter ricevere questi incentivi è necessario essere disoccupati da più di due anni.	○	○
6. L'uso di questi fondi monetari è riservato alla realizzazione di grandi progetti.	○	○
7. È possibile usare questi fondi anche per corsi di studio e attività di ricerca.	○	○
8. Una delle due iniziative è legata all'apertura di attività legate al territorio.	○	○
9. Possono presentare domande solo le donne residenti nelle regioni del Sud Italia.	○	○
10. Alcune iniziative sono riservate a donne fuori dal mercato del lavoro e che hanno bisogno di essere inserite.	○	○
11. È possibile parlare "faccia a faccia" con un consulente senza costi aggiuntivi.	○	○
12. Gli orari di apertura al pubblico, degli sportelli, sono reperibili online.	○	○

TRASCRIZIONI - PROVA N.1

Trascrizione del testo audio

Ascolta i testi. Poi completa le frasi. Scegli una delle quattro proposte di completamento.

1.
- Pronto Marta… che programmi avete tu e Francesco per questo fine settimana? Io e Luisa pensavamo di andare ad Aosta per una passeggiata. (uomo)
- **Ehi ciao! Mi spiace, ma non ci siamo, ho un impegno con i colleghi di lavoro. (donna)**
- Peccato… non sapevo lavorassi anche il sabato e la domenica.
- **Infatti non lavoro… adesso faccio parte della squadra di pallavolo dell'ufficio e sabato siamo in trasferta a Milano.**

2.
- Buongiorno, sarei interessata all'appartamento in affitto in Via delle Rosine. (donna)
- **Certo, si sieda pure… allora in Via delle Rosine abbiamo due appartamenti in affitto nello stesso stabile. Uno di 50 m², camera e cucina, e l'altro è più grande, un bilocale di 70 m² con due camere. (uomo)**
- Sarei interessata all'appartamento più piccolo, mi sono trasferita da poco a Torino e cerco qualcosa di ammobiliato.
- **Allora l'appartamento camera e cucina è perfetto per lei, ammobiliato e appena ristrutturato!**

3.
- Buongiorno, ho un forte mal di gola in questi giorni, penso di aver preso un colpo d'aria. (uomo)
- **Possibile, il mal di gola è un classico malanno di questa stagione… io le consiglierei delle pastiglie per la gola al miele, se non le passa in un paio di giorni le consiglio di andare dal medico. (donna)**
- Ok, provo con queste pastiglie. Quante ne devo prendere al giorno?
- **Ne prenda 3 al giorno, possibilmente dopo i pasti principali.**

4.
- Allora, hai finito il progetto di ricerca per il corso di Demografia Internazionale? (donna)
- **Ciao Sara, sono appena stato al ricevimento dalla Professoressa Migli per avere maggiori informazioni sulle modalità di svolgimento, perché ero assente il giorno in cui ha spiegato il lavoro. (uomo)**
- Capisco, ti conviene velocizzare i tempi perché la scadenza è la prossima settimana… Se hai bisogno ti posso aiutare nel fine settimana.
- **Wow, sarebbe fantastico! Grazie, Sara!**

5.
- (voce maschile) Le previsioni meteo per questo fine settimana. L'Italia sarà attraversata da una doppia perturbazione che porterà aria fredda al nord e un vento caldo al sud. Non sono previste precipitazioni, ma un calo delle temperature, soprattutto nelle regioni settentrionali.

TRASCRIZIONI - PROVA N.1

6.
- (voce femminile) Si ricorda ai gentili clienti del supermercato che i parcheggi delimitati dalle strisce gialle sono riservati alle persone disabili e che vi è consentito parcheggiare, solo se si è in possesso del contrassegno rilasciato dalle autorità competenti.

7.
- (voce maschile) Grazie ad un'iniziativa, promossa dal Ministero della Salute, dal 21 gennaio sarà disponibile un'applicazione gratuita per avere una tabella di allenamento adatta alle proprie esigenze. Quest'idea nasce dalla volontà di portare maggiore attenzione sul tema della salute, soprattutto tra i più giovani.

TRASCRIZIONI - PROVA N.2

Trascrizione del testo audio

Ascolta il testo. Sentirai il testo due volte.

- **(voce maschile) Eccoci in compagnia di Alessandra Mastronardi. L'attrice ha appena concluso la prima stagione della serie televisiva *L'allieva*, andata in onda sulla Rai in contemporanea ad un' altra sua serie televisiva, *I medici*. Nella nostra chiacchierata, Alessandra ammette che era terrorizzata ad apparire così tanto in televisione per paura di annoiare, vero Alessandra? Dopo tutti questi successi, cosa stai facendo?**

- (voce femminile) Assolutamente, la prima settimana ho pensato che gli italiani non avrebbero più voluto vedermi in televisione. Non mi vergogno a dire che adesso sto pensando a me stessa, mi rilasso e penso al futuro con il mio compagno a Londra, dove abbiamo deciso di vivere.

- **Riposo meritato direi… è stato pesante lavorare a due serie televisive contemporaneamente?**

- Le due fiction avevano due pesi diversi, in una ero protagonista principale nell'altra invece secondaria. Il lavoro stesso è stato ben distribuito dai due registi, che erano a conoscenza di questo mio doppio impegno, e tutto è andato per il meglio.

- **Quando ti abbiamo intervistata per la partenza della serie *I medici*, ci avevi detto di assomigliare alla protagonista: pasticciona e disordinata come lei. Sei ancora così?**

- Direi di no. Sul lavoro sono molto seria e ordinata, lavorare molto e a ritmi intensi mi ha fatto crescere molto, diciamo che sono cresciuta insieme alla protagonista della fiction.

- **La tua serietà sul lavoro è stata riconosciuta da molti ed è anche per questo che le tue apparizioni televisive sono aumentate così tanto negli ultimi anni. Non dimentichiamo però che tu sei autodidatta, il pubblico ti ama perché sei spontanea. Non ti manca una formazione accademica?**

- L'avevo iniziata, perché mi avevano preso al Centro Sperimentale di Cinematografia. Poi mi hanno chiamato per un film e ho dovuto scegliere. Ho seguito l'istinto. Ho imparato lavorando: tante volte sono caduta e mi sono rialzata, sul set sei senza rete, gli errori si vedono. In passato, mi sentivo un passo indietro rispetto ai colleghi che venivano dal teatro, ci sono strumenti tecnici che se non vai a scuola non conosci, ma alla fine si arriva allo stesso risultato. Il lavoro dell'attore va in parallelo con la conoscenza di sé, c'è sempre tanto da imparare.

- **Tu hai iniziato a 13 anni con le pubblicità. Soddisfatta?**

- Non al cento per cento, alcune esperienze non hanno aggiunto niente al mio bagaglio. Comunque ogni cosa è servita e l'importante è non aver commesso gravi errori.

- **Vivi a Londra da tre anni e mezzo. Un bilancio?**

- È presto per farlo, anche perché mi sono trasferita più per amore che per lavoro. Credo servano tempi lunghi, se non sei madrelingua inglese. Ed ero già impegnata con progetti italiani a lungo termine… Però oramai quando dico "torno a casa" mi riferisco a Londra. Ci ho messo del tempo, ma è la mia città, mi fa sentire bene. Anche se sono spesso a Roma, per lavoro o per stare con la mia famiglia.

33 - **Parlando d'amore, ci spieghi perché avete scelto Londra?**
34 - Sì, io e il mio compagno viviamo insieme. Lui è cresciuto a Londra, ha fatto teatro, poi si è trasferito in
35   America per una serie tv. Ci siamo detti: Londra è a metà strada, va bene a tutti e due.
36 - **Tu sei una brava ragazza, equilibrata. Non ti concedi mai qualche trasgressione?**
37 - Quella del cibo è perenne. Non riesco a fare una dieta e ora che ho superato i 30, mantenersi in forma
38   è difficile.

TRASCRIZIONI - PROVA N.3

Trascrizione del testo audio

Ascolta il testo. Sentirai il testo due volte.

- **(voce femminile)** Carissime radioascoltatrici eccoci di nuovo per una rubrica dedicata a noi e oggi, a differenza degli altri lunedì mattina, siamo in compagnia di un'ospite speciale, il Dott. Rossi, che ci parlerà della possibilità di chiedere fondi e incentivi da parte di tutte quelle donne che vogliono mettersi alla prova, che vogliono cambiare qualcosa nella loro vita e diventare imprenditrici. Il Dott. Rossi è professore ordinario di Politiche del Lavoro all'Università di Torino. Adesso passiamo la parola al nostro ospite.

- **(voce maschile)** Carissime ascoltatrici sono molto felice di essere qui e di potervi parlare di questi incentivi europei per l'imprenditoria femminile, ma non solo. L'Unione Europea aiuta lo sviluppo di imprese create da donne, giovani e disoccupati attraverso fondi monetari.

L'Unione Europea metterà a disposizione 250 miliardi di euro entro il 2020 destinati ad una molteplicità di profili che comprendono: la ricercatrice che studia un nuovo farmaco, il disoccupato che cerca lavoro, la studentessa che vuole frequentare uno stage all'estero, l'artigiano che vuole aprire il suo showroom.

Questi fondi non servono solo per grandi opere e progetti, ma anche per la formazione e mobilità di lavoratori e studenti, per fare impresa, ricerca e innovazione.

In questa rubrica vi presento nello specifico iniziative, finanziate da fondi europei, destinate alle donne e soprattutto un'opportunità per le donne under 30 e per le giovani che ancora devono entrare nel mondo del lavoro. Le due possibilità di cui vi parlo sono: un programma finanziato per l'apertura di nuove attività commerciali nel settore culturale e turistico, finalizzate alla promozione del proprio territorio, con particolare attenzione alle regioni dell'Italia meridionale e un programma pensato per le giovani che hanno maggior difficoltà a trovare un lavoro, come disoccupate o donne dopo la maternità, che necessitano di un percorso di formazione e di inserimento lavorativo.

Per avere maggiori informazioni è possibile parlare con un consulente. In Italia, ci sono 44 sportelli Europe Direct che informano e orientano i cittadini. Presso questi sportelli, è possibile ricevere assistenza gratuita. Per avere informazioni sugli orari e gli indirizzi, è sufficiente collegarsi al sito internet xledonne.it.

SOLUZIONI E APPROFONDIMENTI

PROVA N.1

1. d

Francesco rifiuta l'invito perché ha già un impegno per il fine settimana. Lui gioca a calcio con i suoi colleghi e sabato ha una partita a Milano.

Trasferta: viaggio, la cui permanenza può variare, fuori sede per motivi sportivi o lavorativi.

2. c

La signora si reca in agenzia di viaggi perché si è da poco trasferita a Torino e cerca un piccolo appartamento. L'appartamento che cerca deve essere possibilmente piccolo e ammobiliato.

Ammobiliato: *arredato*. Participio passato usato con funzione di aggettivo, per indicare un immobile dotato di arredamento.

Ristrutturato: participio passato usato con funzione di aggettivo, per indicare un immobile in cui sono stati fatti lavori di ristrutturazione, di rimessa a nuovo.

3. b

Il farmacista consiglia al cliente di prendere alcune pastiglie per la gola per un paio di giorni. Nel caso in cui il mal di gola non passasse, di rivolgersi al proprio medico.

Pastiglia: tipo di medicinale la cui forma ricorda quella di una caramella.

4. c

Sara si propone per aiutare l'amico nello svolgimento del progetto di ricerca da consegnare per il corso di Demografia Internazionale in modo da concluderlo velocemente vista la scadenza imminente.

Scadenza: termine ultimo entro cui è necessario terminare una determinata cosa.

In altri contesti

Data di scadenza	Cibo	indica l'ultimo giorno in cui è possibile consumare quel cibo.
	Concorso	indica l'ultimo giorno entro cui è possibile presentare una domanda.

5. a

Si prevede che nel fine settimana una doppia perturbazione porterà ad una diminuzione delle temperature nel Nord Italia.

Settentrionale: aggettivo usato per indicare il Nord rispetto ad un punto di riferimento. In questo contesto le regioni settentrionali sono le regioni del Nord Italia, come il Piemonte, la Lombardia ecc…

Meridionale: aggettivo usato per indicare il Sud rispetto ad un punto di riferimento.

In altri contesti

Meridionale è usato per indicare una persona nata, originaria o residente nel Sud Italia.

6. d

I parcheggi del supermercato, delimitati da strisce gialle, possono essere usati solo da coloro che hanno un contrassegno che ne attesti la disabilità.

SOLUZIONI E APPROFONDIMENTI

Disabile: persona diversamente abile.

Contrassegno: segno, tagliando, particolare usato per distinguere una cosa dalle altre.

Autorità competente: insieme degli organi competenti in una determinata materia.

7. a

Il Ministero della Salute ha promosso un'iniziativa che ha portato alla creazione di un'applicazione che offre programmi di allenamento.

Applicazione, *app*: in contesto informatico insieme di uno o più programmi creati per svolgere determinati compiti.

PROVA N.2

1. c

La risposta si trova alle righe n. 6-7. L'attrice ammette, all'intervistatrice durante la loro chiacchierata, di essere stata terrorizzata all'idea di apparire così tanto in televisione per paura di annoiare i telespettatori.

Un po' di lessico utile per capire la televisione italiana...

Serie televisiva	È un film, un'opera cinematografica, destinato alla televisione la cui trama è divisa in puntate, in episodi.
Fiction	Termine inglese, usato nella lingua italiana corrente per indicare una serie televisiva.
Stagione televisiva	Indica il periodo, l'arco temporale, in cui è trasmesso un programma televisivo o una serie televisiva.
Puntata	Indica il singolo episodio di una serie televisiva la cui trama non è indipendente dalle puntate precedenti o seguenti.
Andare in onda	Trasmettere. *La fiction va in onda su Rai 2*. Significa che la fiction è trasmessa sul canale Rai 2.
Protagonista	Personaggio principale di un'opera teatrale, narrativa o cinematografica.
Regista	Persona che organizza e definisce un programma televisivo, radiofonico. Colui che idea un'opera cinematografica.

2. b

La risposta si trova alle righe n. 10-12. I registi, che erano a conoscenza di questo duplice impegno dell'attrice, hanno distribuito e organizzato il lavoro al meglio.

Contemporaneamente: avverbio che significa *nello stesso momento, in contemporanea*.

Ricorda che molti avverbi si formano con l'aggiunta del suffisso -mente.

3. d

La risposta si trova alla riga n. 20. L'attrice è autodidatta, non ha svolto studi universitari o accademici, ed è amata dal pubblico proprio per la sua spontaneità e naturalezza.

Autodidatta: persona che ha imparato autonomamente, da sola, senza insegnanti o maestri.

Ricorda che il prefisso auto- si usa per indicare se stessi, da soli...

SOLUZIONI E APPROFONDIMENTI

Spontaneità: naturalezza nel modo di esprimersi e di comportarsi, aggettivo spontaneo.

4. a

La risposta si trova alle righe n. 20-21. L'attrice ha iniziato a frequentare il Centro Sperimentale di Cinematografia, ma è stata chiamata per un film e ha scelto di accettare. Per questo motivo non ha concluso gli studi.

Seguire l'istinto: prendere una decisione non tanto ragionata e razionale, ma che segue una sensazione, un istinto personale.

5. a

La risposta si trova alla riga n. 27. L'attrice non è soddisfatta al cento per cento delle sue apparizioni pubblicitarie perché non hanno aggiunto nulla al suo bagaglio e quindi non sono state formative.

Bagaglio (culturale): sostantivo usato in questo contesto con il significato di preconoscenze.

Esempio	Significato
Questo corso ha arricchito il mio bagaglio culturale.	Significa che ho aggiunto nuove conoscenze a quelle di cui già ero in possesso.

6. a

La risposta si trova alla riga n. 32. Nonostante secondo l'attrice sia difficile ambientarsi, lei considera Londra come casa sua.

Bilancio: valutazione complessiva in cui si considerano sia gli aspetti positivi che negativi.

7. b

La risposta si trova alle righe n. 34-35. L'attrice lavora in Italia, il compagno lavora negli Stati Uniti, Londra è un punto a metà strada che va bene ad entrambi.

Compromesso: accordo preso andando incontro a due parti diverse, adeguando la propria richiesta o idea iniziale. *Raggiungere un compromesso significa trovarsi a metà strada, andarsi incontro.*

PROVA N.3

| 1. F | 2. V | 3. F | 4. V | 5. F | 6. F | 7. V | 8. V | 9. F | 10. V | 11. V | 12. V |

2.

L'informazione VERA si trova alla riga n. 1. Questa rubrica radiofonica, la cui conduttrice è una donna, è dedicata a noi, ovvero alle donne.

4.

L'informazione VERA si trova alle righe n. 8-9. L'Unione Europea aiuta donne, giovani e disoccupati con fondi monetari destinati a loro.

Fondo monetario: è un fondo liquido di denaro.

SOLUZIONI E APPROFONDIMENTI

7.

L'informazione VERA si trova alle righe n. 13-14. Questi fondi, questi importi di denaro, sono utilizzabili per formazione e mobilità di studenti e lavoratori, ricerca e innovazione.

Formazione: sostantivo che, in questo contesto, indica l'insieme delle conoscenze acquisibili durante un corso di studi

Mobilità (per motivi di studio o lavoro): sostantivo che indica la possibilità di spostarsi. In questo contesto indica la possibilità di lavorare, o studiare, in un'altra città o in un altro paese.

8.

L'informazione VERA si trova alle righe n. 17-19. Le nuove attività create devono essere legate al proprio territorio, il che significa che devono promuoverlo. La promozione può essere fatta in ambito sia turistico, con attività alberghiere, o in ambito culturale.

10.

L'informazione VERA si trova alle righe n. 19-21. Il Dott. Rossi parla di due iniziative, legate all'erogazione di incentivi, riservate a donne. Una delle due iniziative è rivolta a donne che non lavorano, o non hanno mai lavorato, e che hanno bisogno di essere inserite nel mercato del lavoro attraverso corsi di formazione.

11.

L'informazione VERA si trova alle righe n. 23-24. Presso gli sportelli, in cui opera un addetto, è possibile ricevere assistenza gratuita ovvero senza costi aggiuntivi.

12.

L'informazione VERA si trova alle righe n. 24-25. Per avere ulteriori informazioni, tra cui gli orari di apertura, è possibile consultare il sito internet.

Reperibile: aggettivo che significa che si può trovare, reperire.

percorso CILS DUE B2

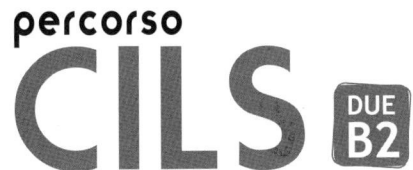

LETTURA COMPLETA 1

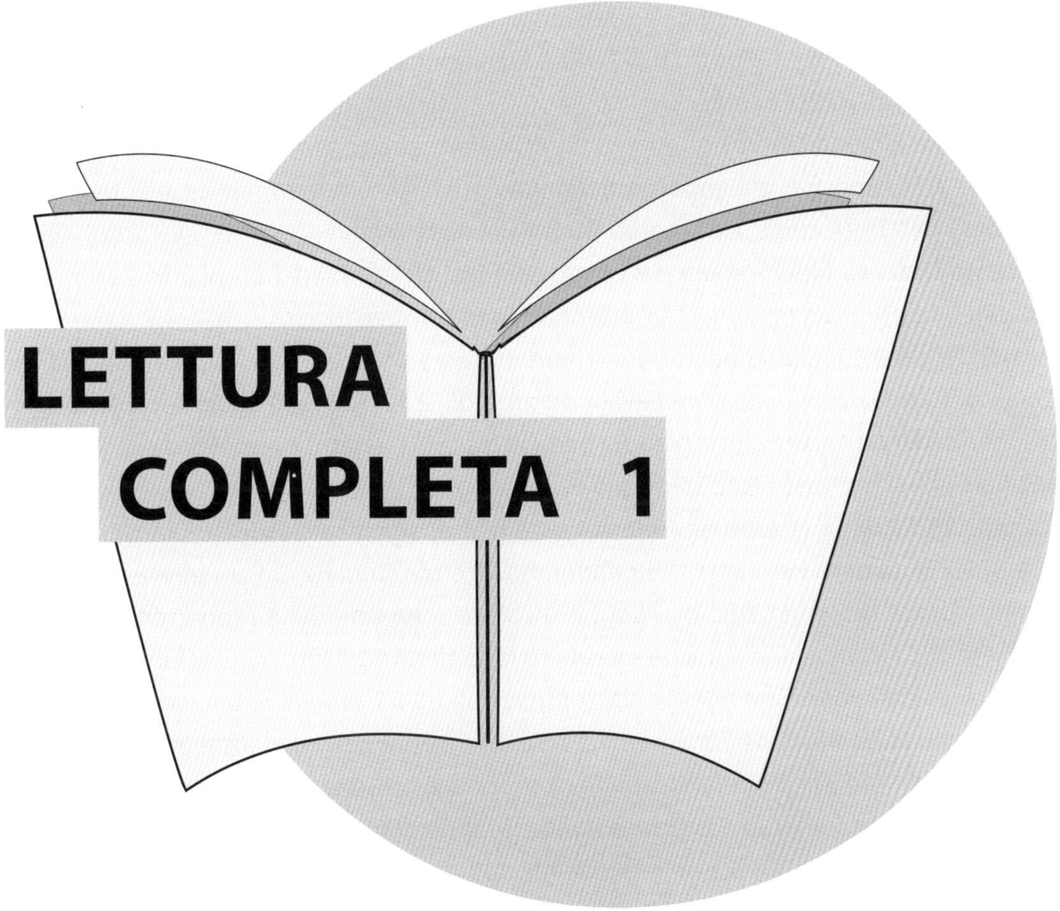

- **COMPRENSIONE DELLA LETTURA**
  - PROVA N.1
  - PROVA N.2
  - PROVA N.3
- **SOLUZIONI E APPROFONDIMENTI**

COMPRENSIONE DELLA LETTURA - PROVA N.1

Leggi il testo.

MODENA: UNA CITTÀ DAI MILLE VOLTI!

Una città dai mille volti, così quanti sono i motivi per visitare questa città, dall'arte culinaria alla meccanica per passare dal divertimento ed arrivare all'arte.

Se siete amanti della buona cucina e sentite parlare di Modena, città a misura d'uomo sita in Emilia Romagna, saranno il celebre aceto balsamico, lo zampone o lo gnocco fritto le prime cose a cui penserete, mentre nella mente degli appassionati di motori si materializzerà un cavallino rampante che galoppa verso il MEF, il *Museo Enzo Ferrari*, inconfondibile con la sua futuristica forma a cofano giallo, il colore simbolo della città.

Vi sono tuttavia almeno altre cinque ragioni per visitare questa antica città e il suo centro storico, a cominciare dal Duomo, fra i più importanti monumenti della cultura romanica in Europa, riconosciuto dall'UNESCO nel 1997 come Patrimonio Mondiale dell'Umanità, insieme alla Torre Ghirlandina e all'adiacente Piazza Grande. Sempre nel centro cittadini, all'interno di famosi edifici storici, è possibile degustare i prodotti tipici modenesi all'interno di ristoranti stellati.

Gli amanti del genere fantasy non potranno perdersi l'osso di drago, oggi esposto sopra la Porta Regia del Duomo: fu trovato in epoca medievale durante gli scavi nel sottosuolo e soprannominato così poiché, non sapendo ancora che la pianura padana fosse in passato sommersa dal mare, non si poteva immaginare che si trattasse semplicemente di… un osso di balena!

Nel Duomo di Modena ci sono altri elementi carichi di significato storico: una sequenza di scene scolpite sulla Porta della Pescheria che raffigurano vicende storiche, tra cui quelle di Re Artù. Queste immagini scolpite risalgono agli inizi del XII secolo e sono una delle rappresentazioni più antiche d'Italia. Secondo alcune teorie storiche sarebbero la conferma del fatto che il Duomo di Modena fosse un punto di passaggio e di grandi scambi commerciali tra il Nord e il Sud Italia e che molte favole e leggende siano state trasmesse oralmente, presumibilmente dai viaggiatori e dai commercianti che provenivano dal Nord per dirigersi verso Roma. Proprio la presenza di tracce del passato consentono di definire questo monumento religioso un vero e proprio manuale di storia.

Il carnevale modenese sarà invece un interessante appuntamento per i più festaioli, il cui protagonista indiscusso è il Sandrone maschera locale che simboleggia la furbizia e l'intelligenza contadina. Secondo la leggenda, il Duca e i nobili invitavano ogni anno a corte un contadino diverso, al quale davano solo in apparenza l'onore di vivere fra gli agi di corte per un giorno, quando in realtà era solo un modo per sbeffeggiarlo e deriderlo. Un giorno toccò a un certo Alessandro Pavironi, detto Sandrone per la sua stazza imponente, che rispose con tale arguzia alle domande provocatorie dei nobili, da mettere egli stesso in difficoltà i suoi interlocutori, rivelandone la grettezza e la meschinità.

I cultori dell'arte antica potranno visitare la Galleria Estense, collocata nel Palazzo dei Musei, che annovera fra le opere di maggiore importanza la Pietà di Cima da Conegliano, la Madonna col Bambino del Correggio, il Trittico di El Greco, il Crocefisso di Guido Reni, il Ritratto di Francesco I d'Este di Velázquez e il suo busto marmoreo a opera del Bernini. Queste opere possono essere visitate anche con particolari guide turistiche a tariffe ridotte, dato l'accordo stipulato tra l'Accademia delle Arti di Modena e l'Assessore al Patrimonio Artistico. I visitatori possono prenotare la visita guidata utilizzando il sito del Municipio modenese o della stessa Accademia.

Coloro che amano la fotografia e l'arte contemporanea potranno optare per la Fondazione Modena Arti Visive, mentre per i più curiosi sarà interessante visitare il Museo della Figurina che, nato dall'appassionata opera collezionistica di Giuseppe Panini, grande imprenditore italiano, e unico nel suo genere a livello mondiale, possiede un patrimonio di 500.000 esemplari di figurine e materiali affini, custoditi nella sede di Palazzo Santa Margherita. Panini fondò le edizioni Panini e, insieme ai suoi due fratelli, idearono l'attuale album che raccoglie le figurine di tutti i calciatori del campionato italiano.

Adattato e modificato da: http://www.asils.it/modena-citta-dai-mille-volti/

COMPRENSIONE DELLA LETTURA - PROVA N.1

Completa le frasi. Scegli una delle quattro proposte di completamento. **DEVI SCRIVERE LE RISPOSTE NEL "FOGLIO DELLE RISPOSTE".**

1. **Modena è una città**
    a. che attrae numerosi turisti esclusivamente per la buona cucina.
    b. adatta alle esigenze degli individui.
    c. di provincia, tranquilla e poco trafficata.
    d. famosa nel mondo per la produzione della Ferrari.

2. **Nel centro storico di Modena è possibile ammirare**
    a. il più antico Duomo d'Europa.
    b. piccole trattorie costruite all'interno di edifici storici.
    c. il Duomo romanico ristrutturato dall'UNESCO nel 1997.
    d. diversi monumenti di rilevanza mondiale.

3. **Sopra la Porta Regia del Duomo è conservato**
    a. l'osso di drago, un reperto di età contemporanea.
    b. l'osso di un drago vissuto in età medievale.
    c. l'osso di una balena, simbolo della presenza passata del mare a Modena.
    d. l'osso di drago chiamato osso di balena per la sua somiglianza e dimensione.

4. **Il Duomo di Modena**
    a. è ricco di informazioni come i libri e le enciclopedie.
    b. contiene rappresentazioni storiche del XII secolo dipinte sulle sue pareti.
    c. è stato sede di un grande mercato.
    d. è ricordato su tutti i manuali di storia.

5. **Il Sandrone, maschera del carnevale modenese, è la rappresentazione**
    a. della contrapposizione tra nobili e contadini.
    b. della storia del nobile Alessandro Pavironi.
    c. di alcune caratteristiche dei contadini.
    d. di un evento realmente accaduto alla corte modenese.

6. **Per gli amanti dell'arte antica c'è la possibilità di**
    a. usufruire di condizioni vantaggiose per le visite guidate.
    b. visitare gli antichi locali dell'Accademia delle Arti di Modena.
    c. ammirare gratuitamente una mostra nata dalla collaborazione di Accademia e Municipio.
    d. partecipare a visite guidate senza dover effettuare alcuna prenotazione.

7. **Il Museo della figurina, nato dalla collezione di Giuseppe Panini,**
    a. raccoglie le prime figurine stampate.
    b. è unico nel suo genere per il Palazzo che lo ospita.
    c. racchiude un pezzo di storia del grande successo editoriale Panini.
    d. raccoglie gli album del campionato italiano ormai non più vendibili.

Leggi il testo.

BANDO PER L'ATTRIBUIZIONE DI 20 BORSE DI STUDIO PER STUDENTI INTERNAZIONALI CHE SI ISCRIVONO A CORSI DI LAUREA MAGISTRALE A.A. 2018-19

1. Scadenza per la presentazione delle domande: giovedì 3 maggio 2018 ore 12.30
2. **OGGETTO:** l'Università degli Studi di Torino istituisce 20 borse di studio biennali destinate a studenti
3. e studentesse internazionali che si iscrivono per l'a.a. 2018-2019 al primo anno di un corso di Laurea
4. Magistrale dell'Università degli Studi di Torino.
5. Sono considerati internazionali tutti gli studenti che:
6. • hanno conseguito il titolo di studio valido per l'accesso al corso di Laurea Magistrale in un'istituzione
7. esterna al sistema italiano;
8. • non hanno la cittadinanza italiana.
9. **REQUISITI DI AMMISSIONE:** per la partecipazione al concorso è richiesto, a pena di esclusione, il
10. possesso dei seguenti requisiti:
11. 1) aver conseguito un valido titolo di studio per l'accesso al corso di Laurea Magistrale prescelto, o
12. conseguirlo entro il 15 novembre 2018, in un'istituzione esterna al sistema italiano;
13. 2) essere in possesso dei requisiti necessari per l'accesso al corso di studio prescelto al momento
14. dell'iscrizione al corso di studi (verifica i requisiti di accesso per il corso di studi di interesse su apply.
15. unito.it);
16. 3) non essere mai stati iscritti in precedenza a corsi di Laurea, Laurea Magistrale a ciclo unico o Laurea
17. Magistrale presso l'Università degli Studi di Torino;
18. 4) non avere più di 29 anni alla data di scadenza del bando e non essere cittadini italiani.
19. **PRESENTAZIONE DELLE DOMANDE:** il termine di presentazione della domanda è fissato per giovedì
20. 2 maggio 2018 alle ore 12.30 esclusivamente mediante procedura on line. Per poter presentare la
21. domanda è necessario scegliere il corso di studi di interesse ed inviare la propria candidatura tramite
22. la procedura online effettuando l'accesso a Apply.unito.it. Successivamente utilizzare il codice ricevuto
23. in fase di candidatura online per completare il form relativo alla borsa di studio, reperibile alla voce "20
24. borse di studio per studenti/esse internazionali - a.a. 2018-2019" al seguente link: https://www.unito.it/
25. internazionalita/studenti-e-ospitiinternazionali/studenti-internazionali/borse-studenti
26. Non verranno prese in considerazione le domande pervenute oltre la scadenza prevista, né domande
27. pervenute con altre modalità (via fax, via e-mail, formato cartaceo) o non complete di tutta la
28. documentazione richiesta. Gli studenti che non completano la candidatura per il corso di studio di
29. interesse su https://apply.unito.it/ non potranno presentare domanda per la borsa di studio in oggetto.
30. **ESITI SELEZIONE:** gli esiti della selezione e dell'assegnazione delle 20 borse di studio non sarà fatta
31. individualmente. Verrà pubblicata la graduatoria sul sito istituzionale di ateneo e verrà fissato un
32. termine di 31 giorni per la presentazione di eventuali ricorsi. Passato questo termine sarà possibile
33. ricevere la prima rata della borsa di studio ottenuta.

COMPRENSIONE DELLA LETTURA - PROVA N.2

Leggi le informazioni. Indica se le informazioni, da 1 a 14, sono Vere o False.

	Vero	Falso
1. La graduatoria per il conferimento delle borse di studio ha validità biennale.	○	○
2. Le 20 borse di studio hanno una durata di due anni ciascuna.	○	○
3. L'assegnazione delle borse di studio è riservata a studenti e studentesse che si iscrivono ad un qualsiasi corso di laurea.	○	○
4. Sono considerati internazionali gli studenti nati e residenti all'estero.	○	○
5. Il titolo di studio, valido per l'accesso al corso di Laurea Magistrale, deve essere estero.	○	○
6. È sufficiente il possesso di tre dei quattro requisiti presenti alla voce 'requisiti di ammissione'.	○	○
7. Possono presentare domanda gli studenti internazionali che abbiano già conseguito la laurea triennale presso un ateneo italiano.	○	○
8. I requisiti per l'accesso al corso di studi prescelto sono verificabili online.	○	○
9. Le domande devono pervenire, entro e non oltre, il due maggio.	○	○
10. La presentazione della domanda di borsa di studio può essere inoltrata solo dopo aver scelto il corso di studio e presentata la relativa domanda.	○	○
11. Il codice per completare la domanda di borsa di studio viene inviato via posta elettronica 20 giorni dopo la registrazione.	○	○
12. Le domande ricevute oltre la data di scadenza non sono prese in considerazione neanche se la motivazione di ritardo è documentata.	○	○
13. Le modalità con cui inviare la domanda comprendono il fax, la posta elettronica e la raccomandata postale.	○	○
14. La graduatoria è contestabile entro un termine fissato da regolamento.	○	○

COMPRENSIONE DELLA LETTURA - PROVA N.3

Leggi il testo. Il testo è diviso in 11 parti. Le parti non sono in ordine. Ricostruisci il testo Scrivi il numero d'ordine accanto a ciascuna parte. DEVI SCRIVERE LE RISPOSTE NEL 'FOGLIO DELLE RISPOSTE'.

CAMILLERI E IL COMMISSARIO MONTALBANO

[1] A. Andrea Camilleri, famoso scrittore e sceneggiatore italiano, è nato in Sicilia a Porto Empedocle, in provincia di Agrigento, nel 1925.

[ ] B. Il successo della serie televisiva fu subito così notevole da portare la Rai alla decisione di portare avanti negli anni la sua produzione.

[ ] C. Durante la sua infanzia e adolescenza visse gli avvenimenti della Seconda Guerra Mondiale. Tra il 1946 e il 1947 abitò ad Enna con la sua famiglia dove cominciò a frequentare la biblioteca comunale e dove si avvicinò ad opere letterarie di scrittori locali.

[ ] D. Questa scelta linguistica ha riscosso un grandissimo successo tra i lettori così che la Rai, nel 1999, decise di portare su schermo i romanzi di Camilleri e il suo commissario, Salvo Montalbano.

[ ] E. Lasciò presto la produzione poetica per dedicarsi alle sue due grandi altri passioni: quella di sceneggiatore e di autore di romanzi.

[ ] F. Montalbano, così è conosciuto da milioni di italiani, è un commissario di polizia che vive in un piccolo paese siciliano, Vigata.

[ ] G. La Rai ha trasmesso nel 2018 la dodicesima ed ultima stagione della serie televisiva la cui durata complessiva è stata di ben dodici anni. Di fronte a questi numeri lo stesso Camilleri si è detto incredulo.

[ ] H. La vicinanza a questi scritti, e la conoscenza del direttore della biblioteca, lo portarono a partecipare a diversi concorsi. Nel 1947 vinse il Premio di Firenze con una sua raccolta di poesie.

[ ] I. In questa piccola realtà locale si svolgono le vicende narrate da Camilleri con un linguaggio misto tra italiano e siciliano.

[ ] J. L'autore, che accettò la produzione televisiva alla fine degli anni Novanta, non avrebbe mai pensato a dodici stagioni e per questo successo ringrazia l'interprete del suo protagonista, l'attore Luca Zingaretti.

[ ] K. Il suo primo romanzo fu pubblicato nel 1978, ma, per arrivare al successo, Camilleri dovrà aspettare l'inizio degli anni con la pubblicazione di una serie di romanzi con un unico protagonista: Salvo Montalbano.

SOLUZIONI E APPROFONDIMENTI

PROVA N.1

APPROFONDIMENTI

1. b
L' informazione è presente alla riga n. 3. A misura d'uomo significa adatto, adeguato alle esigenze delle persone.
Una città a misura d'uomo è quindi una città in cui è possibile vivere bene, in cui gli abitanti hanno accesso ai servizi ma contemporaneamente i livelli di traffico e di stress e le problematiche sociali sono sopportabili.

2. d
L' informazione è presente alle righe n. 9-11. Nel 1997, Il Duomo, la Torre Ghirlandina e Piazza Grande sono diventati Patrimonio Mondiale dell'Umanità. Questi monumenti sono diventati patrimonio culturale per la loro importanza ed unicità riconoscibile a livello mondiale.

3. c
L'informazione è presente alle righe n. 13-16. In età medievale è stato ritrovato un osso sconosciuto che, non sapendo a che cosa attribuire, era stato chiamato osso di balena. Ciò accadde perché non si sapeva che la Pianura Padana e quindi l'Emilia Romagna erano state zone ricoperte dal mare.
Età storica: epoche, periodi in cui è divisa, da studiosi e storici, la storia dell'umanità.

4. a
L' informazione è presente alle righe n. 23-24. La presenza di tracce del passato, di informazioni e di reperti storici che caratterizzano il Duomo lo rendono simile ad un manuale, un libro, di storia dove l'utente può trovare informazioni ed arricchire le proprie conoscenze.
Manuale: tipo di libro che affronta gli argomenti di una determinata disciplina. Termine solitamente usato in campo scolastico.

5. c
L' informazione è presente alla riga n. 26. Il Sandrone è una maschera tipica del Carnevale modenese. Questa maschera simboleggia la furbizia e l'arguzia dei contadini. La furbizia e l'arguzia sono qualità, caratteristiche dell'essere umano così come l'umiltà, l'onestà e molte altre.
Furbizia: qualità, o difetto, di chi usa la propria intelligenza o le circostanze esterne per trarre un beneficio evitando le difficoltà.
Arguzia: qualità, o difetto, di chi è capace ad ironizzare, a rispondere ed intervenire con leggerezza e vivacità in qualsiasi tipo di discussione.

6. a
L'informazione è presente alle righe n. 32-37. Le persone che amano e sono appassionate dell'arte antica possono visitare i monumenti storici siti nella città di Modena a tariffe ridotte, cioè a condizioni vantaggiose, dato un accordo esistente tra l'Accademia e l'Assessore al Patrimonio Artistico.
Cultore: persona che per passione, o per scopi scientifici o accademici, coltiva una particolare arte con dedizione e competenza. In senso religioso significa, adoratore.
Assessore: è un membro della giunta comunale a cui è affidata la gestione di una particolare area di interesse come, in questo caso, il Patrimonio Artistico.

SOLUZIONI E APPROFONDIMENTI

7. c
L'informazione è presente alle righe n. 40-45. L'album Panini, e le relative figurine, sono molto famose in Italia e sono collezionate sia da grandi che da piccoli. A Modena è presente un Museo che contiene sia un numero molto elevato di figurine che altri materiali affini, quindi inerenti il mondo delle Edizioni Panini, definibili un pezzo di storia.

PROVA N.2

| 1. F | 2. V | 3. F | 4. F | 5. V | 6. F | 7. F | 8. V | 9. V | 10. V | 11. F | 12. V | 13. F | 14. V |

APPROFONDIMENTI

2.
L'informazione VERA è presente alla riga n. 2. Le borse di studio sono biennali.
Biennale: *indica una durata di due anni.* Per esempio: contratto di lavoro biennale, corso di studi biennale.
Borsa di studio: *somma assegnata ad alcuni studenti in possesso di specifici requisiti.*

5.
L'informazione VERA è presente alla riga n. 7. Gli studenti devono aver ottenuto il titolo di studio, valido per l'accesso, in un'istituzione esterna al sistema scolastico italiano.
Estero: *che proviene da un altro stato, straniero.*

8.
L'informazione VERA è presente alle righe n. 14-15. È necessario verificare i requisiti sul sito internet dell'università.

9.
L'informazione VERA è presente alla riga n. 20. Il termine per la presentazione delle domande è fissato per giovedì 2 maggio.
Entro: con significato temporale indica il termine ultimo, *prima del quale.* Entro il 2 maggio significa *prima del due maggio.*

10.
L'informazione VERA è presente alle righe n. 21-23. Prima è necessario scegliere il corso di studi, successivamente è possibile presentare la domanda per la borsa di studio.
Successivamente: *dopo, in un secondo momento.*

12.
L'informazione VERA è presente alle righe n. 26-27. Le domande pervenute, ricevute, dopo la data di scadenza non saranno prese in considerazione.
Oltre: con significato temporale indica il superamento di un limite, *dopo.*

14.
L'informazione VERA è presente alla riga n. 32. È possibile fare ricorso entro 31 giorni dalla pubblicazione della graduatoria.
Ricorso: *contestazione rivolta ad un organo in quanto è ritenuta ingiusta una decisione presa.*

PROVA N.3

1 A. Andrea Camilleri, famoso scrittore e sceneggiatore italiano, **è nato** in Sicilia a Porto Empedocle, in provincia di Agrigento, nel 1925.

2 C. Durante la sua **infanzia e adolescenza** visse gli avvenimenti della Seconda Guerra Mondiale. Tra il 1946 e il 1947 abitò ad Enna con la sua famiglia dove cominciò a frequentare la **biblioteca comunale** e dove si **avvicinò ad opere letterarie** di scrittori locali.

3 H. **La vicinanza a questi scritti**, e la conoscenza del direttore della biblioteca, lo portarono a partecipare a diversi concorsi. Nel 1947 vinse il Premio di Firenze con una sua **raccolta di poesie.**

4 E. **Lasciò presto la produzione poetica** per dedicarsi alle sue due grandi altri passioni: quella di sceneggiatore e di autore di romanzi.

5 K. **Il suo primo romanzo** fu pubblicato nel 1978, ma, per arrivare al successo, Camilleri dovrà aspettare l'inizio degli anni con la pubblicazione di una serie di romanzi con un unico **protagonista: Salvo Montalbano.**

6 F. **Montalbano,** così è conosciuto da milioni di italiani, è un commissario di polizia che vive in un **piccolo paese siciliano, Vigata.**

7 I. **In questa piccola realtà locale** si svolgono le vicende narrate da Camilleri con un **linguaggio misto tra italiano e siciliano.**

8 D. **Questa scelta linguistica** ha riscosso un grandissimo successo tra i lettori così che la Rai, nel 1999, decise di **portare su schermo** i romanzi di Camilleri e il suo commissario, Salvo Montalbano.

9 B. **Il successo della serie televisiva** fu subito così notevole da portare la **Rai** alla decisione di **portare avanti negli anni la sua produzione.**

10 G. La Rai ha trasmesso nel 2018 **la dodicesima ed ultima stagione** della serie televisiva la cui durata complessiva è stata di ben dodici anni. Di fronte a questi numeri lo stesso Camilleri **si è detto incredulo.**

11 J. L'autore, che accettò la produzione televisiva alla fine degli anni Novanta, **non avrebbe mai pensato** a dodici stagioni e per questo successo ringrazia l'interprete del suo protagonista, l'attore Luca Zingaretti.

SOLUZIONI E APPROFONDIMENTI

Approfondimenti:

Il testo proposto è un testo narrativo biografico che racconta fatti reali legati alla vita di una persona. In questo testo si parla di un noto scrittore italiano, Andre Camilleri, diventato famoso soprattutto per una serie di romanzi ambientati in Sicilia e con un unico protagonista, Salvo Montalbano.

Questo testo, essendo un testo narrativo, è composto da diversi eventi e fatti, realmente accaduti, in un preciso tempo e spazio. Per queste caratteristiche, durante lo svolgimento della prova, il candidato deve provare a collocare in ordine questi fatti in modo che il testo finale risulti coerente, con la storia, e coeso a livello testuale. Perché il testo sia coeso devono essere rispettati diversi elementi logici e sintattici.

Di seguito si approfondiscono gli elementi utili alla ricostruzione del testo.

Infanzia e adolescenza: sono due sostantivi che indicano due periodi della vita umana e sono uno successivo all'altro. In ordine potremmo avere: nascita-infanzia-adolescenza-età adulta.

Vicinanza: sostantivo che indica l'essere vicino, a qualcosa o qualcuno, nello spazio e nel tempo.

Poetica: è un aggettivo, che segue il sostantivo produzione, e che indica un genere letterario legato alla poesia.

Scelta linguistica: indica la scelta, effettuata dallo scrittore, nel registro linguistico adottato e quindi quale lingua e con quali caratteristiche. In questo caso Camilleri opera una scelta particolare ovvero quella di usare sia la lingua italiana standard che il dialetto siciliano.

Portare su schermo: è un'espressione che indica la produzione televisiva di un romanzo o di un fatto realmente accaduto.

Serie televisiva: è una produzione televisiva divisa in diversi episodi ed eventualmente in diverse stagioni.

Stagione: in questo contesto non indica uno dei quattro periodi dell'anno (autunno, inverno, primavera e estate), bensì indica, in ambito televisivo, il periodo di tempo in cui viene trasmesso un programma o una serie televisiva.

Incredulo: aggettivo che indica una persona che non crede o che non vuole credere.

percorso CILS DUE B2

LETTURA COMPLETA 2

- **COMPRENSIONE DELLA LETTURA**
  - PROVA N.1
  - PROVA N.2
  - PROVA N.3
- **SOLUZIONI E APPROFONDIMENTI**

COMPRENSIONE DELLA LETTURA - PROVA N. 1

Leggi il testo.

IL RACCONTO SILENZIOSO DELLE MURA DI FIRENZE

Passeggiando per Firenze, da semplici turisti o da appassionati di storia dell'arte, è possibile imbattersi in una moltitudine di elementi simbolici, sculture e oggetti curiosi, il cui significato e la cui storia sono così antichi da essere ormai diventati leggende degne di essere tramandate di generazione in generazione.

Spesso sono impressi nelle mura degli antichi palazzi e rimandano ad aneddoti curiosi, come, ad esempio, la raffigurazione di un uomo di profilo, proprio a sinistra della rampa d'accesso di *Palazzo Vecchio*, al di là del gruppo scultoreo di *Ercole e Caco*. Si racconta che fu *Michelangelo Buonarroti* a scolpire quel volto, conosciuto come l'*Importuno*, e che sia il ritratto di un conoscente, abbozzato un giorno dall'artista mentre, per l'ennesima volta, veniva fermato e assillato dalle sue chiacchiere inopportune.

Se ci si vuole "immergere nel passato", si può entrare nel *Duomo*, volgere le spalle all'altare e osservare il grande orologio dipinto da *Paolo Uccello*. Anche se a prima vista sembra che il complesso meccanismo che lo regola funzioni al contrario, in realtà, ciò che si osserva è lo scorrere del tempo nella Firenze rinascimentale. A quei tempi, infatti, la giornata cominciava dalla sera, le ore erano contate seguendo il calendario liturgico e la lunghezza di un'ora variava a seconda delle stagioni.

Scolpita nelle sue mura, l'anima immortale di Firenze è un libro aperto che racconta abitudini antiche a coloro che lo sanno decifrare, come lo dimostrano le piccole aperture, chiamate *buchette del vino*, che potrete notare numerose sulle mura delle antiche case fiorentine. Le famiglie aristocratiche le utilizzavano per vendere in modo discreto il vino, senza dover ricorrere agli osti. Collegate spesso alle cantine o nelle immediate vicinanze, vi poteva passare un fiasco di vino per volta e spesso i nobili padroni di casa le usavano anche per fare opere di bene, lasciandovi una brocca di vino o pezzi di pane per i poveri.

A volte, infine, è silenziosa testimone di antiche rivalità, come lo dimostra un blocco di pietra lungo 10 metri che spicca proprio sulla facciata di uno degli edifici più imponenti di Firenze, *Palazzo Pitti*. La famiglia Pitti lo fece erigere a metà del Quattrocento per dimostrare quanto le proprie ricchezze fossero grandi, soprattutto rispetto a quelle della famiglia Medici, e fu Luca Pitti, banchiere fiorentino, a volerlo inserire a rappresentazione di sé stesso, metafora della sua grandiosità e potenza, in mezzo a tutti gli altri, piccoli e insignificanti. Destino volle che Palazzo Pitti diventasse successivamente proprietà dei Medici che lo acquistarono nel 1550 per trasformarlo nella nuova residenza granducale.

Le mura di Firenze sono un'enciclopedia a cielo aperto che, letta da esperti e amanti della storia dell'arte, può rivelare saperi nascosti. A questo proposito si è sviluppata, negli ultimi decenni, una fitta rete di scambi internazionali allo scopo di rendere Firenze un oggetto di studio sempre attuale. Questo partenariato ha preso il via su iniziativa del Dipartimento di Studi Storici di Firenze che ha siglato numerosi accordi con università statunitensi, cinesi e giapponesi in merito alla produzione di tesi di dottorato inerenti le bellezze fiorentine tra cui proprio Palazzo Pitti e l'orologio di Paolo Uccello. Tra queste ricerche spicca quella di una ventiseienne americana Nicole Johnson, originaria della California,

37 che ha condotto una minuziosa, ed unica, ricerca d'archivio che l'ha portata a dimostrare l'importanza
38 del passaggio di proprietà di Palazzo Pitti nell'equilibrio sociale della società di quel tempo. Questa
39 pubblicazione, con più di cinquanta pagine di bibliografia, le ha consentito di diventare assegnista di
40 ricerca presso il Dipartimento fiorentino dove attualmente lavora come docente e dove continua le sua
41 attività di ricercatrice grazie ad un contributo alla ricerca della Regione Toscana.

Adattato e modificato da http://www.asils.it/racconto-silenzioso-delle-mura-firenze/

COMPRENSIONE DELLA LETTURA - PROVA N.1

Completa le frasi. Scegli una delle quattro proposte di completamento. DEVI SCRIVERE LE RISPOSTE NEL "FOGLIO DELLE RISPOSTE".

1. **Attraverso le vie fiorentine è possibile ammirare elementi simbolici**
    a. unici nel loro genere.
    b. simbolo di storie reali passate.
    c. così importanti da essere raccontati e ricordati negli anni.
    d. del mondo fiabesco e leggendario.

2. **All'ingresso di Palazzo Vecchio è possibile ammirare**
    a. il profilo scolpito di Michelangelo Buonarroti.
    b. la raffigurazione di un conoscente di Michelangelo Buonarroti.
    c. l'Importuno, simbolo delle chiacchere e maldicenze dell'epoca.
    d. la copia del gruppo scultoreo Ercole e Caco.

3. **L'orologio di Paolo Uccello**
    a. si trova di fronte all'altare centrale.
    b. è dipinto sulla facciata del Duomo.
    c. scandisce ogni giorno le ore dei fiorentini.
    d. risale all'epoca prerinascimentale.

4. **Le piccole aperture presenti sulle mura di alcuni antichi palazzi residenziali**
    a. erano utilizzate per allontanare i più poveri alla ricerca di cibo e vino.
    b. erano lo strumento degli osti per consegnare il vino ai nobili.
    c. non sono più visionabili oggi se non su libri antichi.
    d. devono il loro nome ad una particolare modalità di vendita del vino.

5. **Palazzo Pitti fu costruito a metà del quindicesimo secolo**
    a. come dono della famiglia Medici alla famiglia Pitti.
    b. da una grande famiglia di banchieri.
    c. come omaggio del re a Luca Pitti.
    d. a dimostrazione della ricchezza e supremazia di una famosa famiglia fiorentina.

6. **Il Dipartimento di studi storici di Firenze ha**
    a. firmato svariate collaborazioni con alcune università straniere.
    b. partecipato a conferenze su Palazzo Pitti in Cina, Giappone e negli Stati Uniti.
    c. siglato importanti accordi internazionali nell'ultimo biennio.
    d. pubblicato svariate tesi di studenti stranieri con oggetto le bellezze fiorentine.

7. **L'unicità della tesi discussa dalla ricercatrice Nicole Johnson consiste**
    a. nell'aver vinto una borsa di studio cospicua.
    b. nel modo in cui sono stati descritti i fatti della famiglia Pitti.
    c. nella ricerca meticolosa e attenta e nella vastità della bibliografia presentata.
    d. nell'uso dei materiali in lingua originale reperiti negli archivi.

COMPRENSIONE DELLA LETTURA - PROVA N.2

Leggi il testo.

ASSEGNAZIONE DI BORSE DI STUDIO OFFERTE DAL GOVERNO ITALIANO A STUDENTI STRANIERI E ITALIANI RESIDENTI ALL'ESTERO (IRE) PER L'ANNO ACCADEMICO 2018-2019

Il Ministero degli Affari Esteri e della Cooperazione Internazionale (MAECI) offre borse di studio, in favore di studenti stranieri e italiani residenti all'estero (IRE) per l'Anno Accademico 2018- 2019, con l'obiettivo di favorire la cooperazione in campo culturale, scientifico e tecnologico, la proiezione del sistema economico dell'Italia nel mondo e la diffusione della conoscenza della lingua e cultura italiana. Le borse di studio sono offerte per svolgere programmi di studio, formazione e/o ricerca presso Istituzioni italiane statali o legalmente riconosciute. L'elenco dell'offerta formativa è consultabile alla seguente pagina: https://studinitali.estero.it.
La lista dei Paesi beneficiari è consultabile alla seguente pagina del Portale https://studinitali.estero.it/paesiammessi.

TIPOLOGIE DI BORSE DI STUDIO - Sono previste diverse tipologie di borse di studio. Queste comprendono: corsi universitari di Laurea Magistrale (2° ciclo), corsi di alta formazione professionale, artistica e musicale (AFAM) e dottorati di ricerca.
Per alcuni corsi di Laurea Magistrale o presso le Istituzioni AFAM, l'iscrizione è subordinata al superamento di prove di ammissione. I candidati sono invitati a verificare presso l'Istituzione universitaria o AFAM prescelta se è previsto un test di ingresso o se l'accesso è libero.

REQUISITI DI ACCESSO - Le candidature possono essere presentate da coloro che saranno in possesso dei seguenti requisiti alla data di scadenza del bando, il 29 aprile 2018.
- **Titolo di studio:** possono concorrere alle borse gli studenti di cittadinanza straniera residenti all'estero e italiani residenti all'estero (IRE) in possesso di un titolo di studio valido per l'iscrizione ai corsi presso l'Istituzione prescelta.
- **Età:** possono presentare domanda per una borsa per un corso di Laurea Magistrale/Alta Formazione artistica e musicale (AFAM)/corso di lingua e cultura italiana i candidati di età non superiore a 28 anni compiuti alla data di scadenza del presente bando. Possono presentare domanda per una borsa per un corso di dottorato i candidati di età non superiore a 30 anni compiuti alla data di scadenza del presente bando.
- **Competenza linguistica:** Il candidato dovrà allegare alla domanda un certificato o un attestato comprovante la competenza della lingua italiana a partire almeno dal livello B2 del Quadro Comune Europeo di Riferimento.

RINNOVI - Coloro che nell'Anno Accademico 2017-2018 abbiano usufruito di una borsa di studio MAECI possono candidarsi per la prosecuzione o il completamento di un corso di studi pluriennale. L'eventuale rinnovo della borsa è concesso ai soli candidati che certifichino di essere in regola con gli esami previsti per ciascun Anno Accademico.

COMPRENSIONE DELLA LETTURA - PROVA N.2

Leggi le informazioni. Indica se le informazioni, da 1 a 14, sono Vere o False.

	Vero	Falso
1. L'assegnazione di borse di studio è riservata agli stranieri legalmente residenti all'estero.	○	○
2. L'obiettivo dell'assegnazione di queste borse di studio è quello di favorire la diffusione della lingua e cultura italiana nel mondo.	○	○
3. Le borse di studio sono concesse solo ai residenti in determinati paesi. All'indirizzo internet https://studinitali.estero.it/paesiammessi è reperibile l'elenco.	○	○
4. Le borse di studio sono erogate unicamente per lo svolgimento di corsi di laurea triennale e magistrale.	○	○
5. Per richiedere la borsa di studio è necessario superare un test di ammissione preliminare.	○	○
6. I candidati devono informarsi sulle modalità di accesso al corso di studio scelto.	○	○
7. L'Istituzione AFAM prevede ogni anno un test di ingresso per accertare le conoscenze.	○	○
8. Il candidato deve essere in possesso dei requisiti richiesti entro la data di inizio dei corsi.	○	○
9. È necessario il possesso di un titolo di studio valido per l'accesso al corso prescelto.	○	○
10. Per i diversi corsi di studio sono definiti diversi limiti di età.	○	○
11. I corsi universitari erogati in lingua inglese prevedono il superamento di un test di livello B2.	○	○
12. I candidati devono certificare la conoscenza della lingua italiana.	○	○
13. È possibile ricandidarsi all'assegnazione della borsa di studio.	○	○
14. Il rinnovo è concesso solo a coloro che hanno superato tutti gli esami presenti nel piano di studio relativi all'anno accademico in corso.	○	○

COMPRENSIONE DELLA LETTURA - PROVA N. 3

Leggi il testo. Il testo è diviso in 11 parti. Le parti non sono in ordine. Ricostruisci il testo. Scrivi il numero d'ordine accanto a ciascuna parte. **DEVI SCRIVERE LE RISPOSTE NEL 'FOGLIO DELLE RISPOSTE'.**

ANTONINO CANNAVACCIUOLO CHEF RINOMATO E GIOVANE IMPRENDITORE

[1] A. Mi chiamo Antonino Cannavacciuolo sono nato a Vico Equense, un paese vicino Napoli, e ho 43 anni. La mia vita, il mio lavoro e la mia personalità sono molto legati al mio paese natale.

[ ] B. Io e miei amici correvamo per le vie del paese addobbate per questa grande festa. I colori e i profumi sono una delle cose che ancora oggi ricordo. Le mamme cucinavano per una settimana intera per essere pronte per il 29 settembre.

[ ] C. La mia carriera imprenditoriale è iniziata infatti con l'apertura di questo ristorante, Villa Crespi, il mio fiore all'occhiello, il mio orgoglio più grande, ovviamente dopo la mia famiglia.

[ ] D. A soli 19 anni, dopo aver concluso l'Accademia di cucina, sono partito per uno stage in Francia, in Alsazia.

[ ] E. Lavorare in televisione è veramente divertente. Spero di poter continuare a portare avanti tutti questi progetti: dalla cucina all'imprenditoria per passare dalla televisione!

[ ] F. Mia mamma per esempio iniziava sette giorni prima della festa a grigliare i carciofi e a impastare la pasta fatta in casa. Da questi episodi della mia infanzia si può facilmente capire la mia passione per la cucina.

[ ] G. Ho avuto la grande fortuna di nascere e crescere a Vico Equense, nella penisola sorrentina, un paese in cui ancora oggi la tradizione è rispettata con le sue fiere e le sue sagre.

[ ] H. Dopo l'apertura di Villa Crespi ho avuto l'onore di partecipare ad una famosa trasmissione televisiva, *Master Chef,* nelle vesti di cuoco-giudice.

[ ] I. Questa mia passione si è trasformata ben presto in lavoro.

[ ] J. Andare via di casa non è stato facile, ma è stata un'esperienza necessaria. Ho lavorato sotto la guida di un grande chef italiano e nel 1999 ho aperto il mio primo ristorante.

[ ] K. Ricordo benissimo queste feste di paese. Quando ero bambino aspettavo il 29 settembre quasi quanto il giorno di Natale. In questa giornata si festeggiava, e si festeggia ancora oggi, San Michele Arcangelo con una grandissima fiera per le vie della città.

SOLUZIONI E APPROFONDIMENTI

PROVA N.1

APPROFONDIMENTI

1. c

L'informazione è presente alle righe n. 1-4. Tra le vie di Firenze è possibile ammirare oggetti ed elementi carichi di significato simbolico che, diventati leggenda negli anni, sono stati e sono tuttora ricordati e tramandati.

Tramandare: riferire, raccontare, trasmettere di generazione in generazione.
Generazione: indica un gruppo di persone nate indicativamente negli stessi anni. Si può presupporre sia di 25 anni la durata di una generazione.
Leggenda: tipologia di racconto tradizionale di eventi e fatti lontani nel tempo arricchiti di elementi immaginari e non corrispondenti alla realtà.
Fiaba: tipologia di racconto di origine popolare in cui tra i protagonisti sono presenti personaggi fantastici come streghe, maghi, draghi, gnomi ecc… .

2. b

L'informazione è presente alle righe n. 6-10. All'ingresso di Palazzo Vecchio, sulla sinistra, è possibile ammirare un viso scolpito di profilo. Si racconta, e quindi non è notizia certa, che fu Michelangelo Buonarroti a scolpire il profilo di un suo conoscente che ripetutamente lo disturbava con inutili chiacchiere mentre lui lavorava.

Rampa d'accesso: il termine rampa indica una salita o una parte delle scale, compresa tra due pianerottoli, che consente di entrare ed uscire dall'edificio.
Accesso, participio passato del verbo accedere, è sinonimo del termine ingresso.
Ritratto: in questo testo è un sostantivo maschile singolare che indica parte, o totalità, della raffigurazione di un individuo.

3. a

L'informazione è presente alle righe n. 11-12. Entrando all'interno di Palazzo Vecchio e lasciando alle spalle l'altare è possibile ammirare l'orologio dipinto da Paolo Uccello.

Volgere: girare.
Volgere le spalle è, in altri contesti, anche una locuzione polirematica che significa ignorare volutamente una richiesta d'aiuto o una persona.
Chiara, la mia migliore amica, mi ha voltato le spalle proprio nel momento del bisogno.

4. d

L'informazione è presente alle righe n. 18-19. I nobili usavano queste fessure nelle mura per poter vendere il loro vino senza dover chiedere, e pagare, gli osti.

Oste: colui che è proprietario o gestisce un'osteria, ovvero un locale, non raffinato, in cui è possibile consumare vini e bevande alcoliche.
Fare i conti senza l'oste: modo di dire della lingua italiana. Significa: comportarsi ed agire senza considerare l'intervento, e la reazione, dei diretti interessati.

5. d

L'informazione è presente alle righe n. 25-26. La famiglia Pitti fece erigere, costruire Palazzo Pitti per dimostrare la propria ricchezza e supremazia soprattutto in confronto alla famiglia Medici.

Erigere: costruire, innalzare. Si usa per edifici, costruzioni in altri contesti anche per istituzioni o fondazioni.

SOLUZIONI E APPROFONDIMENTI

6. a
L'informazione è presente alle righe n. 33-34. Il Dipartimento di Studi Storici ha siglato alcuni accordi con diverse università straniere.
Siglare: apporre una sigla. Nel linguaggio istituzionale siglare significa sottoscrivere, firmare un accordo che entrerà in vigore successivamente.
Accordo: patto firmato tra due (accordo bilaterale) o più parti.
Biennio: è un sostantivo che indica un periodo di due anni. Come questo sostantivo ci sono: triennio, decennio, ventennio ecc... .

7. c
L'informazione è presente alle righe n. 36-38. La sua ricerca è unica nel suo genere perché è il risultato di un attento lavoro negli archivi e per la presenza di una vasta bibliografia.
Bibliografia: in questo contesto, elenco dei libri usati nella ricerca condotta.
Minuziosa: attenta, scrupolosa.
Archivio: raccolta di documenti privati o pubblici.
Assegnista di ricerca: titolare di un assegno, di denaro, per svolgere attività di ricerca.
Contributo di ricerca: finanziamento pubblico, che può essere statale, comunale o regionale, rilasciato per favorire attività di ricerca.

PROVA N.2

| 1. F | 2. V | 3. V | 4. F | 5. F | 6. V | 7. F | 8. F | 9. V | 10. V | 11. F | 12. V | 13. V | 14. V |

APPROFONDIMENTI

2.
L'informazione VERA è presente alla riga n. 4 in cui, tra le diverse motivazioni, c'è la diffusione della conoscenza della lingua e cultura italiana nel mondo.
Diffusione: *divulgazione, propagare.*

3.
L'informazione VERA è presente alle righe n. 8 e 9. La lista dei paesi beneficiari è consultabile sul sito internet.
Beneficiario: *che gode di un beneficio, di un vantaggio, di una condizione favorevole.*
Consultabile: *che si può consultare.*
-abile: suffisso usato per la formazione di aggettivi a partire dai verbi della prima coniugazione.
Consult-ARE= consult-ABILE.

6.
L'informazione VERA è presente alle righe n. 13-15. I candidati devono informarsi sulla presenza, o meno, di una prova di ammissione e se l'accesso è subordinato al suo superamento.
Prova di ammissione: *test di ingresso. Prova preliminare volta a testare le preconoscenze ritenute indispensabili per la frequenza ad un corso.*
Subordinato: *che dipende da un'altra condizione, dal verificarsi di un'altra circostanza.*

SOLUZIONI E APPROFONDIMENTI

9.
L'informazione VERA è presente alle righe n. 19-20. I candidati devono essere in possesso di un titolo di studio valido per l'accesso al corso scelto.
Essere in possesso: *avere.*

10.
L'informazione VERA è presente alle righe n. 21-24. Sono definiti da regolamento diversi limiti di età in base al corso universitario scelto.
Limite di età: *età massima valida.* In questo contesto l'età massima consentita è di 28 anni per i corsi di laurea e di 30 anni per il dottorato di ricerca.

12.
L'informazione VERA è presente alle righe n. 26-27. I candidati dovranno allegare un attestato comprovante la conoscenza della lingua italiana ad un livello B2.
Attestato: *è un documento, una dichiarazione scritta utilizzabile per dimostrare il possesso di un determinato titolo.*
Comprovante: *participio presente del verbo comprovare.*
Comprovare: *dimostrare ulteriormente qualcosa, dar prova di quanto dichiarato.*

13.
L'informazione VERA è presente alle righe n. 29-30. Coloro che hanno già usufruito di una borsa di studio possono candidarsi per il completamento del corso di studi che ha durata pluriennale.
Usufruire: *usare a proprio vantaggio.*
Pluriennale: *più anni, di durata superiore ad un anno.*
Ricandidarsi: *candidarsi di nuovo, un'altra volta.*
Il prefisso ri- è usato per esprimere il carattere reiterativo di un'azione.

14.
L'informazione VERA è presente alle righe n. 31-32. L'essere in regola con gli esami previsti significa averli sostenuti e superati con esito positivo, sufficiente.

PROVA N.3

1. A. Mi chiamo Antonino Cannavacciuolo sono nato a Vico Equense, un paese vicino Napoli, e ho 43 anni. La mia vita, il mio lavoro e la mia personalità sono molto legati al mio paese natale.

2. G. Ho avuto la grande fortuna di nascere e crescere a Vico Equense, nella penisola sorrentina, un paese in cui ancora oggi la tradizione è rispettata **con le sue fiere e le sue sagre**.

3. K. Ricordo benissimo **queste feste di paese**. Quando ero bambino aspettavo il 29 settembre quasi quanto il giorno di Natale. In questa giornata si festeggiava, e si festeggia ancora oggi, San Michele Arcangelo con una grandissima fiera per le vie della città.

4. B. Io e miei amici correvamo per le vie del paese addobbate **per questa grande festa**. I colori e i profumi sono una delle cose che ancora oggi ricordo. Le mamme **cucinavano per una settimana intera** per essere pronte per il 29 settembre.

SOLUZIONI E APPROFONDIMENTI

5 F. **Mia mamma per esempio iniziava sette giorni prima** della festa a grigliare i carciofi e a impastare la pasta fatta in casa. Da questi episodi della mia infanzia si può facilmente **capire la mia passione** per la cucina.

6 I. **Questa mia passione** si è trasformata ben presto in **lavoro.**

7 D. A soli 19 anni, dopo aver concluso l'Accademia di cucina, sono partito per **uno stage** in Francia, in Alsazia.

8 J. **Andare via di casa** non è stato facile, ma è stata un'esperienza necessaria. Ho lavorato sotto la guida di un grande chef italiano e nel 1999 **ho aperto il mio primo ristorante.**

9 C. La mia carriera imprenditoriale è iniziata infatti con **l'apertura di questo ristornate**, Villa Crespi, il mio fiore all'occhiello, il mio orgoglio più grande, ovviamente dopo la mia famiglia.

10 H. **Dopo l'apertura di Villa Crespi** ho avuto l'onore di partecipare ad una famosa **trasmissione televisiva**, *Master Chef*, nelle vesti di cuoco-giudice.

11 E. **Lavorare in televisione** è veramente divertente. Spero di poter continuare a portare avanti tutti questi progetti: dalla cucina all'imprenditoria per passare dalla televisione!

Approfondimenti

Il testo proposto è un testo narrativo autobiografico che racconta fatti reali legati alla vita di una persona che li narra. In questo testo parla in prima persona un noto chef italiano, Antonino Cannavacciuolo, diventato famoso per il suo ristorante al Lago d'Orta e per la sua partecipazione ad una famosa trasmissione televisiva, Master Chef.

Questo testo, essendo un testo narrativo, è composto da diversi eventi e fatti, realmente accaduti, in un preciso tempo e spazio. Per queste caratteristiche, durante lo svolgimento della prova, il candidato deve provare a collocare in ordine questi fatti in modo che il testo finale risulti coerente, con la storia, e coeso a livello testuale. Perché il testo sia coeso devono essere rispettati diversi elementi logici e sintattici.

Di seguito si approfondiscono gli elementi utili alla ricostruzione del testo.

Fiere e sagre: sono due eventi che si tengono nei paesi e nelle città italiane per una determinata ricorrenza.

Fiera: mercato che si tiene, solitamente, una volta all'anno nella stessa località.

Sagra: festa popolare che si svolge una volta all'anno, a volte in onore del santo patrono del paese, in cui c'è una fiera o un mercato.

Passione: in questo contesto indica il forte interesse, amore e predisposizione per lo svolgimento di una determinata attività.

Stage: periodo di formazione che si svolge sul posto di lavoro che può essere, o meno, retribuito.

SOLUZIONI E APPROFONDIMENTI

Andare via di casa: espressione che si usa per indicare il momento in cui una persona lascia, per svariati motivi, la casa della propria famiglia.

Essere il fiore all'occhiello: è un'espressione che esprime l'essere motivo di orgoglio.
Edoardo, mio figlio, è il mio fiore all'occhiello. Significa che Edoardo è motivo di orgoglio per me.

Trasmissione televisiva: programma televisivo che può avere diversi fini tra cui: l'intrattenimento e l'informazione.

Giudice: persona che, per professione, emette un giudizio. Quest'attività si svolge in tribunale, ma in questo caso il ruolo di giudice è all'interno di una trasmissione televisiva.

LETTURA COMPLETA 3

- **COMPRENSIONE DELLA LETTURA**
  - PROVA N.1
  - PROVA N.2
  - PROVA N.3
- **SOLUZIONI E APPROFONDIMENTI**

Leggi il testo.

LO STREET FOOD ALL'ITALIANA DI EUGENIO MATTEI

Solitamente fritto, gustoso, lo si mangia seduti su di una panchina o camminando per la strada e lo si finisce in pochi bocconi... non si tratta del *fast food* americano, ma del *cibo da strada* tutto italiano! Parte da sempre della tradizione italica, lo *street food* possiede origini molto antiche, risalenti a circa diecimila anni fa, quando già i Greci descrivevano l'usanza egizia, tradizione del porto di Alessandria d'Egitto che venne successivamente adottata in tutta la Grecia, di friggere il pesce e di venderlo per strada.

Considerato inferiore perché nato dall'esigenza primaria di nutrire il popolo a poco costo, in realtà, è simbolo della tradizione e dell'identità regionale e, per ironia della sorte, proprio la pizza, così amata in tutto il mondo, fa parte di questa categoria, poiché nata dalla necessità di sfamare per strada i più poveri.

Sono tantissime le specialità, in tutta Italia, che bisognerebbe assaggiare almeno una volta nella vita, a partire dagli *arrosticini*, tipico piatto abruzzese ricco di storia, costituito da spiedini di carne di pecora. Ma chiediamo al famosissimo, e vincitore di numerosi premi, chef Eugenio Mattei quali sono questi piatti, diversi ed unici in ogni regione del Bel Paese.

Buongiorno Eugenio, iniziamo dalla tua regione, la Liguria. Qual è un piatto dello street food ligure?

Di tradizione ligure sicuramente la *farinata*. La farinata è una semplice torta salata realizzata con farina di ceci, acqua, sale e olio extra vergine d'oliva. Negli anni questo cibo è entrato in tutte le pizzerie italiane dove solitamente fa da antipasto alla classica pizza...

Parlando di pizza... ecco Napoli! Casa della pizza e della cultura del cibo di strada, che ne pensi?

Tutti gli chef del mondo, e non solo loro, sono concordi con il riconoscere a Napoli il primato della pizza, ma non bisogna dimenticare altri ottimi piatti. A Napoli troviamo il *cuoppo*, che consiste in un cono di carta nel quale è possibile trovare diversi fritti, fra i quali i *crocché* di patate ripieni di mozzarella e prosciutto cotto, le famose palle di riso, le mozzarelline in carrozza, la pasta cresciuta ripiena di alghe o di fiori di zucca e le pizzette fritte.

Ti potresti definire un vero conoscitore del cibo di strada, nel tuo ristorante servite un menu con questi piatti?

Il mio ristorante è in Umbria, regione natale di mia moglie Lucia e in cui abbiamo deciso di vivere proprio perché lei non lasciasse la sua cattedra all'Università. Il menu del mio ristorante rispetta la tradizione umbra e tutti i piatti serviti, anche se rivisitati e rinnovati, sono tipici della terra. Allo stesso modo anche la scelta delle materie prime è fatta accuratamente e acquistata nel territorio circostante. Tra questi troviamo la *torta al testo*, una sorta di piada realizzata con acqua, sale, lievito e farina e farcita con salumi o formaggi a piacere, *un piatto da street food*.

In questi ultimi anni lo street food è diventato una moda, una tendenza. Prima tra tutte le città italiane abbiamo Milano...

COMPRENSIONE DELLA LETTURA - PROVA N. 1

Assolutamente! Milano è la città numero uno per innovazione e per i più modaioli, non è possibile lasciarsi sfuggire i *food truck* di Milano, automezzi attrezzati che propongono ricette tradizionali reinventandole in forma innovativa. Consideriamo questi *food truck* una rivisitazione dei classici venditori di panini con la salamella o con la porchetta, versione italiana degli statunitensi *hot-dog e hamburger* e penso che questo faccia onore alla modernità e innovatività del nostro paese, conosciuto nel mondo per la sua storia e tradizione! L'Italia, e soprattutto Milano, hanno bisogno di mantenere viva la storia quanto di essere al passo con le grandi metropoli mondiali.

Adattato e modificato da http://www.asils.it/street-food-allitaliana/

COMPRENSIONE DELLA LETTURA - PROVA N. 1

Completa le frasi. Scegli una delle quattro proposte di completamento.
DEVI SCRIVERE LE RISPOSTE NEL "FOGLIO DELLE RISPOSTE".

1. **Le origini del cibo di strada italiano**
    a. sono recenti e legate al famoso *street food* americano.
    b. sono antiche e legate alla cultura greca.
    c. risalgono all'Antico Egitto.
    d. ricordano la nascita dei *fast food* americani.

2. **Il cibo di strada nasce come risposta alla necessità**
    a. di avere un cibo pregiato a basso costo.
    b. di dar da mangiare al popolo.
    c. di rispettare l'identità regionale della cucina italiana.
    d. di sviluppare un nuovo mercato alimentare di strada.

3. **Secondo Eugenio Mattei la farinata è**
    a. un piatto caratteristico della sua regione natale.
    b. il piatto più amato in Liguria.
    c. venduta esclusivamente come piatto da asporto.
    d. un cibo molto elaborato a base di farina di ceci.

4. **In tutto il mondo Napoli è**
    a. considerata all'unanimità la casa della pizza.
    b. famosa esclusivamente per la pizza.
    c. conosciuta per il suo ottimo cibo di strada tra cui il cuoppo.
    d. famosa per la sua mozzarella in carrozza.

5. **Lo chef Eugenio Mattei ha scelto di aprire il suo ristorante in Umbria**
    a. per rispettare la tradizione del cibo di strada diffusa in questa regione.
    b. per la vasta scelta di prodotti locali disponibili sul mercato.
    c. perché lui è nato in questa regione.
    d. per motivi familiari e lavorativi.

6. **Nel menu del ristorante umbro di Mattei ci sono**
    a. piatti dietetici e innovativi.
    b. piatti legati alla tradizione locale e regionale.
    c. materie prime provenienti da tutta Italia.
    d. solo prodotti di alta cucina, il cibo di strada non è presente.

7. **Secondo Eugenio Mattei la città di Milano e il suo cibo di strada**
    a. non rappresentano la tradizione italiana.
    b. sono una copia della realtà americana.
    c. rendono l'Italia un paese moderno ed innovativo.
    d. sono conosciuti esclusivamente per il successo dei *food truck*.

Leggi il testo.

BANDO DI CONCORSO PER L'ASSEGNAZIONE DI INCENTIVI ALLE ISCRIZIONI A CORSI DI STUDIO INERENTI AD AREE DISCIPLINARI DI PARTICOLARE INTERESSE NAZIONALE PER L'ANNO ACCADEMICO 2017/2018

L'Università di Bologna istituisce un concorso per l'assegnazione di incentivi per l'iscrizione ai corsi di studio, considerati di particolare interesse nazionale, appartenenti a specifiche classi di laurea, tra cui ingegneria, statistica e matematica.

REQUISITI

Per partecipare al concorso occorre essere in possesso di tutti i requisiti di seguito elencati:
a) essere regolarmente iscritti all'a.a. 2018/2019 ed essersi immatricolati nell'a.a. 2017/2018;
b) avere conseguito alla data del 30 settembre 2018 i 2/3 dei Crediti Formativi (CFU) previsti dall'ordinamento del corso di studi per il primo anno;
c) non aver compiuto il trentesimo anno di età.

CRITERI PER LA FORMULAZIONE DELLE GRADUATORIE

Saranno formulate distinte graduatorie per ciascuna classe di laurea in ordine decrescente di punteggio totale assegnato a ciascun richiedente. Risulteranno vincitori coloro che si troveranno nelle prime dieci posizioni della propria graduatoria di riferimento.

PRESENTAZIONE DELLE DOMANDE

La domanda di partecipazione al concorso dovrà essere presentata entro la data di scadenza esclusivamente accedendo all'applicativo "studenti online". Per utilizzare l'applicativo occorre: 1. accedere a studenti.unibo.it usando le proprie credenziali d'ateneo; 2. cliccare sul pulsante "bandi"; 3. selezionare il bando "Bando di concorso per l'assegnazione di incentivi a favore di studenti meritevoli immatricolati a corsi di studio nell'a.a. 2017/18 di particolare interesse nazionale e comunitario dell'Università di Bologna".

Per essere assistiti o guidati nella compilazione online della domanda i candidati possono rivolgersi telefonicamente all' Help Desk di Studenti Online al numero: 0513 097322 dal lunedì al venerdì, dalle ore 09:00 alle ore 12:30 e dalle ore 14:30 alle ore 17:00 o possono inviare una e-mail all' indirizzo help.studentionline@unibo.it.

Le comunicazioni relative al concorso saranno inviate all'indirizzo istituzionale @studio.unibo.it.

PUBBLICAZIONE GRADUATORIE

Le graduatorie saranno pubblicate sul sito istituzionale dell'Università di Bologna, sul profilo Facebook "Uniboinsieme" e sul portale della Regione Emilia Romagna.

EROGAZIONE INCENTIVI

I contributi a titolo di incentivo banditi con il presente concorso saranno assegnati ai vincitori attraverso l'erogazione in un'unica rata dell'importo previsto. Gli studenti potranno scegliere la modalità di riscossione della somma vinta tra due possibilità: assegno bancario o bonifico bancario.

Per chi non è in possesso di un conto corrente bancario sarà possibile ricevere l'importo su un conto intestato ad un familiare.

COMPRENSIONE DELLA LETTURA - PROVA N.2

Leggi le informazioni. Indica se le informazioni, da 1 a 14, sono Vere o False.

		Vero	Falso
1.	Per poter partecipare alla selezione i candidati devono essersi già immatricolati.	○	○
2.	La graduatoria sarà unica per tutti i corsi di laurea.	○	○
3.	I punteggi saranno ordinati dal più piccolo al più grande e i vincitori saranno nelle prime dieci posizioni.	○	○
4.	Il totale dei vincitori della borsa di studio, per tutti i corsi di laurea, sarà di dieci candidati.	○	○
5.	Le domande di partecipazione potranno pervenire mezzo raccomandata postale.	○	○
6.	L'applicativo studenti online è disponibile per l'invio della domanda di partecipazione.	○	○
7.	Nel bando di concorso è descritta la procedura online da seguire per l'invio della domanda di partecipazione.	○	○
8.	L'Università di Bologna non mette al servizio dei candidati alcun strumento utile di supporto.	○	○
9.	Le comunicazioni inerenti alla partecipazione al concorso verranno inviate all'indirizzo di posta elettronica personale, comunicato in fase di registrazione.	○	○
10.	Le graduatorie saranno pubblicate anche sul social network dell'Università di Bologna.	○	○
11.	La regione Emilia-Romagna manderà una comunicazione ai vincitori della borsa di studio.	○	○
12.	La borsa di studio sarà erogata in un'unica soluzione.	○	○
13.	Sono previste diverse modalità di incasso della borsa di studio.	○	○
14.	Nel caso in cui lo studente non avesse un conto corrente intestato non sarà possibile riscuotere la borsa di studio vinta.	○	○

COMPRENSIONE DELLA LETTURA - PROVA N.3

Leggi il testo. Il testo è diviso in 11 parti. Le parti non sono in ordine. Ricostruisci il testo. Scrivi il numero d'ordine accanto a ciascuna parte. **DEVI SCRIVERE LE RISPOSTE NEL 'FOGLIO DELLE RISPOSTE'.**

GIANNI RIVERA: DA CALCIATORE A DEPUTATO

[1] A. Il nome di Gianni Rivera è tutt'oggi nell'elenco dei migliori calciatori italiani. Iniziò la sua carriera ancora minorenne e giocò fino a registrare 501 presenze in serie A.

[ ] B. Questo incarico durò fino al 1988, anno in cui abbandonò definitivamente il mondo del calcio.

[ ] C. Il Pallone d'oro del 1969 fu il primo ad essere vinto da un giocatore italiano e da questo ne derivò il soprannome assegnato a Rivera di *Golden Boy*.

[ ] D. La sua ultima partecipazione risale infatti a pochi mesi fa in cui è stato chiamato a partecipare ad una serie di conferenze, destinate a giovani e giovanissimi, sull'importanza dello sport.

[ ] E. Appena maggiorenne passò al Milan dove giocò fino alla fine della sua carriera e dove ottenne numerosi ed unici riconoscimenti.

[ ] F. Oggi, settantacinquenne, non si è ancora fermato e partecipa a numerosi eventi sportivi e premiazioni come ospite, giudice o esperto.

[ ] G. Nel 1989 ci fu una svolta decisiva: iniziò la sua carriera politica a fianco di un partito politico conosciuto come Democrazia Cristiana.

[ ] H. Il giorno del comunicato stampa in cui Rivera annunciò il suo ritiro dal calcio italiano fu lo stesso giorno in cui, l'allora presidente Colombo, dichiarò ai giornali che Rivera sarebbe diventato parte dell'amministrativo del Milan.

[ ] I. Uno di questi fu il Pallone d'oro vinto nel 1969. Questo premio è da 60 anni il riconoscimento più ambito dai calciatori di tutta Europa.

[ ] J. Rivera non ebbe problemi ad indossare le vesti di politico e, con ruoli diversi, ha continuato fino a pochi anni fa la sua attività.

[ ] K. Il *Golden Boy* giocò fino al 1979 nella stessa squadra, il Milan. Ma la fine della sua carriera di calciatore non coincise con la sua presenza in questa squadra.

SOLUZIONI E APPROFONDIMENTI

PROVA N.1

APPROFONDIMENTI

1. c
L'informazione è presente alle righe n. 4-6. Diecimila anni fa i greci descrivevano e raccontavano dell'usanza egizia di friggere e vendere il pesce per strada. Questa usanza è stata poi adottata in tutta la Grecia. Le origini del cibo di strada non sono quindi recenti e legate unicamente ai concetti di *fast food e street food* americani.
Usanza: tradizione. Indica un particolare modo di vivere, di essere di un determinato gruppo di persone, legato ad un preciso momento storico o ad un gruppo sociale di riferimento.
Egizio: aggettivo che indica una persona nata o vissuta nell'Antico Egitto.
Egiziano: aggettivo di nazionalità che indica una persona nata in Egitto o che comunque ha la cittadinanza egiziana.

2. b
L'informazione è presente alla riga n. 7. Il cibo di strada, o *street food*, nasce in risposta alla necessità di nutrire il popolo a basso costo.
Sfamare: letteralmente togliere dalla fame, supportare qualcuno garantendogli cibo sufficiente alla sopravvivenza.

3. a
L'informazione è presente alle righe n. 15-16. Il giornalista pone la prima domanda ad Eugenio Mattei inerente alla sua regione, la Liguria. La Liguria è quindi la regione in cui lo chef è nato.
Natale: aggettivo che indica un aspetto relativo al luogo o al periodo in cui un individuo è nato.
Natale: sostantivo che indica una festa legata alla tradizione religiosa cristiana.

4. a
L'informazione è presente alle righe n. 21-22. Gli chef, e non solo, sono d'accordo nel riconoscere a Napoli il primato della pizza e quindi a riconoscerla come la città, la casa in cui la pizza è nata.
Primato: superiorità riconosciuta di qualcuno o qualcosa in un determinato settore, ambito.
Unanimità: totale concordanza, essere tutti d'accordo.
All'unanimità: espressione polirematica usata per indicare una situazione in cui tutti i partecipanti sono d'accordo. La legge sui tagli alla spesa pubblica è stata approvata all'unanimità da Camera e Senato.

5. d
L'informazione è presente alle righe n. 28-29. La moglie dello chef Eugenio Mattei è nata in Umbria dove insegna presso l'Università, per questi motivi hanno scelto di rimanere in questa regione in modo che lei non perdesse il suo lavoro.
Cattedra: tavolo in ambito scolastico e universitario. Viene anche usato per indicare l'insegnamento di ruolo di un professore. Quando un professore vince un concorso, ottiene una cattedra.
Motivo: situazione, circostanza che porta un individuo ad agire in un determinato modo.
Motivo familiare: è una circostanza legata ad un membro della famiglia che porta a prendere determinate decisioni.

SOLUZIONI E APPROFONDIMENTI

6. b
L'informazione è presente alle righe n. 29-30. I piatti serviti sono tipici della terra umbra anche se rinnovati e rivisitati.
Materia prima: è la materia allo stato naturale, grezzo, sottoposta successivamente a diverse lavorazioni.
Tipico: caratteristico.
Tradizione locale: trasmissione alle generazioni successive di usi e abitudini in questo caso locali, ovvero legati alla terra.

7. c
L'informazione è presente alle righe n. 41-42. Secondo lo chef l'Italia, e soprattutto Milano, devono mettersi al passo con le grandi e moderne città nel mondo.
Fare onore: rendere onore a qualcuno o qualcosa. Espressione polirematica usata anche in tono più leggero. Es.: Per fare onore alla tua regione, quest'anno farò le vacanze in Sicilia!
Mantenere viva la storia: ricordare con gesti, o eventi commemorativi, la storia passata in modo che non venga dimenticata.
Mettersi al passo: adeguarsi, allinearsi, portarsi allo stesso livello. Es.: Luca è stato assente per un mese adesso dovrà mettersi al passo dei suoi compagni.

PROVA N.2

| 1. V | 2. F | 3. V | 4. F | 5. F | 6. V | 7. V | 8. F | 9. F | 10. V | 11. F | 12. V | 13. V | 14. F |

APPROFONDIMENTI

1.
L'informazione VERA è presente alla riga n. 6, in cui sono specificati alcuni dei requisiti richiesti, tra cui essersi immatricolati nell'anno accademico 2017/2018.
Già: *ormai. È un avverbio con valore temporale. In questo contesto indica che l'azione espressa nel verbo si è compiuta o che si sta compiendo in quel momento.*

3.
L'informazione VERA è presente alla riga n. 11. Le graduatorie saranno pubblicate in ordine decrescente e i punteggi saranno ordinati dal più alto al più basso.
Decrescente: *aggettivo che indica la diminuzione di un ordine.*

6.
L'informazione VERA è presente alle righe n. 15-16, in cui sono descritte le modalità di invio della domanda di partecipazione.
Applicativo: *in questo contesto viene usato con funzione di sostantivo e indica uno strumento per l'invio di una domanda, un software informatico utile alla soluzione di un problema o allo svolgimento di un compito.*

7.
L'informazione VERA è presente alle righe n.17-20 in cui è descritta, in tre punti, la procedura da seguire nell'invio della domanda.
Procedura: *processo. In questo contesto indica l'insieme dei passaggi da seguire per lo svolgimento di una determinata operazione, in questo caso per l'invio della domanda per l'assegnazione della borsa di studio.*

SOLUZIONI E APPROFONDIMENTI

10.
L'informazione VERA è presente alle righe n. 27-28, in cui sono elencate le modalità di pubblicazione delle graduatorie, tra cui la pubblicazione sulla pagina Facebook dell'Università di Bologna.
Social network: *termine inglese adottato dalla lingua italiana, prestito linguistico, senza alcuna modifica apportata.*

12.
L'informazione VERA è presente alla riga n. 31. La borsa di studio verrà erogata in un'unica rata.
Rata: *parte in cui viene divisa una somma da pagare.*
Rateazione o rateizzazione: *procedura di divisone in rata di una somma da pagare.*

13.
L'informazione VERA è presente alla riga n. 32 in cui sono descritte le diverse modalità di incasso della somma erogata in seguito all'assegnazione della borsa di studio.
Assegno (bancario): *rappresenta una modalità di pagamento, o di incasso, attraverso un modulo rilasciato da un istituto bancario, che correttamente compilato, permette di effettuare operazioni di pagamento.*
Bonifico (bancario): *operazione bancaria che consente il trasferimento di una somma di denaro.*

PROVA N.3

| 1 | A. Il nome di Gianni Rivera è tutt'oggi nell'elenco dei migliori calciatori italiani. Iniziò la sua carriera **ancora minorenne** e giocò fino a registrare 501 presenze in serie A.

| 2 | G. **Appena maggiorenne** passò al Milan dove giocò fino alla fine della sua carriera e dove ottenne **numerosi ed unici riconoscimenti**.

| 3 | K. **Uno di questi** fu il Pallone d'oro vinto nel 1969. Questo premio è da 60 anni il riconoscimento più ambito dai calciatori di tutta Europa.

| 4 | B. Il Pallone d'oro del 1969 fu il primo ad essere vinto da un giocatore italiano e da questo ne derivò il **soprannome** assegnato a Rivera di Golden Boy.

| 5 | F. Il ***Golden Boy*** giocò fino al 1979 nella stessa squadra, il Milan. Ma la fine della sua carriera di calciatore non coincise con la sua presenza in questa squadra.

| 6 | I. Il giorno del comunicato stampa in cui Rivera annunciò il suo ritiro dal calcio italiano fu lo stesso giorno in cui, l'allora presidente Colombo, dichiarò ai giornali che Rivera sarebbe diventato parte dell'amministrativo del Milan.

| 7 | D. Questo incarico **durò fino al 1988**, anno in cui abbandonò definitivamente il mondo del calcio.

| 8 | J. **Nel 1989** ci fu una svolta decisiva: iniziò la sua carriera politica a fianco di un partito politico conosciuto come Democrazia Cristiana.

| 9 | C. Rivera non ebbe problemi ad indossare le vesti di politico e, con ruoli diversi, ha continuato **fino a pochi anni fa** la sua attività.

SOLUZIONI E APPROFONDIMENTI

10 **H. Oggi**, settantacinquenne, non si è ancora fermato e partecipa a numerosi eventi sportivi e premiazioni come ospite, giudice o esperto.

11 **E.** La sua ultima partecipazione risale infatti a pochi mesi fa in cui è stato chiamato a partecipare ad una serie di conferenze, destinate a giovani e giovanissimi, sull'importanza dello sport.

Approfondimenti

Il testo proposto è un testo narrativo biografico che racconta fatti reali legati alla vita di una persona. In questo testo si parla di un noto calciatore italiano, Gianni Rivera. Ha giocato per molti anni e sempre per la stessa squadra di calcio, il Milan. A carriera calcistica conclusa ha lavorato ancora con il Milan per poi lasciare questa realtà e dedicarsi ad altre attività, tra cui la politica.

Questo testo, essendo un testo narrativo, è composto da diversi eventi e fatti, realmente accaduti, in un preciso tempo e spazio. Per queste caratteristiche, durante lo svolgimento della prova, il candidato deve provare a collocare in ordine questi fatti in modo che il testo finale risulti coerente, con la storia, e coeso a livello testuale. Perché il testo sia coeso devono essere rispettati diversi elementi logici e sintattici.

Di seguito si approfondiscono gli elementi utili alla ricostruzione del testo.

Ancora: avverbio che, in questo contesto, indica la continuità di un'azione rispetto al presente.

Esempio	Spiegazione
Francesco non è ancora arrivato.	In quel momento Francesco non è arrivato.

In altri contesti **ancora** può assumere un significato reiterativo, *di nuovo, un'altra volta*.

Esempio	Spiegazione
Quest'anno andrò in vacanza ancora in Sardegna.	Significa che questa non è la prima volta in cui io andrò in Sardegna.

Appena: avverbio che significa, in questo contesto, non più che/di, soltanto.

Esempio	Spiegazione
Stamattina mi sono svegliata che erano appena le sei.	Mi sono svegliata che *non erano più delle sei di mattina / erano soltanto le sei di mattina*.

In altri contesti **appena** assume valore di congiunzione ed è usato in frasi, spesso precedute da **non**, in cui indica la posteriorità di un'azione, *subito dopo che*.

Esempio	Spiegazione
Appena entrò a casa, si accorse di aver perso le chiavi della macchina.	Subito dopo che entrò in casa, si rese conto di aver perso le chiavi della macchina.

Minorenne: persona che non ha raggiunto la maggior età e che quindi non ha alcuni diritti, come quelli politici, ed è esentato da alcuni doveri, come per esempio la leva militare.

SOLUZIONI E APPROFONDIMENTI

Maggiorenne: persona che ha raggiunto la maggior età e che quindi è in possesso di tutti i diritti giuridici, civili e politici. In Italia la maggior età è fissata a diciotto anni.

Uno di questi: in questo contesto uno fra i tanti riconoscimenti ottenuti.

Soprannome: letteralmente *sopra+nome*. Indica un nomignolo dato ad una persona per una sua particolare caratteristica o che può essere affettuoso, scherzoso o anche ingiurioso.

Fino al: Fino, seguito da preposizione semplice o articolata, indica il termine entro il quale accade quanto espresso dal verbo. Può assumere diversi significati:

Significato	Esempio	Spiegazione
di tempo	Giocò a calcio fino al 1979.	Smise di giocare a calcio nel 1979.
di spazio	Questo treno arriva fino a Salerno.	Questo treno non va oltre Salerno.
di quantità	Questa bottiglia contiene fino a due litri di acqua.	Questa bottiglia non contiene più di due litri di acqua.

Nel: preposizione articolata *in+il*. **Nel** si usa quando è seguito da un anno e non da una data composta da giorno, mese e anno.

*Sono nata **nel** 1989.*
*Sono nata **il** 14 gennaio 1989.*

- **ANALISI DELLE STRUTTURE DI COMUNICAZIONE**

  PROVA N.1

  PROVA N.2

  PROVA N.3

  PROVA N.4

- **SOLUZIONI E APPROFONDIMENTI**

ANALISI DELLE STRUTTURE DI COMUNICAZIONE - PROVA N.1

Completa il testo con gli aggettivi e i pronomi.

LA STORIA DI PEDRO: "UNA NUOVA VITA GRAZIE ALLO STUDIO DELL'ITALIANO"

Pedro ha 31 anni e viene dal Venezuela. Commercialista, ha lavorato per un po' di tempo in una società petrolifera importante del ₁_____ Paese per poi occuparsi dei tre negozi di famiglia.

"Vivevamo bene, avevamo tutto, ma poi la crisi economica ha reso ₂_____ cosa più difficile. Nei negozi non si trovavano più beni di ₃_____ necessità, come la carta igienica. In uno Stato ricco di petrolio, ₄_____ facevano ore in coda per fare benzina perché solo un distributore in città ₅_____ aveva", racconta Pedro che nel 2015 ha deciso di trasferirsi in Italia insieme a ₆_____ moglie "perché i ₇_____ nonni erano italiani e io avevo la cittadinanza, perciò per ₈_____ era più facile a livello burocratico costruire una nuova vita qui rispetto agli Usa o a Paesi più vicini come l'Argentina, il Messico o la Colombia, dove ₉_____ parla spagnolo ma sarei rimasto un immigrato".

Il capoluogo piemontese è stato così per Pedro una scelta un po' casuale. "I ₁₀_____ nonni erano di origine siciliana, ma dal momento che ₁₁_____ fratello era in Piemonte ₁₂_____ e mia moglie abbiamo deciso di seguirlo anche perché nel Nord Italia dicevano ₁₃_____ fosse più lavoro. Credo che sia stata la città a scegliere noi. C'è tutto, si vive bene lontano dal caos di metropoli più grandi, come Milano o Roma, e da qui non ce ne andremmo mai".

In ogni caso, gli inizi in una nuova nazione, senza conoscer_____₁₄ la lingua, non sono stati facili "Dovevo rifare la patente, perché quella venezuelana ₁₅_____ permetteva di avere un permesso turistico per guidare ma non aveva validità permanente, e il corso era in italiano. Anche per cercare lavoro, non conoscendo la lingua, avevo molte difficoltà", ha spiegato il ragazzo. Da qui la decisione di frequentare una scuola d'insegnamento della lingua italiana per stranieri. "La scelta è ricaduta in un istituto dell'Asils – ha ammesso Pedro – perché su internet aveva buone recensioni, poi durante il ₁₆_____ colloquio la disponibilità della direttrice e di tutti i collaboratori ₁₇_____ hanno convinti".

Il 31enne ha frequentato l'istituto insieme a ₁₈_____ moglie, dopo che anche il fratello ₁₉_____ aveva sperimentato, e racconta che durante il corso ₂₀_____ erano studenti da ogni parte del mondo.

ANALISI DELLE STRUTTURE DI COMUNICAZIONE - PROVA N.2

Completa il testo con le forme dei verbi che sono tra parentesi.

(VISITARE) ___VISITIAMO___₀ IL FESTIVAL DELLE SAGRE E IL PALIO DI ASTI

Sono migliaia le persone che ogni anno, ad inizio settembre, (**accorrere**) _____₁ ad Asti per respirare le atmosfere di mondi antichi e (**degustare**) _____₂ i prodotti della tradizione enogastronomica piemontese. Si comincia il *10 settembre* con il Festival delle Sagre, quest'anno alla sua quarantaquattresima edizione, che (**portare**) _____₃ in scena il mondo contadino a cavallo fra Otto e Novecento. La manifestazione (**iniziare**) _____₄ la mattina presto con la sfilata, per le vie cittadine, di 3000 figuranti in costumi d'epoca, a piedi e su carri trainati dai trattori e buoi. Ogni paese della provincia (**mettere**) _____₅ in scena il lavoro nei campi, i mestieri, le feste contadine e i riti religiosi, dalla vendemmia al battesimo, dalla battitura del grano alla festa di leva. La sfilata (**terminare**) _____₆ in piazza *Campo del Palio*, dove (**allestire**) _____₇ le casette di ogni comune dell'astigiano e un piccolo esercito di cuochi volontari, attivo fino a sera, (**preparare**) _____₈ e servirà al pubblico i piatti della tradizione monferrina, cucinati con materia prima del territorio.

Nel frattempo (**prendere**) _____₉ avvio il *Salone Nazionale dei Vini Selezionati*, che dal 1967 (**diventare**) _____₁₀ una delle più prestigiose fiere-mercato del vino italiano. Nei dieci giorni della manifestazione (**venire**) _____₁₁ presentati in degustazione e in vendita, centinaia di vini Doc e Docg selezionati dagli esperti con il concorso nazionale *Premio Douja d'Or*, il cui nome (**derivare**) _____₁₂ dall'antico recipiente di terracotta utilizzato per travasare, conservare e servire il vino. A lato della manifestazione un ricco programma di eventi culturali ispirati al mondo del vino con ospiti di livello nazionale.

I festeggiamenti settembrini (**concludersi**) _____₁₃ domenica 17 *settembre* con la corsa del *Palio*. L'evento, che (**nascere**) _____₁₄ nell'ambito delle celebrazioni patronali di San Secondo, ha radici medievali e si svolge con continuità dal XIII secolo, salvo due interruzioni di settanta anni nel XIX secolo e di trenta nel XX secolo. La gara (**svolgersi**) _____₁₅ sempre nella piazza centrale della città dove 21 fantini, ripartiti fra i rioni, i borghi cittadini e i comuni della provincia di Asti, devono percorrere a gran velocità, per tre volte, il circuito della piazza. Il Palio viene vinto dal cavallo che, con o senza fantino, (**arrivare**) _____₁₆ per primo al traguardo. La gara viene preceduta da un magnifico corteo storico composta da più di 1200 figuranti, che (**mettere**) _____₁₇ in scena la rappresentazione di episodi importanti della storia medievale della città. La miglior presenza nel corteo viene premiata con la *Pergamena d'Autore*, un'opera d'arte su pergamena.

Si dice che queste manifestazioni (**rappresentare**) _____₁₈ il cuore del territorio e (**permettere**) _____₁₉ ai turisti di conoscere città italiane che altrimenti (**rimanere**) _____₂₀ più nell'ombra.

ANALISI DELLE STRUTTURE DI COMUNICAZIONE - PROVA N.3

Completa il testo. Scegli una delle proposte di completamento che ti diamo.

LA RIVOLUZIONE DI STEVE JOBS: L'IPOD COMPIE 18 ANNI

<u>Compie</u> ₀ 18 anni l'iPod, il _____ ₁ di file mp3 che ha rivoluzionato la fruizione musicale "da passeggio". Era il 23 ottobre del 2001 quando sugli _____ ₂ arrivò il dispositivo in grado di mettere "mille canzoni in tasca" dell'utente, come recitava lo slogan con cui Apple _____ ₃ il prodotto al pubblico. Ora le canzoni in tasca grazie agli smartphone e ai servizi di streaming sono milioni. Otto mesi prima dell'iPod, l'azienda allora _____ ₄ da Steve Jobs aveva lanciato iTunes, il software per organizzare e _____ ₅ i file musicali, che dal 2003 ha iniziato anche a _____ ₆ canzoni. Due operazioni inscindibili che hanno segnato il passaggio dalla musica analogica a quella _____ ₇, e hanno riportato quest'ultima nell'alveo della legalità, dando un'alternativa "pulita" al download pirata di file musicali.

La _____ ₈ dell'iPod nel tempo è aumentata: dai 5 GB iniziali, si è arrivati ai 256 GB della versione più potente dell'iPod Touch in _____ ₉ adesso.

Tuttavia nel corso di questi 18 anni la _____ ₁₀ della musica è nuovamente cambiata: l'iPod, come gli altri lettori Mp3, _____ ₁₁ il posto all'ascolto della musica sullo smartphone, dove si possono _____ ₁₂ i brani e dove soprattutto si può accedere ai servizi di musica in streaming.

Invece di dover _____ ₁₃ le singole canzoni, Apple Music - al pari di Spotify, Amazon Music e diversi altri servizi - consente di _____ ₁₄ in ogni momento tra un _____ ₁₅ di 50 milioni di brani, in cambio del pagamento di un abbonamento mensile.

	a)	b)	c)	d)
0.	a) Regala	b) Dice	c) **Compie**	d) Fa
1.	a) lettrice	b) lettore	c) leggibile	d) libro
2.	a) scaffali	b) librerie	c) negozi	d) mensole
3.	a) parlava	b) presentava	c) spiegava	d) pubblicava
4.	a) condotta	b) guidata	c) portata	d) fatta
5.	a) riprodurre	b) suonare	c) sentire	d) ricopiare
6.	a) acquisire	b) spostare	c) comprare	d) vendere
7.	a) indicata	b) digitare	c) digitale	d) digitata
8.	a) dimensione	b) capienza	c) grandezza	d) spazio
9.	a) condivisione	b) vendita	c) commercio	d) acquisto
10.	a) fruizione	b) uso	c) utilizzo	d) usanza
11.	a) ha lasciato	b) ha usato	c) ha mollato	d) ha affidato
12.	a) scegliere	b) archiviare	c) acquistare	d) vendere
13.	a) opzionare	b) acquisire	c) comprare	d) vendere
14.	a) acquistare	b) scegliere	c) optare	d) condividere
15.	a) rotocalco	b) catalogo	c) magazzino	d) archivio

112

ANALISI DELLE STRUTTURE DI COMUNICAZIONE - PROVA N.4

Scegli per ogni espressione una delle quattro situazioni comunicative che ti diamo.

1. **Presso i Magazzini Gilgamesh di Corso Regina domenica 13 giugno alle ore 15.00, la cantautrice americana presenterà il suo nuovo album *Dietro il futuro*. L'ingresso è libero.**
   a. Un tuo amico ti invita ai Magazzini Gilgamesh.
   b. In birreria la cameriera ti avvisa di un evento musicale.
   c. Su Internet leggi la notizia di presentazione di un nuovo album.
   d. In un negozio chiedi una copia del nuovo album *Dietro il futuro*.

2. **Paolo ma dove sei finito? È tutto il giorno che ti cerco! Ricordati che stasera hai l'appuntamento dal dentista alle 20. Sii puntuale!**
   a. È una conversazione telefonica tra madre e figlio.
   b. È un promemoria che Paolo ha salvato sul cellulare.
   c. È un messaggio che la madre manda al figlio per ricordargli dell'appuntamento.
   d. È un biglietto lasciato sul frigorifero.

3. **Hanno cancellato il mio volo per uno sciopero sindacale. Non arriverò mai in tempo per l'inizio della riunione. Non mi aspettate.**
   a. È un annuncio in aeroporto con cui comunicano la cancellazione di un treno.
   b. È una conversazione telefonica tra te e un tuo collega in cui fissate una riunione.
   c. È un messaggio che invii ad un tuo collega per avvisarlo del tuo ritardo.
   d. Chiedi scusa al tuo capo per esserti dimenticato della riunione.

4. **La libreria Golem informa i suoi clienti che scaricando l'app gratuita sul proprio smartphone sarà possibile usufruire di prezzi vantaggiosi.**
   a. In una libreria, una signora chiede alla cassiera di applicarle uno sconto.
   b. In una libreria, una signora chiede al banco informazioni come scaricare l'applicazione.
   c. In una libreria, la commessa chiede ad una cliente di mostrarle l'applicazione per ricevere lo sconto.
   d. In una libreria, l'altoparlante informa i clienti dei vantaggi offerti ai possessori dell'applicazione.

5. **Certo, signor Esposito, se vuole passare ad un altro gestore telefonico deve inviare richiesta scritta per mezzo raccomandata.**
   a. Un tuo collega ti consiglia di cambiare gestore telefonico.
   b. Un operatore telefonico ti spiega le modalità con cui chiedere il cambio di gestore.
   c. È una email in cui il tuo gestore telefonico ti offre tariffe vantaggiose.
   d. Il Signor Esposito chiede informazioni su nuove tariffe.

ANALISI DELLE STRUTTURE DI COMUNICAZIONE - PROVA N.4

6. **La gioielleria Monti informa i suoi clienti che scaricando l'app gratuita sul proprio smartphone sarà possibile usufruire di sconti ed offerte.**
   a. In una gioielleria, una signora chiede alla cassiera di applicarle uno sconto.
   b. In una gioielleria, una signora chiede al banco informazioni come scaricare l'applicazione.
   c. In una gioielleria, la commessa chiede ad una cliente di mostrarle l'applicazione per ricevere lo sconto.
   d. In una gioielleria, l'altoparlante informa i clienti dei vantaggi offerti ai possessori dell'applicazione.

7. **"È uscito l'ultimo numero di Dylan Dog?" "No, esce martedì".**
   a. All'edicola chiedi se è uscito il tuo fumetto preferito.
   b. In biblioteca chiedi in lettura Dylan Dog.
   c. Il direttore chiede alla sua segretaria di portargli i fumetti.
   d. La mamma chiede alla figlia se le può comprare Dylan Dog.

8. **L'obiettivo del programma Vinci è promuovere la mobilità degli studenti, dei dottorandi e dei docenti.**
   a. Leggi alcune informazioni relative al programma Vinci sul sito della tua università.
   b. Un tuo amico ti racconta la sua esperienza dopo aver partecipato al Programma Vinci.
   c. Guardi in televisione una pubblicità ministeriale sulla mobilità studentesca.
   d. Chiedi informazioni sul Programma Vinci presso l'ufficio orientamento della tua università.

9. **A Follonica affittasi appartamento a 50 metri dal mare nel mese di agosto. Per informazioni chiamare 33374946531. Solo trattativa privata.**
   a. È un annuncio di un'agenzia immobiliare per affittare un appartamento.
   b. È un annuncio di un privato che vuole affittare il suo appartamento.
   c. È una pubblicità alla radio nella rubrica delle vendite immobiliari.
   d. È una pubblicità in televisione.

10. **Cari lettori, questa settimana vi presentiamo uno speciale sull'attore Stefano Accorsi.**
    a. È l'introduzione di un libro di storia del cinema.
    b. È l'inizio di una serie di lezioni universitarie alla facoltà di Cinema.
    c. È la presentazione di un convegno di cultura cinematografica.
    d. È l'inizio di un articolo di una rivista di cinema.

SOLUZIONI E APPROFONDIMENTI

PROVA N.1

LA STORIA DI PEDRO: "UNA NUOVA VITA GRAZIE ALLO STUDIO DELL' ITALIANO"

Pedro ha 31 anni e viene dal Venezuela. Commercialista, ha lavorato per un po' di tempo in una società petrolifera importante del ₁**suo** Paese per poi occuparsi dei tre negozi di famiglia.

"Vivevamo bene, avevamo tutto, ma poi la crisi economica ha reso ₂**ogni** cosa più difficile. Nei negozi non si trovavano più beni di ₃**prima** necessità, come la carta igienica. In uno Stato ricco di petrolio, ₄**si** facevano ore in coda per fare benzina perché solo un distributore in città ₅**ne** aveva", racconta Pedro che nel 2015 ha deciso di trasferirsi in Italia insieme a ₆**sua** moglie "perché i ₇**miei** nonni erano italiani e io avevo la cittadinanza, perciò per ₈**me** era più facile a livello burocratico costruire una nuova vita qui rispetto agli Usa o a Paesi più vicini come l'Argentina, il Messico o la Colombia, dove ₉**si** parla spagnolo ma sarei rimasto un immigrato".

Il capoluogo piemontese è stato così per Pedro una scelta un po' casuale. "I ₁₀**miei** nonni erano di origine siciliana, ma dal momento che ₁₁**mio** fratello era in Piemonte ₁₂**io** e mia moglie abbiamo deciso di seguirlo anche perché nel Nord Italia dicevano ₁₃**ci** fosse più lavoro. Credo che sia stata la città a scegliere noi. C'è tutto, si vive bene lontano dal caos di metropoli più grandi, come Milano o Roma, e da qui non ce ne andremmo mai".

In ogni caso, gli inizi in una nuova nazione, senza conoscer**ne**₁₄ la lingua, non sono stati facili "Dovevo rifare la patente, perché quella venezuelana ₁₅**mi** permetteva di avere un permesso turistico per guidare ma non aveva validità permanente, e il corso era in italiano. Anche per cercare lavoro, non conoscendo la lingua, avevo molte difficoltà", ha spiegato il ragazzo. Da qui la decisione di frequentare una scuola d'insegnamento della lingua italiana per stranieri. "La scelta è ricaduta in un istituto dell'Asils – ha ammesso Pedro – perché su internet aveva buone recensioni, poi durante il₁₆ **primo** colloquio la disponibilità della direttrice e di tutti i collaboratori ₁₇**ci** hanno convinti". Il 31enne ha frequentato l'istituto insieme a ₁₈**sua** moglie, dopo che anche il fratello ₁₉**l'**aveva sperimentato, e racconta che durante il corso ₂₀**c'**erano studenti da ogni parte del mondo.

Non ci sono regole uniformi per creare l'aggettivo di nazionalità, di solito hanno la stessa radice della nazione, ma le eccezioni sono diverse.

Eccezione: Germania - tedesco

Italia	italiano/a
America	americano/a
Australia	australiano/a
Egitto	egiziano/a
Messico	messicano/a
Colombia	colombiano/a
Brasile	brasiliano/a
Corea	coreano/a

ANALISI COMPLETA 1

SOLUZIONI E APPROFONDIMENTI

Inghilterra	inglese
Irlanda	irlandese
Olanda	olandese
Finlandia	finlandese
Norvegia	norvegese
Cina	cinese
Francia	francese
Portogallo	portoghese
Canada	canadese
Stati Uniti d'America	statunitense
Panama	panamense
Argentina	argentino/a
Algeria	algerino/a
Tunisia	tunisino/a
Iraq	iracheno/a
Cile	cileno/a
Russia	russo/a
Grecia	greco/a
Lettonia	lettone
Estonia	estone

Particolarità

Alcuni aggettivi di nazionalità hanno suffissi diversi dagli altri:

-ita	vietnamita
-egno	salvadoregno/a
-ota	keniota
-acco	polacco/a slovacco/a

Ripasso

I pronomi personali, utilizzati per sostituire un nome (un oggetto o una persona), possono essere **diretti** o **indiretti**.

Pronomi diretti: mi, ti, ci, vi, lo, la, li, le

Svolgono la funzione di complemento oggetto.

- Normalmente si trovano prima del verbo:

    Es. *Li ho chiamati (loro).*
    Non la conosco (lei).

SOLUZIONI E APPROFONDIMENTI

- Se ci sono due verbi, oppure il verbo è al gerundio o all'imperativo, seguono il verbo:

    Es. *Verrò a trovar**ti**.*
    *Guardando**la** meglio, mi sembra di conoscer**la**.*
    *Guarda**lo**!*

- Possono unirsi anche all'avverbio "ecco".

    Es. *Ecco**la**!*

Pronomi indiretti: mi - a me, ti - a te, ci - a noi, vi - a voi, gli - a lui/a loro, le - a lei

Svolgono la funzione di complemento di termine, si usano cioè quando il verbo è seguito da **a**.

ATTENZIONE: mi, ti, ci, vi sono uguali ai pronomi diretti!

- Di solito precedono il verbo, tranne quando c'è un gerundio, un imperativo o un infinito:

    Es. *Non **vi** ho telefonato.*

- Con l'imperativo formano una sola parola:

    Es. *Porta**mi** il libro!*
    *Scrivi**gli**!*

- Costruzione con FARE + INFINITO: precedono il verbo FARE oppure, in presenza di gerundio o infinito, possono seguirlo e formare una sola parola, o ancora, precedere il verbo principale:

    Es. ***Mi** faccio portare un caffè.*

- Spesso si usano con il verbo ANDARE con significato di "aver voglia di", "desiderare". In questo caso, il verbo si coniuga alla III persona singolare o plurale (va, vanno):

    Es. ***Ti** va un caffè?*
    *Non **le** va di uscire.*
    *Non **ci** va di andare in vacanza.*
    *Gli spaghetti non **le** vanno.*

PROVA N.2

Sono migliaia le persone che ogni anno, ad inizio settembre, ₁**accorrono** ad Asti per respirare le atmosfere di mondi antichi e ₂**degustare** i prodotti della tradizione enogastronomica piemontese. Si comincia il *10 settembre* con il Festival delle Sagre, quest'anno alla sua quarantaquattresima edizione, che ₃**porta** in scena il mondo contadino a cavallo fra Otto e Novecento. La manifestazione ₄**inizia** la mattina presto con la sfilata, per le vie cittadine, di 3000 figuranti in costumi d'epoca, a piedi e su carri trainati dai trattori e buoi. Ogni paese della provincia ₅**mette** in scena il lavoro nei campi, i mestieri, le feste contadine e i riti religiosi, dalla vendemmia al battesimo, dalla battitura del grano alla festa di leva. La sfilata ₆**terminerà**

SOLUZIONI E APPROFONDIMENTI

in piazza *Campo del Palio*, dove ₇ **saranno allestite** le casette di ogni comune dell'astigiano e un piccolo esercito di cuochi volontari, attivo fino a sera, ₈ **preparerà** e servirà al pubblico i piatti della tradizione monferrina, cucinati con materia prima del territorio.

Nel frattempo ₉ **prende** avvio il *Salone Nazionale dei Vini Selezionati*, che dal 1967 ₁₀ **è diventata** una delle più prestigiose fiere-mercato del vino italiano. Nei dieci giorni della manifestazione ₁₁ **vengono** presentati in degustazione e in vendita, centinaia di vini Doc e Docg selezionati dagli esperti con il concorso nazionale *Premio Douja d'Or*, il cui nome ₁₂ **deriva** dall'antico recipiente di terracotta utilizzato per travasare, conservare e servire il vino. A lato della manifestazione un ricco programma di eventi culturali ispirati al mondo del vino con ospiti di livello nazionale.

I festeggiamenti settembrini ₁₃ **si concluderanno** domenica *17 settembre* con la corsa del *Palio*. L'evento, che ₁₄ **è nato** nell'ambito delle celebrazioni patronali di San Secondo, ha radici medievali e si svolge con continuità dal XIII secolo, salvo due interruzioni di settanta anni nel XIX secolo e di trenta nel XX secolo. La gara ₁₅ **si è svolta** sempre nella piazza centrale della città dove 21 fantini, ripartiti fra i rioni, i borghi cittadini e i comuni della provincia di Asti, devono percorrere a gran velocità, per tre volte, il circuito della piazza. Il Palio viene vinto dal cavallo che, con o senza fantino, ₁₆ **arriva** per primo al traguardo. La gara viene preceduta da un magnifico corteo storico composta da più di 1200 figuranti, che ₁₇ **mettono** in scena la rappresentazione di episodi importanti della storia medievale della città. La miglior presenza nel corteo viene premiata con la *Pergamena d'Autore*, un'opera d'arte su pergamena.

Si dice che queste manifestazioni ₁₈ **rappresentino** il cuore del territorio e ₁₉ **permettano** ai turisti di conoscere città italiane che altrimenti ₂₀ **rimarrebbero** più nell'ombra.

Pillola grammaticale

Participio presente

- Formazione

Coniugazione	PRIMA	SECONDA	TERZA
Infinito presente	amare	credere	seguire
Participio presente	amante	credente	seguente

- Uso

Il participio presente è usato soprattutto come aggettivo e come sostantivo. È variabile in numero. Ad esempio:

> Es. *La mia vacanza è stata molto rilassante.*
> *Luca ha degli ottimi insegnanti.*

Participio passato

- Formazione

Coniugazione	PRIMA	SECONDA	TERZA
Infinito presente	amare	credere	seguire
Participio passato	amato	creduto	seguito

- Uso

Il participio passato, variabile in genere e numero, può essere usato come aggettivo e sostantivo:

Es. *Quel negozio vende merce rubata.*
Per andare negli Stati Uniti ho bisogno di un visto.

È inoltre impiegato nella formazione dei tempi composti:

Es. *Ho mangiato una mela.*

È infine usato in alcune proposizioni implicite, come ad esempio causali e temporali:

Es. *Considerati i trascorsi, è meglio non sentirci più.*

Concordanza del participio passato
Quando il participio passato è usato nei tempi composti con l'ausiliare essere, concorda in genere e numero con il soggetto. Ad esempio:

Es. *Mia zia è andata in vacanza.*

Quando invece il tempo è composto con l'ausiliare avere, rimane invariato. Tuttavia, il participio passato concorda con il complemento oggetto se questo è un pronome personale (lo, la, li, le) posto davanti al verbo. Ad esempio:

Es. *Ho **visto** dei gatti bellissimi.*
*Hai visto quei gatti? Sì, li ho **visti** mentre tornavo da lavoro.*

Participi passati irregolari
Qui di seguito alcuni participi passati irregolari:

Infinito	Participio
aprire	aperto
bere	bevuto
correre	corso
leggere	letto
succedere	successo

SOLUZIONI E APPROFONDIMENTI

trarre	tratto
vedere	visto
ridere	riso
rispondere	risposto
muovere	mosso
fare	fatto
venire	venuto
mettere	messo
rimanere	rimasto
prendere	preso
tradurre	tradotto

PROVA N.3

0.	A) Regala	B) Dice	C) *Compie*	D) Fa
1.	A) lettrice	B) **lettore**	C) leggibile	D) libro
2.	A) **scaffali**	B) librerie	C) negozi	D) mensole
3.	A) parlava	B) **presentava**	C) spiegava	D) pubblicava
4.	A) condotta	B) **guidata**	C) portata	D) fatta
5.	A) **riprodurre**	B) suonare	C) sentire	D) ricopiare
6.	A) acquisire	B) spostare	C) comprare	D) **vendere**
7.	A) indicata	B) digitare	C) **digitale**	D) digitata
8.	A) dimensione	B) **capienza**	C) grandezza	D) spazio
9.	A) condivisione	B) vendita	C) **commercio**	D) acquisto
10.	A) **fruizione**	B) uso	C) utilizzo	D) usanza
11.	A) **ha lasciato**	B) ha usato	C) ha mollato	D) ha affidato
12.	A) scegliere	B) archiviare	C) **acquistare**	D) vendere
13.	A) opzionare	B) acquisire	C) **comprare**	D) vendere
14.	A) acquistare	B) **scegliere**	C) optare	D) condividere
15.	A) rotocalco	B) catalogo	C) magazzino	D) **archivio**

PILLOLE GRAMMATICALI

Suffissi Nominali			
Suffisso	Significato	Base derivativa	Esempi
-accio	peggiorativo	deriva da un sostantivo	*cagnaccio*
-aggio	...	deriva dal tema di un verbo	*lavaggio, passaggio, cremaggio*
-aio	agentivo	deriva da un sostantivo	*giornalaio, fornaio*

SOLUZIONI E APPROFONDIMENTI

-ano	abitante	deriva da un nome proprio geografico	*romano*
-anza	caratteristica	deriva da un aggettivo	*abbondanza*
-asco	abitante	deriva da un nome proprio geografico	*bergamasco*
-astro	peggiorativo	deriva da un sostantivo	*nipotastro, fratellastro*
-ata	deverbale astratto o concreto: indica l'atto espresso dal verbo	deriva dal tema di un verbo	*camminata*
-ato	...	deriva da un sostantivo	*consolato*
-azzo	dispregiativo	deriva da un sostantivo	*amorazzo*
-enza	...	deriva da un aggettivo	*intelligenza*
-eria	...	deriva da un sostantivo	*pirateria*
-esco	di relazione, con valore referenziale o spregiativo	deriva da un sostantivo	*boccaccesco, romanesco*
-ese	abitante	deriva da un nome proprio geografico	*milanese*
-età	...	deriva da un aggettivo	*varietà*
-etto	diminutivo, vezzeggiativo	deriva da un sostantivo	*caminetto, vizietto, pranzetto*
-ezza	...	deriva da un aggettivo	*bellezza*
-fero	che porta	deriva da un sostantivo o un aggettivo	*fiammifero, frigorifero, pestifero*
-icciolo	diminutivo	deriva da un sostantivo	*porticciolo*
-iere	...	deriva da un sostantivo	*banchiere, portiere*
-ino	agentivo o strumentale	deriva da un sostantivo	*postino, colino*
-ino	diminutivo; abitante	deriva da un sostantivo o da proprio geografico	*telefonino, piacentino*
-iolo	...	deriva da un sostantivo	*boscaiolo, acquaiolo, pizzaiolo*
-ismo	...	deriva da un sostantivo	*maoismo*
-ista	agentivo	deriva da un sostantivo	*giornalista, petrarchista*
-ità	...	deriva da un aggettivo	*semplicità*
-ite	infiammazione		*rinite, gastrite, tonsillite*
-mento	deverbale astratto o concreto: indica l'atto espresso dal verbo	deriva dal tema di un verbo	*arredamento, giuramento*
-one	accrescitivo	deriva da un sostantivo	*librone*
-osi	condizione, stato, processo	deriva da un sostantivo	*ipnosi, necrosi, psicosi*
-ota	abitante	deriva da un nome proprio geografico o da un sostantivo	*cipriota, patriota*
-oto	abitante	deriva da un nome proprio geografico	*corfioto*
-tteria	...	deriva da un sostantivo	*caffetteria, panetteria*
-tore	agentivo o strumentale	deriva dal tema di un verbo	*lavoratore, colonizzatore, contatore*

SOLUZIONI E APPROFONDIMENTI

-tura	deverbale astratto o concreto: indica l'atto espresso dal verbo	deriva dal participio di un verbo	*andatura, frittura*
-uccio	diminutivo affettivo o peggiorativo	deriva da un sostantivo	*boccuccia, cavalluccio*
-ume	...	deriva da un aggettivo	*marciume*
-uto	...	deriva da un sostantivo	*baffuto*
-zione	deverbale astratto o concreto: indica l'atto espresso dal verbo	deriva dal tema o dal participio di un verbo	*amministrazione, costruzione, inibizione*

PROVA N.4

1	2	3	4	5	6	7	8	9	10
c	c	c	d	b	d	a	a	b	d

Frasario utile

Shopping	
Avete ____? Do you have ___? *Chiedere di uno specifico articolo.*	Mi può dare una borsa? May I have a bag, please? *Chiedere una borsa.*
Dove posso trovare ____? Where can I find ___? *Domandare la collocazione di un certo articolo.*	Vorrei restituire questo. I would like to return this. *Dire che vuoi restituire l'articolo.*
Quanto costa questo? How much is this? *Chiedere il prezzo di un certo articolo.*	Posso provarlo? May I try this on, please? *Chiedere di provare un indumento.*
Avete qualcosa di meno costoso? Do you have anything that is less expensive? *Chiedere un articolo meno costoso.*	Dove sono i camerini di prova? Where are the changing rooms? *Chiedere dove sono i camerini di prova.*
A che ora aprite/chiudete? What time do you open/close? *Domandare gli orari di apertura/chiusura.*	Avete la taglia ___? Do you have this in ___? *Chiedere una certa taglia.*
Sto dando un'occhiata. I'm just browsing. *Dire al commesso che stai solo guardando e non ti serve aiuto al momento.*	Avete il ___ di queste scarpe? Do you have these shoes in size ___? *Chiedere una certa misura di scarpe.*
Lo compro. I'll buy it. *Affermare la tua decisione di acquisto* Accettate carta di credito?	È troppo piccolo. It's too small. *Dire che il capo è troppo piccolo.*

SOLUZIONI E APPROFONDIMENTI

May I pay with credit card? *Chiedere se il negozio accetta carte di credito.*	È troppo grande. It's too big. *Dire che il capo è troppo grande.*
Mi può fare lo scontrino? May I have the receipt, please? *Chiedere lo scontrino.*	Come mi sta? Does this look good on me? *Chiedere un parere su come ti sta quel capo d'abbigliamento.*

percorso CILS DUE B2

ANALISI COMPLETA 2

- **ANALISI DELLE STRUTTURE DI COMUNICAZIONE**
  - PROVA N.1
  - PROVA N.2
  - PROVA N.3
  - PROVA N.4
- **SOLUZIONI E APPROFONDIMENTI**

ANALISI DELLE STRUTTURE DI COMUNICAZIONE - PROVA N.1

Completa il testo con gli aggettivi e i pronomi.

SAN LORENZO E LA NOTTE DEI DESIDERI

Per tutti gli italiani la notte del 10 agosto rappresenta la notte dei desideri perché secondo la tradizione, ₁_____ vede una stella cadente attraversare il cielo, può esprimere un desiderio e stare certo che ₂_____ avvererà. Si tratta, in realtà, di un fenomeno astronomico piuttosto comune ₃_____ si verifica ogni anno da fine luglio al 20 di agosto circa, quando lo sciame meteoritico delle Perseidi attraversa l'orbita terrestre creando una vera e propria pioggia di stelle. Le Perseidi sono popolarmente chiamate *Lacrime di San Lorenzo* perché cadono a ridosso della data in ₄_____, nella tradizione cristiana, ₅_____ celebra il martirio di San Lorenzo, bruciato vivo su una graticola ardente. Data la coincidenza temporale, le stelle cadenti rappresenterebbero le lacrime versate dal Santo durante il ₆_____ supplizio. Secondo la tradizione, quindi, ₇_____ ricorderà il dolore del santo guardando le ₈_____ "lacrime", vedrà realizzato il ₉_____ desiderio purché rimanga segreto. Così la Notte di San Lorenzo ha assunto un grande fascino e viene festeggiata in tutta Italia con sagre e musica.

Nei paesi di mare come *Cervia*, per esempio, le persone ₁₀_____ riuniscono in spiaggia a guardare il cielo ₁₁_____ si riempie non solo di stelle, ma anche del più grande spettacolo pirotecnico della Riviera Adriatica.

In varie regioni d'Italia, nei comuni aderenti al *Movimento Turismo del Vino*, va in scena la manifestazione Calici di Stelle che promette un calendario ricco di eventi di ₁₂_____ tipo: degustazioni, visite guidate, menu a tema proposti da grandi chef, rievocazioni storiche, passeggiate notturne, trekking urbani, musica, mostre, mercatini, cinema e teatro avranno come cornice le cantine associate o le piazze delle *Città del Vino*.

Sicuramente i festeggiamenti più importanti ₁₃_____ tengono a *Firenze*, dove il 10 agosto è la festa popolare per eccellenza. Si ricorda, infatti, la consacrazione della prima chiesa del centro ad opera di Sant'Ambrogio. I festeggiamenti prevedono la sfilata di un corteo storico che, attraverso le vie del centro, arriva alla *Basilica di San Lorenzo* dove viene celebrata una messa. Durante la funzione, il Sindaco offre dei ceri e la città riceve una benedizione solenne. Al termine di ₁₄_____ nella piazza davanti alla chiesa, vengono distribuiti gratuitamente lasagne e cocomero.

I più giovani danno molta importanza al desiderio ed alla sua segretezza. Le spiagge sono piene di falò e di gruppi di ragazzi che cantano, bevono, ballano e cercano amori estivi sperando che i ₁₅_____ sogni e le ₁₆_____ speranze diventino al più presto realtà.

Ma da dove nasce ₁₇_____ tradizione? L'origine va ricercata nella parola desiderio, probabilmente dal latino "de sidera", che rimanderebbe, secondo quanto riportato nel Dizionario etimologico della lingua italiana (DELI), al significato di "cessare di contemplare le stelle a scopo augurale". Il filosofo Galimberti ha tuttavia proposto una variante nell'etimologia della parola, interpretando l'espressione latina come "stare sotto le stelle ed attendere". Quest'ultima ci rimanda al De Bello Gallico di Cesare, in cui i "desiderantes" erano i soldati che, dopo aver combattuto durante il giorno, aspettavano sotto le stelle i compagni che ancora non erano tornati. Il desiderio era anche ₁₈_____ dei marinai di giungere sulla terra ferma, affidandosi proprio alle stelle e leggendo il cielo. La stella cadente come guida ₁₉_____ troviamo poi nella tradizione cristiana: è stata ₂₀_____ la stella cometa a guidare i Magi verso Gesù Bambino.

ANALISI DELLE STRUTTURE DI COMUNICAZIONE - PROVA N.2

Completa il testo con le forme dei verbi che sono tra parentesi.

INTERVISTA ALLO SCRITTORE WOLFRAM FLEISCHHAUER:
"L'ITALIA (ESSERE) ___è stata___ ₀ SEMPRE LA CULLA DEL BUON GUSTO"

Scrittore di dieci romanzi, sei dei quali (**tradurre**) _____ ₁ e pubblicati anche in Italia, e interprete a Bruxelles, Wolfram Fleischhauer è un amante della cultura italiana che ha voluto conoscere anche con lo studio della nostra lingua. Per farlo lo scrittore (**frequentare**) _____ ₂ una delle scuole Asils perché "mi era stata raccomandata da diversi colleghi" che l'avevano già frequentata ed (**rimanere**) _____ ₃ pienamente soddisfatto dell'organizzazione dell'istituto: "L'insegnante (**essere**) _____ ₄ eccellente e il gruppo ottimo". Tornato nelle librerie a maggio con *"Rosso come il mare"*, Wolfram ci (**parlare**) _____ ₅ del suo nuovo romanzo attraverso il quale ha cercato di mandare un messaggio all'Unione Europea, della società e soprattutto di cosa lo (**affascinare**) _____ ₆ dell'Italia.

Perché ha deciso di studiare l'italiano?

(**lavorare**) _____ ₇ già da anni come interprete di inglese, francese e spagnolo. Visto che a Bruxelles sono necessarie sempre più lingue, era logico sceglierne una che (**potere**) _____ ₈ imparare in tempi relativamente brevi. Inoltre, (**essere**) _____ ₉ spesso in Italia, amo il Bel Paese, la cultura e soprattutto la cucina.

Cosa l'affascina della cultura italiana?

Soprattutto l'arte del Rinascimento. Amo la cucina italiana, ma anche i diversi paesaggi e regioni. Per me, l'Italia (**essere**) _____ ₁₀ la culla del buon gusto, sia nell'abbigliamento che nel design o nella moda. Mi piace anche la natura umana e calda degli italiani.

Quali sono stati i punti di forza, gli aspetti che ha maggiormente apprezzato dell'offerta formativa della scuola Asils che ha frequentato?

L'insegnante (**essere**) _____ ₁₁ molto preparato, vivace e un po' severo, ma mi piace molto quando qualcuno ha un programma chiaro. Inoltre c'era un buon mix tra grammatica, comprensione, conversazione. Anche il gruppo era molto buono. (**imparare**) _____ ₁₂ molto.

Quanti libri ha scritto finora e quanti sono usciti in lingua italiana?

Quest'anno (**pubblicare**) _____ ₁₃ il mio decimo romanzo. Sei di essi (**tradurre**) _____ ₁₄ finora in Italia: "Un enigma color porpora", "Il libro che cambiò il mondo", "L'ombra dell'ultima rosa", "La donna dalle mani di pioggia", "Rosso come il mare" e "Il bosco silenzioso".

La conoscenza della cultura e della lingua italiana ha influenzato anche la sua carriera di scrittore? Come?

Il mio primo romanzo (**riguardare**) _____ ₁₅ una congiura alla corte francese, gestita da Ferdinando de Medici. La corrispondenza segreta delle spie medicee (**giocare**) _____ ₁₆ un ruolo importante nel romanzo, così (**dovere**) _____ ₁₇ imparare l'italiano antico per decifrare le lettere, anche se (**ricevere**) _____ ₁₈ aiuto per i testi più difficili. Un insegnante importante per me (**essere**) _____ ₁₉ Umberto Eco, perché (**dimostrare**) _____ ₂₀ che anche gli argomenti difficili si possono raccontare in modo divertente.

ANALISI DELLE STRUTTURE DI COMUNICAZIONE - PROVA N.3

Completa il testo. Scegli una delle proposte di completamento che ti diamo.

LA PET ECONOMY IN CRESCITA COSTANTE ₀

La Pet Economy è in crescita. Il mercato è in _____ ₁, ma il vero cambiamento è sociale. Stiamo assistendo e vivendo infatti un nuovo rapporto tra uomo e pet: il cane e il gatto sono sempre più "_____ ₂" fanno ormai parte a pieno _____ ₃ delle famiglie italiane, ne condizionano i comportamenti, ne guidano i _____ ₄. Tanto che i **prodotti pet care** sono influenzati da questa tendenza e **diventano sempre più simili a quelli di baby-care**. Ne replicano linee, colori e forme. Ecco così _____ ₅ mai visti prima come zaini, giocattoli di ogni tipo, passeggini, carrellini, spazzole, abitini e persino cibi a _____ ₆ specifici per loro come il Dog's Bistrot di Milano.

La spesa delle famiglie per gli animali è quasi 3 volte superiore a quella per i bambini (Rapporto Assalco - Zoomark 2019). **Le linee di _____ ₇ pet diventano sempre più premium**, personalizzate e di qualità e nasce l'esigenza da parte dei _____ ₈ di avere etichette chiare per leggere gli ingredienti e conoscere la produzione di ciò che scelgono. Su questo _____ ₉ emerge una nuova figura di _____ ₁₀ **che un po' come il pediatra** diventa fondamentale per la _____ ₁₁ del cucciolo. Il veterinario deve offrire servizi e consulenza sulla salute a 360° (vaccini, alimentazione, benessere, igiene, abitudini, ecc). La _____ ₁₂ è emersa potente a Milano in occasione del Pet Marketing Day.

Il mercato del pet è in piena espansione: cibo, moda, accessori, wellness, salute. Sia gli e-commerce sia gli store fisici saranno sempre più _____ ₁₃ e aperti alle esigenze del cliente. Sul mercato del pet si affaccia per la prima volta anche la blockchain. Uno _____ ₁₄ altamente tecnologico che può garantire alla filiera, la tracciabilità e l'autenticità dei dati, aiutare la medicina e contrastare il fenomeno dell'_____ ₁₅.

0.	a) costata	b) costretta	c) **costante**	d) costosa
1.	a) rivoluzione	b) evoluzione	c) rivolta	d) aumento
2.	a) cittadini	b) città	c) nazioni	d) individui
3.	a) giurisprudenza	b) diritto	c) regime	d) idea
4.	a) consumi	b) consumatori	c) consumismo	d) spese
5.	a) accessori	b) strumenti	c) attrezzi	d) opzioni
6.	a) domicilio	b) residenza	c) luogo	d) posto
7.	a) produzioni	b) prodotti	c) produttori	d) consumi
8.	a) consumatori	b) consumi	c) utenti	d) consumisti
9.	a) scenario	b) situazione	c) scena	d) luogo
10.	a) veterinario	b) medico	c) dottore	d) animalista
11.	a) crescita	b) sviluppo	c) aumento	d) tranquillità
12.	a) tensione	b) tendenza	c) abitudine	d) modo
13.	a) personalizzati	b) privati	c) pubblici	d) personali
14.	a) attrezzo	b) strumento	c) utensile	d) studio
15.	a) solitudine	b) malinconia	c) abbandono	d) mancanza

ANALISI DELLE STRUTTURE DI COMUNICAZIONE - PROVA N.4

Scegli per ogni espressione una delle quattro situazioni comunicative che ti diamo.

1. **La Nuova Azienda tessile, NATEC, cerca magazzinieri per ampliamento della propria sede centrale sita a Cinisello in provincia di Milano.**
   a. È la pubblicità dell'apertura di una nuova azienda.
   b. È un annuncio di lavoro per l'apertura di una nuova azienda.
   c. È l'indicazione che ti dà un passante per raggiungere la NATEC di Cinisello.
   d. È un annuncio di lavoro per il magazzino centrale di una azienda tessile.

2. **Si avvisano studenti, docenti e personale amministrativo che la sede di Lingue, nella palazzina Mirabelli, rimarrà chiusa a causa di un guasto alla rete idrica.**
   a. È un avviso che leggi su una bacheca universitaria.
   b. È l'avviso di un idraulico che trovi nella tua buca delle lettere.
   c. È la comunicazione che leggi all'ingresso del tuo condominio.
   d. È l'avviso del Dipartimento di Lingue che comunica la chiusura programmata di una sua sede.

3. **È disponibile in tutte le edicole aderenti all'iniziativa il nuovo numero della rivista "Cinemiamo". Questo numero è dedicato al cinema d'amore!**
   a. È la pubblicità di una rivista che parla di amore.
   b. È l'introduzione di un libro di ricette.
   c. È la pubblicità di un corso di cinema.
   d. È la pubblicità di una rivista che dedica uno spazio al cinema d'amore.

4. **Buongiorno! Saprebbe consigliarmi un regalo per il battesimo di mio nipote? Lui ha 2 anni e sono indecisa su cosa comprargli. Cosa mi consiglia?**
   a. Chiedi ad una tua amica cosa ha intenzione di regalare a suo nipote.
   b. Chiedi ad una tua collega di accompagnarti in oreficeria.
   c. Telefoni ad un'amica per chiedere un consiglio su un regalo.
   d. Chiedi alla commessa di un'oreficeria un consiglio per un regalo.

5. **L'agenzia di formazione *Nautilus* propone un tirocinio per neolaureati in Scienze Politiche con indirizzo in Studi Internazionali. Per partecipare è necessario non aver compiuto 26 anni di età.**
   a. È un annuncio di lavoro di una multinazionale.
   b. È una proposta di tirocinio riservata ai neolaureati.
   c. È la proposta di uno stage dell'Università di Torino.
   d. È la presentazione del corso di laurea in Studi Internazionali presso l'Università di Torino.

ANALISI DELLE STRUTTURE DI COMUNICAZIONE - PROVA N.4

6. **Per i possessori della tessera soci: per ogni spesa superiore a 40 euro, buoni sconto del 50% da spendere in qualsiasi reparto.**
   a. In un supermercato, un commesso chiede al cliente di vedere la sua tessera per potergli consegnare un buono sconto.
   b. In un supermercato, un avviso informa i clienti che possiedono la tessera soci delle promozioni.
   c. Una signora dice alla sua vicina e amica che al supermercato sotto casa ci sono gli sconti del 50% sui detersivi.
   d. In un supermercato, la commessa informa la cliente di alcuni sconti.

7. **Gentilissima Dottoressa Volpi, le invio i referti delle mie analisi del sangue. Potrei passare nel suo studio martedì 17 settembre? La ringrazio molto, Claudia.**
   a. Telefoni alla tua dottoressa per chiedere informazioni sulle analisi del sangue.
   b. Telefoni in ospedale per prenotare alcune analisi.
   c. Mandi una mail alla tua dottoressa per chiederle un appuntamento.
   d. Mandi un sms a tua mamma per avvisarla che i referti delle sue analisi sono disponibili.

8. **Buongiorno, potrebbe dirmi per favore a che ora parte il prossimo treno per Roma e quanto costa?**
   a. Alla stazione ferroviaria, una ragazza chiede il rimborso del biglietto perché ha perso il treno per Roma.
   b. Una ragazza consiglia ad una amica che ha perso il treno per Roma di chiedere il rimborso del biglietto.
   c. Alla stazione ferroviaria, una ragazza chiede informazioni sul prossimo treno per Roma e sui biglietti.
   d. Alla stazione ferroviaria, l'impiegato della biglietteria dà informazioni a una ragazza sugli orari e sui biglietti del treno per Roma.

9. **Sei pronto per il Concorso Nuove Proposte 2019? Da sabato 12 giugno la nostra Casa discografica Sonica propone una competizione fra giovani musicisti. In palio la registrazione e diffusione di un album completo. Cosa aspetti? Iscriviti subito!**
   a. È un avviso di un negozio sull'apertura di un nuovo concorso.
   b. È una mail in cui una Casa discografica ricerca nuove proposte.
   c. È la pubblicità di una Casa discografica che organizza una competizione.
   d. È il messaggio che ti invia un membro del tuo gruppo musicale.

10. **Buongiorno, ho compilato i moduli, disponibili sul vostro sito internet, per la prenotazione del residence a luglio. Può mandarmi conferma?**
    a. Un signore chiede informazioni ad un suo amico su una vacanza.
    b. All'anagrafe chiedi informazioni su un residence.
    c. In un'agenzia di viaggi un signore chiede informazioni su una prenotazione effettuata.
    d. Un signore chiede i moduli necessari per una prenotazione.

SOLUZIONI E APPROFONDIMENTI

PROVA N.1

SAN LORENZO E LA NOTTE DEI DESIDERI

Per tutti gli italiani la notte del 10 agosto rappresenta la notte dei desideri perché secondo la tradizione, ₁**chi** vede una stella cadente attraversare il cielo, può esprimere un desiderio e stare certo che ₂**si** avvererà. Si tratta, in realtà, di un fenomeno astronomico piuttosto comune ₃**che** si verifica ogni anno da fine luglio al 20 di agosto circa, quando lo sciame meteoritico delle *Perseidi* attraversa l'orbita terrestre creando una vera e propria pioggia di stelle. Le Perseidi sono popolarmente chiamate *Lacrime di San Lorenzo* perché cadono a ridosso della data in ₄**cui**, nella tradizione cristiana, ₅**si** celebra il martirio di San Lorenzo, bruciato vivo su una graticola ardente. Data la coincidenza temporale, le stelle cadenti rappresenterebbero le lacrime versate dal Santo durante il ₆**suo** supplizio. Secondo la tradizione, quindi, ₇**chi** ricorderà il dolore del santo guardando le ₈**sue** "lacrime", vedrà realizzato il ₉**proprio** desiderio purché rimanga segreto. Così la Notte di San Lorenzo ha assunto un grande fascino e viene festeggiata in tutta Italia con sagre e musica.

Nei paesi di mare come *Cervia*, per esempio, le persone ₁₀**si** riuniscono in spiaggia a guardare il cielo ₁₁**che** si riempie non solo di stelle, ma anche del più grande spettacolo pirotecnico della Riviera Adriatica.

In varie regioni d'Italia, nei comuni aderenti al *Movimento Turismo del Vino*, va in scena la manifestazione Calici di Stelle che promette un calendario ricco di eventi di ₁₂**ogni** tipo: degustazioni, visite guidate, menu a tema proposti da grandi chef, rievocazioni storiche, passeggiate notturne, trekking urbani, musica, mostre, mercatini, cinema e teatro avranno come cornice le cantine associate o le piazze delle *Città del Vino*.

Sicuramente i festeggiamenti più importanti ₁₃**si** tengono a *Firenze*, dove il 10 agosto è la festa popolare per eccellenza. Si ricorda, infatti, la consacrazione della prima chiesa del centro ad opera di Sant'Ambrogio. I festeggiamenti prevedono la sfilata di un corteo storico che, attraverso le vie del centro, arriva alla *Basilica di San Lorenzo* dove viene celebrata una messa. Durante la funzione, il Sindaco offre dei ceri e la città riceve una benedizione solenne. Al termine di ₁₄**questa** nella piazza davanti alla chiesa, vengono distribuiti gratuitamente lasagne e cocomero.

I più giovani danno molta importanza al desiderio ed alla sua segretezza. Le spiagge sono piene di falò e di gruppi di ragazzi che cantano, bevono, ballano e cercano amori estivi sperando che i ₁₅**propri** sogni e le ₁₆**proprie** speranze diventino al più presto realtà.

Ma da dove nasce ₁₇**questa** tradizione? L'origine va ricercata nella parola desiderio, probabilmente dal latino "de sidera", che rimanderebbe, secondo quanto riportato nel Dizionario etimologico della lingua italiana (DELI), al significato di "cessare di contemplare le stelle a scopo augurale". Il filosofo Galimberti ha tuttavia proposto una variante nell'etimologia della parola, interpretando l'espressione latina come "stare sotto le stelle ed attendere". Quest'ultima ci rimanda al De Bello Gallico di Cesare, in cui i "desiderantes" erano i soldati che, dopo aver combattuto durante il giorno, aspettavano sotto le stelle i compagni che ancora non erano tornati. Il desiderio era anche ₁₈**quello** dei marinai di giungere sulla terra ferma, affidandosi proprio alle stelle e leggendo il cielo. La stella cadente come guida ₁₉**la** troviamo poi nella tradizione cristiana: è stata ₂₀**proprio** la stella cometa a guidare i Magi verso Gesù Bambino.

SOLUZIONI E APPROFONDIMENTI

AGGETTIVI E PRONOMI DIMOSTRATIVI

	Singolare	Plurale
Vicinanza a chi parla	Questo (m.); Questa (f.)	Questi (m.); Queste (f.)
Vicinanza a chi ascolta	Codesto (m.); Codesta (f.)	Codesti (m.); Codeste (f.)
Lontananza da chi parla e da chi ascolta	Quello (m.); Quella (f.)	Quelli, quegli, quei (m.); Quelle (f.)

Facciamo alcuni esempi, sia per chiarire la **differenza nell'uso** dei singoli pronomi sia per sottolineare che *questo*, *codesto*, *quello* possono essere utilizzati sia come **pronomi dimostrativi** (quando cioè sostituiscono un sostantivo) sia come **aggettivi dimostrativi** (ovvero quando accompagnano un nome).

Ad esempio:

Non comprare *quella* chitarra [aggettivo], *questa* [pronome] ha un suono migliore; ovvero, ti sto consigliando di non acquistare quella chitarra che è lontano da me, ma di comprare questa che è vicino a me.

Tu prendi *codesto* pacco [aggettivo], io mi occuperò di *questi* [pronome]; ovvero, ti sto invitando a prendere il pacco vicino a te e lontano da me, mentre io solleverò quelli più vicini a me.

Questo [pronome] o *quello* [pronome]... tocca a te decidere; ovvero, ti sto proponendo un'alternativa tra due oggetti o tra due possibilità, una vicina e una più lontana da me 1.

Si noti che questo **sistema tripartito** di *questo*, *codesto* e *quello* (rispetto a quello bipartito dell'inglese, del francese e del tedesco) si trova anche in spagnolo e portoghese, ma **non è diffuso uniformemente in italiano**. In particolare, il pronome e l'aggettivo *codesto* è diffuso, nella lingua orale, solo nel toscano mentre nello scritto si trova solo in registri letterari e stilisticamente elevati. Nella maggior parte dei casi, *codesto* può essere sostituito da questo e quello, magari in combinazione con un pronome o aggettivo possessivo ("questo tuo comportamento; quel mio libro")

Funzione anaforica, ovvero per cui il pronome riprende e richiama qualcosa già detto in precedenza; ad esempio:

Ho parlato con Giulio dell'episodio di ieri e questo ha dato molto fastidio a Michela; il pronome questo richiama cioè nella frase coordinata ciò che viene detto precedentemente (la mia azione di parlare con Giulio).

SOLUZIONI E APPROFONDIMENTI

PROVA N.2

Scrittore di dieci romanzi, sei dei quali **tradotti**₁ e pubblicati anche in Italia, e interprete a Bruxelles, Wolfram Fleischhauer è un amante della cultura italiana che ha voluto conoscere anche con lo studio della nostra lingua. Per farlo lo scrittore **ha frequentato**₂ una delle scuole Asils perché "mi era stata raccomandata da diversi colleghi" che l'avevano già frequentata ed **è rimasto**₃ pienamente soddisfatto dell'organizzazione dell'istituto: "L'insegnante **era**₄ eccellente e il gruppo ottimo". Tornato nelle librerie a maggio con *"Rosso come il mare"*, Wolfram ci **ha parlato**₅ del suo nuovo romanzo attraverso il quale ha cercato di mandare un messaggio all'Unione Europea, della società e soprattutto di cosa lo **affascina**₆ dell'Italia.

Perché ha deciso di studiare l'italiano?

Lavoro₇ già da anni come interprete di inglese, francese e spagnolo. Visto che a Bruxelles sono necessarie sempre più lingue, era logico sceglierne una che **potessi**₈ imparare in tempi relativamente brevi. Inoltre, **sono**₉ spesso in Italia, amo il Bel Paese, la cultura e soprattutto la cucina.

Cosa l'affascina della cultura italiana?

Soprattutto l'arte del Rinascimento. Amo la cucina italiana, ma anche i diversi paesaggi e regioni. Per me, l'Italia **è**₁₀ la culla del buon gusto, sia nell'abbigliamento che nel design o nella moda. Mi piace anche la natura umana e calda degli italiani.

Quali sono stati i punti di forza, gli aspetti che ha maggiormente apprezzato dell'offerta formativa della scuola Asils che ha frequentato?

L'insegnante **era**₁₁ molto preparato, vivace e un po' severo, ma mi piace molto quando qualcuno ha un programma chiaro. Inoltre c'era un buon mix tra grammatica, comprensione, conversazione. Anche il gruppo era molto buono. **Ho imparato**₁₂ molto.

Quanti libri ha scritto finora e quanti sono usciti in lingua italiana?

Quest'anno **è stato pubblicato**₁₃ il mio decimo romanzo. Sei di essi **sono stati tradotti**₁₄ finora in Italia: "Un enigma color porpora", "Il libro che cambiò il mondo", "L'ombra dell'ultima rosa", "La donna dalle mani di pioggia", "Rosso come il mare" e "Il bosco silenzioso".

La conoscenza della cultura e della lingua italiana ha influenzato anche la sua carriera di scrittore? Come?

Il mio primo romanzo **riguardava**₁₅ una congiura alla corte francese, gestita da Ferdinando de Medici. La corrispondenza segreta delle spie medicee **ha giocato**₁₆ un ruolo importante nel romanzo, così **ho dovuto**₁₇ imparare l'italiano antico per decifrare le lettere, anche se **ho ricevuto**₁₈ aiuto per i testi più difficili. Un insegnante importante per me **è stato**₁₉ Umberto Eco, perché **ha dimostrato**₂₀ che anche gli argomenti difficili si possono raccontare in modo divertente.

SOLUZIONI E APPROFONDIMENTI

I verbi transitivi, che cioè hanno un oggetto diretto, possono avere la forma attiva e la forma passiva.

In questo caso il soggetto non è più chi compie l'azione:

Forma attiva:

Soggetto	verbo	oggetto
Carla	legge	un libro
Molte persone	guardano	la televisione

Forma passiva:

Soggetto	verbo	chi compie l'azione
Il libro	è letto	da Carla
La televisione	è guardata	da molte persone

La forma passiva è data dal verbo ESSERE (ausiliare) + IL PARTICIPIO PASSATO DEL VERBO, e segue la coniugazione in base al tempo e al modo del verbo che vogliamo usare. Il participio passato deve sempre concordare con il soggetto:

attivo	passivo
io apprezzo	io sono apprezzato
lui vedeva	lui era visto
loro hanno regalato	loro sono stati regalati/e

La persona o la cosa che compiono l'azione sono precedute dalla preposizione **DA**.

Il direttore **è** molto **amato dai** suoi dipendenti.

Es. I ladri **sono stati presi dai** poliziotti ieri notte.

La conferenza **sarà tenuta dal** Preside della Facoltà di Lettere.

Possiamo trovare la forma passiva anche con l'ausiliare andare e venire.

Col verbo andare ha il significato di deve essere e si usa solo con i tempi semplici:

Es.
La domanda **VA presentata** entro il dieci Giugno.   =   **DEVE ESSERE presentata**
La tassa di iscrizione **ANDRÀ pagata** in anticipo.   =   **DOVRÀ ESSERE pagata**

Col verbo venire ha lo stesso significato dell'ausiliare essere nei tempi semplici:

Es. Dante Alighieri **viene letto** in tutto il mondo.

PROVA N.3

0.	A) costata	B) costretta	C) *costante*	D) costosa
1.	A) rivoluzione	B) **evoluzione**	C) rivolta	D) aumento
2.	A) **cittadini**	B) città	C) nazioni	D) individui
3.	A) giurisprudenza	B) **diritto**	C) regime	D) idea
4.	A) **consumi**	B) consumatori	C) consumismo	D) spese

SOLUZIONI E APPROFONDIMENTI

5.	A) **accessori**	B) strumenti	C) attrezzi	D) opzioni
6.	A) **domicilio**	B) residenza	C) luogo	D) posto
7.	A) produzioni	B) **prodotti**	C) produttori	D) consumi
8.	A) **consumatori**	B) consumi	C) utenti	D) consumisti
9.	A) **scenario**	B) situazione	C) scena	D) luogo
10.	A) **veterinario**	B) medico	C) dottore	D) animalista
11.	A) **crescita**	B) sviluppo	C) aumento	D) tranquillità
12.	A) tensione	B) **tendenza**	C) abitudine	D) modo
13.	A) **personalizzati**	B) privati	C) pubblici	D) personali
14.	A) attrezzo	B) **strumento**	C) utensile	D) studio
15.	A) solitudine	B) malinconia	C) **abbandono**	D) mancanza

Suffissi Aggettivali			
Suffisso	**Significato**	**Categoria grammaticale**	**Esempi**
-ale	...	deriva da un sostantivo	*funzionale*
-ario	...	deriva da un sostantivo	*confusionario*
-bile	passivo	deriva dal tema di un verbo	*giustificabile*
-ese	...	deriva da un sostantivo	*milanese*
-evole	...	deriva dal tema di un verbo	*ammirevole*
-ico	...	deriva da un sostantivo	*filosofico*
-issimo	suffisso intensivo	deriva da un aggettivo	*purissimo*
-oso	...portatore di...	deriva da un sostantivo	*famoso*
-ota	abitante	deriva da un nome proprio geografico	*cipriota*
-vago	che desidera, che si muove	deriva da un sostantivo o un aggettivo	*lucivago, ondivago*
-tivo	...	deriva dal tema di un verbo	*collaborativo*
-torio	...	deriva dal tema di un verbo	*consolatorio*

PROVA N.4

1	2	3	4	5	6	7	8	9	10
d	d	d	d	b	b	c	c	c	c

ANALISI COMPLETA 2

SOLUZIONI E APPROFONDIMENTI

Prenotare	
Avete camere libere? Do you have any rooms available? *Chiedere se ci sono ancora camere disponibili.*	... vista sul mare. ... an ocean view. *Camera con vista sul mare.*
Quanto costa una camera per ___ persone? How much is a room for ___ people? *Chiedere il prezzo di una stanza.*	... un letto in più. ... an extra bed. *Chiedere un letto in più nella camera d'albergo.*
Vorrei prenotare ___. I would like to book ___. *Prenotare un certo tipo di camera.*	Vorrei prenotare una camera per ___ notte (i)/settimana (e). I would like to book a room for ___ night(s)/week(s). *Prenotare una camera per un certo tempo.*
... una camera doppia. ... a double room. *Camera per due persone.*	Avete camere per persone disabili? Do you have any special rooms for handicapped people? *Chiedere se ci sono camere per persone disabili.*
... una camera singola. ... a single room. *Camera per una persona.*	Sono allergico a ___ [polvere/animali impagliati]. Avete camere per chi ha queste allergie? I am allergic to ___ [dust/furred animals]. Do you have any special rooms available? *Chiedere una camera speciale per chi ha le allergie.*
... una camera per ___. ... a room for ___ people. *Camera per X persone.*	Posso vedere prima la camera? May I see the room first? *Chiedere di vedere la camera prima di prenotare.*
... una camera non fumatori. ... a non-smoking room. *Camera per non fumatori.*	La colazione è inclusa? Is breakfast included? *Chiedere se il prezzo include la colazione.*
Vorrei prenotare una camera con ___. I would like to book a room with ___. *Chiedere una camera con servizi aggiuntivi.*	Gli asciugamani/le lenzuola sono inclusi/e? Are towels/bed linen included? *Chiedere se il prezzo include asciugamani e lenzuola.*
... un letto matrimoniale. ... a double bed. *Chiedere la disponibilità di un letto per due.*	Sono permessi gli animali domestici? Are pets allowed? *Chiedere se gli animali domestici possono entrare e permanere nella camera.*
... letti separati. ... separate beds. *Chiedere la disponibilità di letti singoli.*	Avete un garage/parcheggio? Do you have a parking garage/lot? *Chiedere dove puoi parcheggiare la tua macchina.*
... un balcone. ... a balcony. ... bagno annesso. ... an adjoining bathroom. *Camera con bagno privato incluso.*	Avete armadietti di sicurezza/una cassaforte? Do you have safety lockers/a safe? *Chiedere dove puoi riporre i tuoi oggetti di valore.*

- **ANALISI DELLE STRUTTURE DI COMUNICAZIONE**
  PROVA N.1
  PROVA N.2
  PROVA N.3
  PROVA N.4
- **SOLUZIONI E APPROFONDIMENTI**

ANALISI DELLE STRUTTURE DI COMUNICAZIONE - PROVA N.1

Completa il testo con gli aggettivi e i pronomi.

I PREMI LETTERARI

Sebbene in Italia _____ ₁ legga pochissimo – gli ultimi dati, relativi al 2016, dicono che il 57% della popolazione non legge nemmeno un libro l'anno – nel _____ ₂ Paese sono numerosi i premi letterari assegnati a opere di narrativa. I più conosciuti sono il *Premio Strega*, il *Premio Campiello* e il *Premio Bancarella*.

Il *Premio Strega* è considerato il riconoscimento letterario italiano più prestigioso, ed è con grande probabilità il più conosciuto all'estero. Può essere definito un premio di alto livello culturale: la giuria che _____ ₃ assegna è infatti composta da 400 letterati, tra _____ ₄ i vincitori del Premio negli anni precedenti. Dal 2010, forse per svecchiar_____ ₅ un po' l'immagine, sono ammessi in giuria anche i voti dei cosiddetti "lettori forti" segnalati dall'ALI (Associazione Librai Italiani). Il *Premio Strega* è stato istituito nel 1947 dal giornalista e critico letterario Goffredo Bellonci e da _____ ₆ moglie, la scrittrice Maria (che ha anche vinto il Premio nel 1986), e deve il _____ ₇ nome al famoso liquore Strega. La _____ ₈ opera premiata fu *Tempo di uccidere* di Ennio Flaiano, mentre _____ ₉'anno il riconoscimento è andato a Paolo Cognetti con il _____ ₁₀ romanzo *Le otto montagne*.

Un _____ ₁₁ premio letterario molto prestigioso è il Campiello, nato in Veneto nel 1962 dall'idea di un gruppo di industriali. Alla testa del Comitato Fondatori c'è Matteo Zoppas, presidente di Confindustria Veneto, mentre la giuria è composta principalmente da docenti universitari. Scopo dichiarato del Campiello è "creare nuovi lettori" facendo conoscere al grande pubblico le opere selezionate dalla giuria. Il primo scrittore a ricevere il *Premio Campiello* fu Primo Levi con il _____ ₁₂ romanzo *La Tregua*, nel 1963.

Il *Premio Bancarella*, infine, può essere definito come il più "popolare" fra _____ ₁₃ tre, dal momento che il vincitore viene eletto dai librai e non da una giuria di colti letterati, che spesso tendono a isolarsi nella _____ ₁₄ "torre d'avorio" e rimangono lontani dai gusti e dalle aspettative del lettore medio italiano. A dimostrazione di _____ ₁₅ basti notare come, tra i vincitori del *Premio Bancarella*, _____ ₁₆ annoverino scrittori "leggeri" o più tipicamente di intrattenimento, quali l'autrice di romanzi rosa Anna Pontremoli (vincitrice nel 2013 con la commedia *Ti prego, lasciati odiare*) o Donato Carrisi (nel 2009 con il thriller *Il suggeritore*).

Il *Premio Bancarella* _____ ₁₇ distingue dagli _____ ₁₈ citati anche perchè non premia esclusivamente autori italiani: tra i vincitori, per citare solo _____ ₁₉ scrittori stranieri insigniti del Premio, _____ ₂₀ sono personaggi famosi come Elizabeth Strout, Ken Follett e John Grisham.

ANALISI DELLE STRUTTURE DI COMUNICAZIONE - PROVA N.2

Completa il testo con le forme dei verbi che sono tra parentesi.

CARLO VERDONE: "SPERO CHE LE SALE NON (MORIRE) MUOIANO₀ MAI"

"Mi sembra un miracolo e un privilegio (**trascorrere**) _____ ₁ 42 anni di carriera nel mondo del cinema. Soprattutto oggi che (**consumarsi**) _____ ₂ tutto con grande rapidità. Oggi, per un attore, è difficile entrare nel cuore delle persone, il pubblico degli anni '80 e '90 non c'è più. I giovani (**usufruire**) _____ ₃ dei film in modo diverso, con gli smartphone, ma io spero che la sala non (**morire**) _____ ₄ mai, con la sua aggregazione". Così Carlo Verdone, attore e regista, a Pistoia al film festival 'Presente Italiano' che gli (**dedicare**) _____ ₅ una retrospettiva e una mostra fotografica dei suoi film.

"Ognuno se lo (**guardare**) _____ ₆ come vuole - ha aggiunto (**rispondere**) _____ ₇ alle domande del pubblico -, ma il cinema, con il suo racconto, ha ancora più anima delle serie tv. Nelle serie (**girare**) _____ ₈ 15 minuti al giorno e c'è molta post-produzione. Molte serie (**scrivere**) _____ ₉ benissimo, ma il cinema d'autore è un'altra cosa". Verdone, (**spiegare**) _____ ₁₀ una nota, ha poi raccontato la sua carriera: "(**cominciare**) _____ ₁₁ con Sergio Leone e mi (**insegnare**) _____ ₁₂ cosa vuol dire sceneggiare un film". E a chi gli ha chiesto cosa (**cambiare**) _____ ₁₃ della sua carriera, il regista e attore ha risposto: "Io non (**cambiare**) _____ ₁₄ niente della mia carriera, anche se il giudice supremo è sempre il pubblico. Ogni film mi (**servire**) _____ ₁₅ per affrontare quello dopo con maggiore concentrazione e coraggio. Serve (**prendere**) _____ ₁₆ un gradino male, serve per prendere salita nella maniera migliore. Io non mi (**ritenere**) _____ ₁₇ grande autore, scrivo commedie, ma ho sempre lavorato con serietà". E poi sulla comicità nei cinema (**aggiungere**) _____ ₁₈: "Sorrentino? Mi ha chiesto di fare quel ruolo lì ne *La Grande Bellezza* e mi (**chiedere**) _____ ₁₉ di mettere un po' della mia anima. Quindi ben venga una proposta non comica, magari un film drammatico, ma deve essere consistente e venire incontro alle mie corde. I miei film comici (**avere**) _____ ₂₀ tanta malinconia".

ANALISI DELLE STRUTTURE DI COMUNICAZIONE - PROVA N.3

Completa il testo. Scegli una delle proposte di completamento che ti diamo.

BANKSY RAGGIUNGE UNA *CIFRA* ₀ DA RECORD

Un dipinto di Banksy, è stato venduto all'_____₁ da Sotheby's di Londra a 11,1 milioni di euro, una _____₂ record per l'artista britannico _____₃ soprattutto per i suoi provocatori murales da strada. Si tratta di "Devolved Parliament", che _____₄, in stile accademico, la Camera dei comuni di Westminster in cui i deputati sono tutti scimpanzé. Il _____₅ record per un'opera di Banksy apparteneva a "Keep it Spotless", che nel 2008 andò all'incanto per Sotheby's a New York per 1,8 milioni di dollari. La base d'asta per il _____₆, che, quando è apparso, ha fatto impennare l'interesse in sala e anche online dopo una seduta senza patemi, era stata fissata a 1,5-2 milioni di sterline al massimo. "Oggi abbiamo fatto la storia", _____₇ il battitore quando la _____₈ per Banksy si è chiusa alla cifra record. Il _____₉, largo quasi quattro metri e mezzo e alto due e mezzo, raffigura un parlamento di scimmie, con un _____₁₀ che è un gioco di parole: "Devolved Parliament" cioè 'devoluto', ma con un'allusione a un regresso evolutivo _____₁₁ dalle scimmie. Fu dipinto nel 2009 ed _____₁₂ a Bristol, città natale di Banksy. Un anno _____₁₃ esattamente, un'altra opera di Banksy, "Girl with Balloon" (Ragazza con palloncino) fece _____₁₄ notizia quando, durante l'asta del solito Sotheby's, davanti ai presenti _____₁₅, l'opera fu distrutta da un tritacarta nascosto nella cornice.

0.	a) **cifra**	b) *numero*	c) *prezzo*	d) *cara*
1.	a) acquisto	b) asta	c) commercio	d) negozio
2.	a) prezzo	b) cifra	c) numero	d) costo
3.	a) notaio	b) notevole	c) noto	d) celebrativo
4.	a) rappresenta	b) vede	c) raffigura	d) proietta
5.	a) precedente	b) strumenti	c) attrezzi	d) opzioni
6.	a) opera	b) quadro	c) immagine	d) disegno
7.	a) ha detto	b) ha risposto	c) ha commentato	d) ha criticato
8.	a) vendita	b) acquisto	c) cessione	d) cedimento
9.	a) dipinto	b) immagine	c) disegno	d) opera
10.	a) preludio	b) prologo	c) titolo	d) indice
11.	a) rappresentanza	b) sviluppato	c) rappresentato	d) presentato
12.	a) mostrato	b) esposto	c) spostato	d) visto
13.	a) fa	b) fra	c) fatti	d) già
14.	a) clamorosamente	b) incredibilmente	c) finalmente	d) ovviamente
15.	a) stupefacenti	b) stupiti	c) stupore	d) sorprendenti

ANALISI DELLE STRUTTURE DI COMUNICAZIONE - PROVA N.4

Scegli per ogni espressione una delle quattro situazioni comunicative che ti diamo.

1. **Che freddo oggi! Ti va una cioccolata calda? Andiamo a prenderla in quel bar!**
    a. In un bar, chiedi un gelato.
    b. Al ristorante, chiedi una cioccolata calda a fine pasto.
    c. Per strada, proponi a un tuo amico di prendere una cioccolata calda.
    d. A casa tua, offri una cioccolata calda a un tuo amico.

2. **MobileX: abbiamo eseguito la ricarica di 50 euro. Se vuoi controllare il tuo credito telefonico chiama il numero gratuito 123 o consulta l'app.**
    a. È il messaggio che il gestore telefonico invia al tuo cellulare per confermare una ricarica.
    b. È il messaggio che è inciso nella segreteria del gestore con cui hai il contratto per il cellulare.
    c. È un messaggio scritto da tuo padre che ti avverte che ti ha ricaricato il cellulare.
    d. È il messaggio pubblicitario di un nuovo gestore telefonico.

3. **Per l'appuntamento con Paola devo assolutamente fare bella figura, mi daresti un'idea?**
    a. In un negozio, chiedi ad un commesso consiglio.
    b. Chiedi consiglio, ad un amico su un'idea per fare bella figura.
    c. In ufficio, chiedi aiuto ad un tuo collega per un lavoro.
    d. Domandi al tuo direttore un consiglio di moda.

4. **Alla vostra sinistra potete ammirare una delle chiese italiane più famose del mondo.**
    a. È un signore che descrive una chiesa.
    b. È un professore che in classe descrive una chiesa.
    c. È un ragazzo che descrive la sua chiesa di quartiere.
    d. È una guida turistica che descrive la chiesa che sta mostrando.

5. **Mi scusi signore, ma le è caduto il portafoglio.**
    a. Un signore protesta con un altro perché gli ha rubato il portafoglio.
    b. Una persona gentile avverte un signore di aver perso il portafoglio.
    c. Un signore protesta per la lunga attesa in questura.
    d. Un impiegato dell'ufficio postale si lamenta per aver perso il portafoglio.

6. **Ciao Maria, sono Valeria. Ti ho chiamato per dirti che sabato prossimo vado al mare da Paolo. Se vuoi venire anche tu, richiamami entro domani. Ciao.**
    a. È un messaggio che Valeria ha lasciato nella segreteria telefonica di una sua amica.
    b. È un biglietto d'invito al mare che Valeria ha scritto ad una sua amica.
    c. È un messaggio che Valeria ha lasciato nella segreteria telefonica della biglietteria della stazione.
    d. È un messaggio di posta elettronica che Valeria ha scritto alla sua insegnante di musica.

ANALISI DELLE STRUTTURE DI COMUNICAZIONE - PROVA N.4

7. **Per favore, potrebbe indicarmi dove si trova il Museo del Cinema?**
    a. In un cinema, chiedi al cassiere dove si trova il Museo del Cinema.
    b. In un negozio, chiedi di farti il biglietto per il Museo del Cinema.
    c. In strada, chiedi indicazioni.
    d. In una strada, chiedi di indicarti il cinema più vicino.

8. **A Civitanova affittasi appartamento sul mare nel mese di agosto. Per informazioni chiamare 336 5944238. Solo privati.**
    a. È un annuncio di un privato che vuole affittare la sua casa.
    b. È un annuncio di un'agenzia che vuole vendere una casa.
    c. È una pubblicità alla radio nella rubrica degli affitti e delle vendite.
    d. È uno slogan pubblicitario che viene trasmesso alla televisione.

9. **Il parroco vorrebbe organizzare un viaggio a Roma, in Vaticano. Se siete interessati scrivete il vostro nome su questo modulo alla fine della messa.**
    a. Un parroco organizza un viaggio a Roma.
    b. Un tuo collega ti racconta della sua gita a Roma.
    c. Un'agenzia turistica pubblicizza un viaggio a Roma.
    d. I tuoi colleghi hanno intenzione di andare in ferie a Roma.

10. **Ecco il menù, posso consigliare il piatto del giorno?**
    a. In un ristorante, il cameriere vuole consigliarti un aperitivo.
    b. Ad una sagra di paese, un cameriere vuole offrirti un piatto tradizionale.
    c. In un ristorante, il cameriere ti consiglia il piatto del giorno.
    d. In un corso di cucina, l'insegnante consiglia il piatto da cucinare.

SOLUZIONI E APPROFONDIMENTI

PROVA N.1

I PREMI LETTERARI

Sebbene in Italia ₁ **si** legga pochissimo – gli ultimi dati, relativi al 2016, dicono che il 57% della popolazione non legge nemmeno un libro l'anno – nel ₂ **nostro** Paese sono numerosi i premi letterari assegnati a opere di narrativa. I più conosciuti sono il *Premio Strega*, il *Premio Campiello* e il *Premio Bancarella*.

Il *Premio Strega* è considerato il riconoscimento letterario italiano più prestigioso, ed è con grande probabilità il più conosciuto all'estero. Può essere definito un premio di alto livello culturale: la giuria che ₃ **lo** assegna è infatti composta da 400 letterati, tra ₄ **cui** i vincitori del Premio negli anni precedenti Dal 2010, forse per svecchiar**ne** ₅ un po' l'immagine, sono ammessi in giuria anche i voti dei cosiddetti "lettori forti" segnalati dall'ALI (Associazione Librai Italiani). Il *Premio Strega* è stato istituito nel 1947 dal giornalista e critico letterario Goffredo Belloncie da ₆ **sua** moglie, la scrittrice Maria (che ha anche vinto il Premio nel 1986), e deve il ₇ **suo** nome al famoso liquore Strega. La ₈ **prima** opera premiata fu *Tempo di uccidere* di Ennio Flaiano, mentre ₉ **quest'**anno il riconoscimento è andato a Paolo Cognetti con il ₁₀ **suo** romanzo Le otto montagne.

Un ₁₁ **altro** premio letterario molto prestigioso è il Campiello, nato in Veneto nel 1962 dall'idea di un gruppo di industriali. Alla testa del Comitato Fondatori c'è Matteo Zoppas, presidente di Confindustria Veneto, mentre la giuria è composta principalmente da docenti universitari. Scopo dichiarato del Campiello è "creare nuovi lettori" facendo conoscere al grande pubblico le opere selezionate dalla giuria. Il primo scrittore a ricevere il *Premio Campiello* fu Primo Levi con il ₁₂ **suo** romanzo *La Tregua*, nel 1963.

Il *Premio Bancarella*, infine, può essere definito come il più "popolare" fra ₁₃ **questi** tre, dal momento che il vincitore viene eletto dai librai e non da una giuria di colti letterati, che spesso tendono a isolarsi nella ₁₄ **loro** "torre d'avorio" e rimangono lontani dai gusti e dalle aspettative del lettore medio italiano. A dimostrazione di ₁₅ **questo** basti notare come, tra i vincitori del *Premio Bancarella*, ₁₆ **si** annoverino scrittori "leggeri" o più tipicamente di intrattenimento, quali l'autrice di romanzi rosa Anna Pontremoli (vincitrice nel 2013 con la commedia *Ti prego, lasciati odiare*) o Donato Carrisi (nel 2009 con il thriller Il suggeritore).

Il *Premio Bancarella* ₁₇ **si** distingue dagli ₁₈ **altri** citati anche perchè non premia esclusivamente autori italiani: tra i vincitori, per citare solo ₁₉ **alcuni** scrittori stranieri insigniti del Premio, ₂₀ **ci** sono personaggi famosi come Elizabeth Strout, Ken Follett e John Grisham.

La pillola grammaticale

Aggettivi indefiniti danno indicazioni generiche, cioè non precise, riguardo alla quantità o alla qualità di qualcuno o di qualcosa, hanno l'indeterminatezza.

Quindi, gli aggettivi indefiniti si usano per indicare la quantità o la qualità non precisa di cose o persone.

Alcuni aggettivi hanno maschile, femminile, singolare e plurale:

SOLUZIONI E APPROFONDIMENTI

alcuno, -a, alcuni, -e
altro, -a, altri, -e
altrettanto, -a, altrettanti, -e
diverso, -a, diversi, -e
parecchio, -a, parecchi, -e
molto, -a, molti, -e
poco, -a, pochi, -e
tanto, -a, tanti, -e
troppo, -a, troppi, -e
tutto, -a, tutti, -e
certi, -a, certi, -e

Esempio

*Ho **molte** cose da fare oggi.*
***Certi** viaggi sono indimenticabili!*
*Ci sono **diversi** negozi in questa zona.*
*Ho incontrato **tanta** gente simpatica alla festa.*
*Non posso darti un appuntamento **certo**.*
*Ci vedremo un **altro** giorno.*
*La mamma ha parlato con **tutti** i professori (l'aggettivo tutto precede sempre l'articolo).*

Alcuno nelle frasi negative ha il significato di nessuno:

Esempio

Non ho alcuna voglia di studiare oggi (=nessuna voglia).
Durante la vacanza non abbiamo visitato alcun museo (=nessun museo).

Altri aggettivi hanno solo due forme, maschile e femminile plurale:

nessuno, -a
ciascuno, -a

Esempio

Non vedo nessuna borsa su questo tavolo.
Ciascun passeggero deve stare seduto al proprio posto.

Nessuno si usa sempre con la negazione non.

Altri aggettivi hanno una sola forma che non cambia e vale per tutte le persone e i numeri:

qualche
ogni
qualsiasi/qualunque

SOLUZIONI E APPROFONDIMENTI

Esempio

La lezione è durata qualche ora.
Faccio colazione ogni mattina alle 7:00.
Per me va bene qualsiasi ristorante.
Puoi passare a trovarmi qualunque giorno della settimana.

PROVA N.2

Carlo Verdone: "spero che le sale non (morire) muoiano$_0$ mai"

"Mi sembra un miracolo e un privilegio **aver trascorso**$_1$ 42 anni di carriera nel mondo del cinema. Soprattutto oggi che **si consuma**$_2$ tutto con grande rapidità. Oggi, per un attore, è difficile entrare nel cuore delle persone, il pubblico degli anni '80 e '90 non c'è più. I giovani **usufruiscono**$_3$ dei film in modo diverso, con gli smartphone, ma io spero che la sala non **muoia**$_4$ mai, con la sua aggregazione". Così Carlo Verdone, attore e regista, a Pistoia al film festival 'Presente Italiano' che gli **ha dedicato**$_5$ una retrospettiva e una mostra fotografica dei suoi film.

"Ognuno se lo **guarda**$_6$ come vuole - ha aggiunto **rispondendo**$_7$ alle domande del pubblico -, ma il cinema, con il suo racconto, ha ancora più anima delle serie tv. Nelle serie **girano**$_8$ 15 minuti al giorno e c'è molta post-produzione. Molte serie **sono scritte**$_9$ benissimo, ma il cinema d'autore è un'altra cosa". Verdone, **spiega**$_{10}$ una nota, ha poi raccontato la sua carriera: "Ho cominciato$_{11}$ con Sergio Leone e mi **hanno insegnato**$_{12}$ cosa vuol dire sceneggiare un film". E a chi gli ha chiesto cosa **cambierebbe**$_{13}$ della sua carriera, il regista e attore ha risposto: "Io non **cambierei**$_{14}$ niente della mia carriera, anche se il giudice supremo è sempre il pubblico. Ogni film mi **è servito**$_{15}$ per affrontare quello dopo con maggiore concentrazione e coraggio. Serve **prendere**$_{16}$ un gradino male, serve per prendere salita nella maniera migliore. Io non mi **ritengo**$_{17}$ grande autore, scrivo commedie, ma ho sempre lavorato con serietà". E poi sulla comicità nei cinema **ha aggiunto**$_{18}$: "Sorrentino? Mi ha chiesto di fare quel ruolo lì ne La Grande Bellezza e mi **chiese**$_{19}$ di mettere un po' della mia anima. Quindi ben venga una proposta non comica, magari un film drammatico ma deve essere consistente e venire incontro alle mie corde. I miei film comici **hanno**$_{20}$ tanta malinconia".

PILLOLE GRAMMATICALI

L'**infinito** è uno dei modi indefiniti del verbo e ammette due soli tempi: presente e passato.

Es. *Mangiare* (presente);

Avere mangiato (passato).

Può avere uso verbale o sostantivato.

Si comporta come un **verbo** nelle poche frasi semplici in cui compare: esclamative, volitive, ottative,

SOLUZIONI E APPROFONDIMENTI

imperativo negativo, interrogative dirette con valore dubitativo.

Es. Che dire?

Non camminare!

Tenere la sinistra!

Nelle enunciative troviamo talvolta un infinito detto "narrativo", che indica la circostanza improvvisa, l'insorgenza inattesa, spesso introdotto da "ecco".

Es. Mangiavo la mia mela rossa ed ecco comparire la strega cattiva.

L'infinito si può trovare anche nelle frasi nominali, spesso utilizzate in ambito giornalistico e nei titoli, proprio per la sua ambiguità.

Nelle subordinate troviamo l'infinito in tutti i costrutti impliciti: completive, causali, dichiarative, concessive relative, limitative, temporali, avversative, esclusive, interrogative indirette, comparative.

Es. Invece di parlare, canta. (Avversativa).

Infine, si usa anche in accompagnamento a verbi servili e fraseologici.

Es. Devo mangiare.

Sto per cadere dalla sedia.

L' infinito si dice sostantivato quando a tutti gli effetti si comporta come un sostantivo, ed è quindi accompagnato da un articolo, da una preposizione articolata; più in generale, da un determinante.

Es. Tra il dire e il fare...

Luisa è la più brava a cantare questa canzone.

Ma in realtà la presenza del determinante non è sempre necessaria.

Fumare nuoce alla salute.

Davanti all'infinito, le preposizioni semplici "in" e "con" diventano obbligatoriamente articolate. L'uso della preposizione semplice è attestato solo nell'italiano antico.

Es. Crederono poter rinnovarla con allargarne le facoltà (Carducci).

Infine, alcuni infiniti sostantivati, in seguito a un uso ripetuto, hanno finito per diventare veri e propri nomi, si sono cioè lessicalizzati e hanno assunto tutte le caratteristiche del sostantivo: accordo del numero e del genere, determinanti, eccetera. È il caso, ad esempio, di essere, potere, dovere, mangiare, bere.

Es. L' essere vivente è prezioso.

Il mangiare per domani è nel frigo.

I doveri del cittadino.

SOLUZIONI E APPROFONDIMENTI

PROVA N.3

0.	A) cifra	B) numero	C) prezzo	D) cara
1.	A) acquisto	B) **asta**	C) commercio	D) negozio
2.	A) prezzo	B) **cifra**	C) numero	D) costo
3.	A) notaio	B) notevole	C) **noto**	D) celebrativo
4.	A) rappresenta	B) vede	C) **raffigura**	D) proietta
5.	A) **precedente**	B) strumenti	C) attrezzi	D) opzioni
6.	A) opera	B) **quadro**	C) immagine	D) disegno
7.	A) ha detto	B) ha risposto	C) **ha commentato**	D) ha criticato
8.	A) **vendita**	B) acquisto	C) cessione	D) cedimento
9.	A) **dipinto**	B) immagine	C) disegno	D) opera
10.	A) preludio	B) prologo	C) **titolo**	D) indice
11.	A) rappresentanza	B) sviluppato	C) **rappresentato**	D) presentato
12.	A) mostrato	B) **esposto**	C) spostato	D) visto
13.	A) **fa**	B) fra	C) fatti	D) già
14.	A) **clamorosamente**	B) incredibilmente	C) finalmente	D) ovviamente
15.	A) stupefacenti	B) **stupiti**	C) stupore	D) sorprendenti

Avverbi di affermazione:

sì, sicuro, sicuramente, certo, certamente, ovviamente, davvero, esatto, esattamente, appunto, di sicuro, per davvero, per l'appunto, di certo, ecc.

Esempi:

1. A: Hai fatto i compiti per domani?

   B: *Sì!*

2. A: *Sicuramente* stasera andrò al cinema con gli amici. Vuoi venire con noi?

   B: *Certamente*, aspettatemi!

3. *Per l'appunto*, come dicevo prima.

4. Questo piatto è *davvero* delizioso.

5. *Ovviamente* stavo scherzando!

Avverbi di dubbio:

probabilmente, forse, quasi, eventualmente, nel caso, semmai, nell'eventualità, ecc.

Esempi:

Probabilmente non è ancora in casa in questo momento.

Nel caso tu volessi comprare qualcosa, chiamami!

Hai *quasi* finito di studiare?

Laura *forse* verrà a trovarci la prossima settimana.

Eventualmente, se riusciamo a raggiungerti, ti chiameremo.

SOLUZIONI E APPROFONDIMENTI

PROVA N.4

1	2	3	4	5	6	7	8	9	10
c	a	b	d	b	a	c	a	a	c

Indicazioni

Mi sono perso.
I am lost.
Non sapere dove ti trovi.

Può mostrarmi dov'è sulla cartina?
Can you show me where it is on the map?
Chiedere dove si trova un certo luogo sulla cartina.

Dove posso trovare ____?
Where can I find___?
Chiedere dove si trova una certa costruzione
... un bagno?
... a bathroom?

... una banca/sportello di cambio
... a bank/an exchange office?

... un albergo?
... a hotel?

... un benzinaio?
... a gas station?

... un ospedale?
... a hospital?

... una farmacia?
... a pharmacy?

... un grande magazzino?
... a department store?

... un supermercato?
... a supermarket?

.. la fermata dell'autobus?
... the bus stop?

... la fermata della metro?
... the subway station?

... un ufficio di informazione turistica?
... a tourist information office?

... un bancomat/sportello bancario automatico?
... an ATM/a cash machine?

Come si arriva ___?
How do I get to___?
Chiedere indicazioni per uno specifico luogo
... al centro?
... the downtown area?

... alla stazione del treno?
... the train station?

... all'aeroporto?
... the airport?

... alla centrale di polizia?
... the police station?

... all'ambasciata di [paese]?
... the embassy of [country]?
l'ambasciata di un certo paese

Ci può consigliare un buon ___?
Can you recommend any good___?
Chiedere consiglio su un certo luogo.

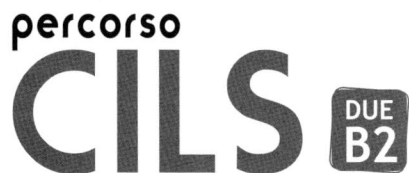

percorso CILS DUE B2

PRODUZIONE SCRITTA COMPLETA 1

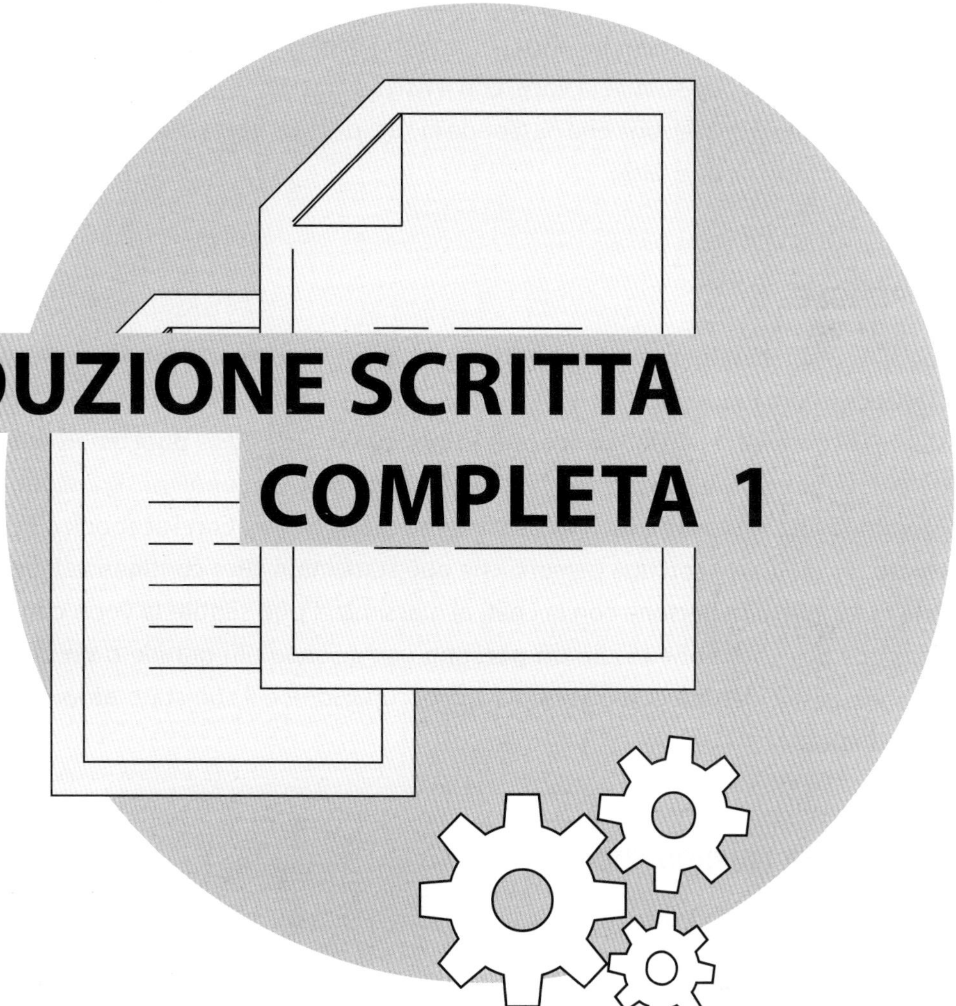

- **PRODUZIONE SCRITTA**

  PROVA N.1

  PROVA N.2

PRODUZIONE SCRITTA - PROVA N.1

I social network sono entrati nella vita di giovani e adulti. Quali pensi siano i vantaggi e quali gli svantaggi del loro uso quotidiano? Devi scrivere da 120 a 140 parole.

> I social network hanno un posto importante nella vita dei ragazzi, non solo, anche dei adulti. Marc Zuckerberg fondò Facebook il 4 febbraio 2004, mentre studiava presso l'Università di Harvard. Nonostante Facebook è un fantastico mezzo con quale puoi tenere i legami creati con alcune persone, è molto rischioso perchè i dati e i file multimediali condivisi si possono totalmente perdere e potrebbero venire utilizzati in modo sbagliato e non gradito. Con Facebook è possibile anche chattare privatamente con una persona che può stare in un altro continente. Però non si può conoscere reale una persona con la chat, al massimo si può sentire la voce, con il rischio che non è quella che dice: potrebbe essere un persona più grande o un persona che nasconde la sua identità, il suo sesso, la sua occupazione e il suo stato amorevole dietro notizie false.
> […]

CORREZIONE

I social network hanno un posto importante nella vita dei ragazzi *ma*, non solo, anche **dei** *degli* adulti. Marc Zuckerberg fondò Facebook il 4 febbraio 2004, mentre studiava presso l'Università di Harvard. Nonostante Facebook **è** *sia* un fantastico mezzo **con quale** *con il quale* puoi tenere i legami creati con alcune persone, è molto rischioso perchè i dati e i file multimediali condivisi si possono totalmente perdere e potrebbero venire utilizzati in modo sbagliato e non gradito. Con Facebook è possibile anche chattare **privato** *privatamente* con una persona che può stare in un altro continente. Però non si può conoscere **reale** *realmente* una persona con la chat, al massimo si può sentire la voce, con il rischio che non **è** *sia* quella che dice: potrebbe essere **un persona** *una persona* più grande o **un persona** *una persona* che nasconde la sua identità, il suo sesso, la sua occupazione e il suo stato **amorevole** *sentimentale* dietro notizie false.
[…]

CONSIGLI PER LA PRODUZIONE SCRITTA

- Attenzione all'uso delle preposizioni articolate: DELLO, DELLA, DEGLI, DELLE, DEI.

- Attenzione particolare ai pronomi relativi: QUALE.

	MASCHILE	FEMMINILE
SINGOLARE	il quale	la quale
PLURALE	i quali	le quali

Viene usato prevalentemente in funzione di **soggetto**, ma se si unisce a una **preposizione** può svolgere anche la funzione di **complemento oggetto e indiretto**:

Esempi:

*Un certo Gianni, **il quale** è mio amico, vorrebbe conoscerti* (soggetto: Gianni, che è mio amico).

*Il tavolo **sul quale** sta il libro è instabile* (complemento di stato in luogo: unione della preposizione articolata **sul + quale**).

*Gli amici **coi quali** siamo usciti erano molto simpatici* (complemento di compagnia: unione della preposizione articolata **coi + quali**).

- Dopo la congiunzione NONOSTANTE il congiuntivo è obbligatorio.

Le frasi concessive (si chiamano così perché esprimono una concessione) sono introdotte dalle seguenti congiunzioni:

1. Anche se + modo indicativo;

2. Nonostante (che)/sebbene/benché + modo congiuntivo;

3. Pur + modo gerundio (normalmente nella lingua scritta o in un registro formale);

4. Malgrado/nonostante + sostantivo (in questo caso si tratta di preposizioni).

Esempi:
Nonostante le sue ottime capacità, non riuscì nell'impresa.
Sebbene / Benché / Nonostante / Malgrado fosse una persona molto capace, non riuscì nell'impresa.

- Dopo CON IL RISCHIO CHE il congiuntivo è obbligatorio.

- Attenzione alla differenza fra aggettivi ed avverbi.

Gli aggettivi accompagnano sempre un sostantivo e concordano con esso in genere e numero, mentre gli avverbi no. Le congiunzioni collegano sempre due elementi, mentre gli avverbi si riferiscono ad uno solo. Le particelle ci e vi possono essere o pronomi o avverbi.

Esempi: *un uomo ricco, una donna bellissima, la sua macchina, questa settimana...*

Gli avverbi sono parti invariabili del discorso che servono a modificare il significato delle parole a cui si affianca. Vi sono:
- avverbi di modo (velocemente, bene, male...);
- avverbi di tempo (ancora, ora, mai, sempre...);
- avverbi di luogo (là, qua, su, giù...);
- avverbi di quantità (poco, tanto, parecchio...);
- avverbi di valutazione (purtroppo, giustamente...);
- avverbi di affermazione o certezza (certamente, sicuramente, appunto...);
- avverbi di negazione (no, nè, neppure, nemmeno...);
- avverbi di dubbio (forse, magari, chissà...);
- avverbi interrogativi ed esclamativi (come, dove, quando...);

PRODUZIONE SCRITTA - PROVA N.2

Racconta che cosa hai fatto nel fine settimana. Devi scrivere da 80 a 100 parole.

Il fine settimana fa, due amici di la colombia erano con me. Uno si chiama Pedro e lui è Erasmus in France, il altro raggazzo ancora è Erasmus ma di Spagna. Loro erano in Torino per stare con me e per conoscere la bella città. Noi siamo andati al ristorante "Da Cristina" ed eravamo felici. Abbiamo mangiato la pizza Margherita e dopo siamo andati a bere la birra in birreria. Siamo divertiti molto e dopo siamo andati a passeggiare in centro ed abbiamo fermato un poco sul fiume. Abbiamo aspettato amici e dopo tutti insieme a casa camminando.

CORREZIONE

Il fine settimana **fa** *scorso*, due amici **di la** *della* Colombia erano con me. Uno si chiama Pedro e lui è Erasmus in **France** *Francia, anche* **il** *l'*altro **raggazzo** *ragazzo* **ancora** è Erasmus ma **di** *della* Spagna. Loro erano **in** *a* Torino per stare con me e per conoscere la bella città. Noi siamo andati al ristorante "Da Cristina" ed eravamo felici. Abbiamo mangiato la pizza Margherita e dopo siamo andati a bere **la** *una* birra in birreria. *Ci siamo* divertiti molto e dopo siamo andati a passeggiare in centro ed **abbiamo fermato** *ci siamo fermati* un **poco** *po'* sul fiume. Abbiamo aspettato amici e dopo **tutti insieme a casa camminando** *siamo andati tutti insieme a casa a piedi*.

CONSIGLI PER LA PRODUZIONE SCRITTA

• Attenzione all'uso del SI

L'uso del Si

Il **SI** è una particella che può avere diversi usi:

✓ Si riflessivo

La particella SI la usiamo per formare i verbi riflessivi. Esistono diversi tipi di verbi riflessivi e dunque diverse funzioni della particella SI:

1. il SI coincide con il soggetto e svolge la funzione di complemento diretto (oggetto).

   Esempi:

   Paola si veste = (Chi veste Paola?) Paola veste se stessa.
   Carlo e Franco si divertono in discoteca = (Chi divertono Carlo e Franco?) Carlo e Franco divertono se stessi.

2. il SI coincide con il soggetto ma svolge la funzione di complemento indiretto (di termine).

   Esempi:
   Carla e Mario si lavano le mani = (A chi lavano le mani?) Carla e Mario lavano le mani a se stessi.
   Elisa si è comprata un vestito rosso = (A chi ha comprato il vestito Elisa?) Elisa ha comprato un vestito rosso a se stessa.

3. il SI si usa con i verbi in cui l'azione è condivisa da due o più persone.

Esempi:

Paolo e Francesca si amano molto = (Paolo ama Francesca e Francesca ama Paolo).
Stefano e Maria si vedono tutte le domeniche a pranzo = (Stefano vede Maria e Maria vede Stefano).

✔ Si impersonale

Attenzione: è importante non confondere il "Si passivante" con il "Si impersonale". Il Si usato per la forma passiva può avere un oggetto; il Si usato per la forma impersonale non può avere un oggetto, ma può essere seguito da un avverbio o da un verbo all'infinito. Non si riferisce a un oggetto e l'azione espressa è compiuta idealmente da un soggetto generico, non espresso.

Esempi:

In Italia si mangia bene = si impersonale
(Le persone in generale mangiano bene: la cucina è buona)

In Italia si mangia molta pasta = si passivante

D'estate si usa andare al mare = si impersonale
(Le persone in generale vanno al mare d'estate)

In Italia si usa l'olio d'oliva come condimento = si passivante

In vacanza si ama riposare = si impersonale
(Le persone in generale amano riposare durante le vacanze)

In Italia si ama il caffè = si passivante

PRODUZIONE SCRITTA COMPLETA 2

- **PRODUZIONE SCRITTA**
  PROVA N.1
  PROVA N.2

PRODUZIONE SCRITTA - PROVA N.1

Racconta un film o un libro italiano che hai letto. Devi scrivere da 120 a 140 parole.

Ho visto un film di Veronesi, una commedia che fa ridere che racconta la storia di tre uomini italiani che incontrano per caso durante vacanze fuori da Italia. Il direttore mostra le situazioni dei pregiudizi sui italiani, per esempio la problema con inglese e con le donne. A volte è divertente ma a volte parte dei scherzi è imbarazzante.
[...]

CORREZIONE

Ho visto un film di Veronesi, una commedia che fa ridere che racconta la storia di tre uomini italiani che *si* incontrano per caso durante *le* vacanze fuori **da** *dall'* Italia. Il **direttore** *regista* **ne** mostra le situazioni dei **pregiudizi** *pregiudizi* **sui** *sugli* italiani, per esempio **la** *il* problema con *l'* inglese e con le donne. A volte **ne** è divertente ma a volte *una* parte **dei** *degli* scherzi è imbarazzante.

CONSIGLI PER LA PRODUZIONE SCRITTA

• Attenzione **all'uso del NE**

NE è una particella che ha la funzione di pronome e può avere diversi usi. Può essere usato come:

Pronome personale indiretto: di lui, di lei, di loro, da lui, da lei, da loro.

Esempi:

*È da tanto tempo che non vedo Carla e Giacomo: non **ne** so niente. (**di loro**)*

*Non ho letto il libro, ma **ne** ho sentito parlare bene. (**del libro**)*

Pronome partitivo: indica una parte della quantità di qualcosa, o nessuna parte di qualcosa: di questo-a, di questi-e.

Esempi:

*A: Vuoi bere una birra? - B: No, grazie. Non **ne** bevo mai. (= **di birra**)*

*A: Quanti libri hai comprato? - B: **Ne** ho comprati tre (= **di libri**)*

PRODUZIONE SCRITTA - PROVA N.2

Scrivi una presentazione di te stesso/a da presentare per / ad un colloquio di lavoro. Devi scrivere da 80 a 100 parole.

> Egregio Direttore
> sono interessata nel posto di lavoro che Lei sta offrendo in la sua azienda. Considero che ho le competenze necessarie per complire i requisiti del posto. Ho esperienza in lavoro di gruppo, controllo del tempo, bravo con i clienti, comunicativo. Anche ho lavorato con diversi programe di computer. La mia esperienza lavorativa è più di 3 anni nel settore economico. Sarebbe un piacere lavorare con Lei.
> La ringrazzio per il suo tempo.

CORREZIONE

Egregio Direttore
sono interessata **nel** *al* posto di lavoro che Lei sta offrendo **in la** *nella* sua azienda. **Considero che ho** *Credo di avere* le competenze necessarie per **complire** *soddisfare* i requisiti del posto. Ho esperienza **in** *nel* lavoro di gruppo, **controllo** *nella gestione* del tempo, *sono* bravo con i clienti, comunicativo. **Anche ho lavorato** *Ho anche lavorato* con diversi **programe** *programmi* di computer. La mia esperienza lavorativa è più di 3 anni nel settore economico. Sarebbe un piacere lavorare con Lei.
La **ringrazzio** *ringrazio* per il suo tempo.

CONSIGLI PER LA PRODUZIONE SCRITTA

• Attenzione all'uso delle preposizioni dopo i verbi!

Verbi che reggono la preposizione "di" davanti all'infinito.

chiedere: Ti chiedo di non fare questo.	**dire**: Mi hanno detto di non comprare il giornale.
proibire: Mi hanno proibito di entrare.	**decidere**: Ho deciso di rimanere in Italia.
pensare: Penso di uscire domani.	**augurare**: Ti auguro di passare un buon fine settimana.
cercare: Cerca di capirmi.	**dimenticarsi**: Alberto si è dimenticato di comprare il pane.
accorgersi: Avevo bevuto troppo e non mi sono accorto di avere esagerato.	**ricordarsi**: Ti sei ricordato di chiudere le finestre?
dimenticarsi: Alberto si è dimenticato di comprare il pane.	**sperare**: Spero di vederti presto.

PRODUZIONE SCRITTA COMPLETA 3

- **PRODUZIONE SCRITTA**
  PROVA N.1
  PROVA N.2

PRODUZIONE SCRITTA - PROVA N. 1

Prova a descrivere le differenze fra il nord e il sud dell'Italia. Devi scrivere da 120 a 140 parole.

Esistono tante differenze fra nord e sud; di un punto di visione economica, il nord è più sviluppato, c'è le industrie al nord, l'agricultura al sud.
La clima è anche diversa, fa meno caldo al nord e più caldo a sud con il clima mediterraneo.
La mentalità non sono le stesse, in effetto la gente del nord è più veloce e stresata con il ritorno in grandi città. Nel sud si vive più lente. Con un modo di vita di salutare.
C'è anche una differenza importante, il cibo, i piatti tippici, per esempio si mangia più al sud che al nord.
[…]

CORREZIONE

Esistono tante differenze fra nord e sud; **di** *da* un punto di **visione economica** *vista economico*, il nord è più sviluppato, **c'è** *ci sono* le industrie al nord, l'**agricultura** *agricoltura* al sud.
La *Il* clima è anche divers**a** *diverso*, fa meno caldo al nord e *più* caldo **a** *al* sud con il clima mediterraneo.
La *Le* mentalità non sono le stesse, in effett**o** *effetti* la gente del nord è più veloce e **stresata** *stressata* con **il ritorno in** *la vita nelle* grandi città. Nel sud si vive più **lente** *lentamente*. Con **un modo** *uno stile* di vita **di** *più* salutare.
C'è anche una differenza importante, il cibo, i piatti **tippici** *tipici* per esempio si **mangia** *mangiano* più al sud che al nord.

CONSIGLI PER LA PRODUZIONE SCRITTA

• Attenzione ai plurali

Esistono alcuni nomi che al singolare e al plurale presentano un'unica forma:

- Nomi composti da un'unica sillaba (monosillabici): il re/i re, il tè/i tè, il sé/i sé, il dì/i dì, ecc.
- Nomi che terminano con vocale accentata: il caffè/i caffè, la virtù/le virtù, la città/le città, il bebè/i bebè, ecc.
- Nomi che terminano in consonante: l'autobus/gli autobus, il tram/i tram, lo sport/gli sport, ecc.
- Nomi che terminano in -i: la crisi/le crisi, la parentesi/le parentesi, la cisti/le cisti, ecc.
- Nomi abbreviati: la foto/le foto, la bici/le bici, la moto/le moto, ecc.
- Nomi di origine straniera: il software/i software, la mousse/le mousse, il mouse/i mouse, ecc.

PRODUZIONE SCRITTA - PROVA N. 2

Scrivi una lettera al tuo padrone di casa per informarlo che vuoi cambiare appartamento. Devi scrivere da 80 a 100 parole.

> ~~Buongiorno~~ *Gentile Signore/a*,
> Le scrivo per **dire** *comunicarle* che vorrei cambiare appartamento. Io e la mia fidanzata **voliamo** *vogliamo* prendere una casa più grande e in *un'*altra zona. Vorrei poter lasciare la casa prima **che** *di* due mesi se possibile, la casa che ci piace è pronta **in** *fra* poco tempo. È possibile? Vorrei avere ~~tutta la nota di spese che doviamo pagare~~ *tutti i documenti con le spese che dobbiamo pagare*. ~~Lo~~ *La* ringrazio molto per la cortesia di questo tempo. Spero che ~~trova~~ *trovi* presto un altro per questa casa. Attendo **tue** *sue* notizie presto.
> [...]

CONSIGLI PER LA PRODUZIONE SCRITTA

FORMULE DI APERTURA E DI CHIUSURA NELLE LETTERE FORMALI

La formula di apertura	La formula di chiusura

- Gentile Signora
- Gentile signora/signorina + cognome
- Egregio Signore/Dottore
- Egregio signor/dottor + cognome
- Abbreviazioni:
  Gent.ma Sig.ra o sig.na (Gentilissima Signora o Signorina)
  Egr. Sig. + cognome = Egregio Signor ...
  Sig.ra + cognome = Signora ...
  Sig.na + cognome = Signorina ...
  Spett.le + nome della ditta = Spettabile ...
  Alla Cortese att.ne (attenzione)
  C.A (cortese attenzione)
- Se il destinatario possiede un titolo riconosciuto è bene scriverlo, sostituendolo al semplice Signor o Signora. È possibile dunque utilizzare:
  Dott. - Dott.ssa (dottore - dottoressa = che possiede il titolo di Laurea),
  Avv. (avvocato),
  Geom. (geometra),
  Ing. (ingegnere),
  Arch. (architetto),
  Rag. (ragioniere), ecc.
	- Ringraziando anticipatamente per la sempre cortese collaborazione porgo cordiali/distinti saluti.
	
	- Ringraziando per la cortese attenzione che vorrà accordarmi porgo cordiali/distinti saluti.
	
	- In attesa di riscontro, resto a disposizione per chiarimenti e porgo cordiali saluti.
	
	- L'occasione mi è gradita per porgere c.s.
	
	- Grazie e cordiali saluti.
	
	- Le porgo i miei distinti saluti.
	
	- La prego di voler gradire i miei più distinti saluti.
	Distinti saluti.
	Un cordiale saluto.

percorso
CILS DUE B2

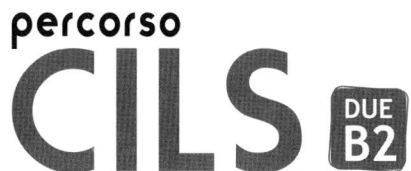

PRODUZIONE ORALE COMPLETA 1

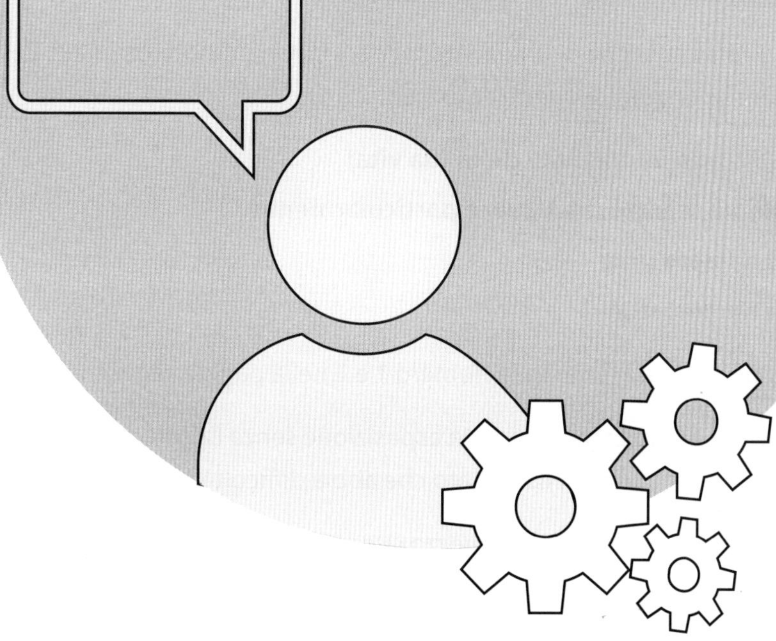

- **PRODUZIONE ORALE**

  PROVA N.1

  PROVA N.2

PRODUZIONE ORALE - PROVA N.1-2

PRODUZIONE ORALE
Livello: **DUE – B2**

Prova n. 1

La prova ha le caratteristiche di una conversazione faccia a faccia. L'esaminatore dovrà fare un dialogo con il candidato su uno dei seguenti argomenti:

- **descrivi come dovrebbe essere la tua città ideale;**
- **cosa pensi degli animali domestici;**
- **come immagini il futuro fra 100 anni;**
- **qual è il regalo più originale che hai ricevuto.**

Il candidato potrà scegliere uno degli argomenti. Successivamente l'esaminatore avvierà la conversazione rivolgendo al candidato una prima domanda relativa all'argomento scelto e continuerà a sollecitare la conversazione rivolgendo altre domande sulla base delle risposte ricevute dal candidato.

Durata della conversazione: 2-3 minuti circa.

Prova n. 2

La prova ha le caratteristiche di un parlato faccia a faccia monodirezionale. L'esaminatore inviterà il candidato a parlare su uno dei seguenti argomenti:

- **descrivi un ricordo importante della tua vita;**
- **un personaggio celebre che ti piace particolarmente;**
- **l'immagine numero uno;**
- **l'immagine numero due.**

Il candidato può trovare le immagini numero 1 e 2 nella pagina seguente.

Il candidato dovrà organizzare la propria esposizione senza l'aiuto dell'esaminatore, che potrà eventualmente intervenire per aiutare il candidato che abbia difficoltà a parlare.

Durata dell'esposizione: un minuto e mezzo circa.

Nella preparazione alla produzione orale è bene tener presente:

- Gestione del tempo:

Prova n. 1: 2-3 minuti circa

Prova n. 2 : 1 minuto e mezzo circa

È bene esercitarsi con un cronometro per verificare la gestione del discorso nel tempo indicato da parte del candidato.

PRODUZIONE ORALE - PROVA N. 1-2

• Lessico

Particolare attenzione al lessico, si consiglia di prendere visione del dizionario allegato a questo libro. Durante le simulazioni è consigliabile provare ad utilizzare alcune delle parole del campo semantico di riferimento.

IMMAGINE NUMERO 1

IMMAGINE NUMERO 2

CONSIGLI PER LA DESCRIZIONE DI UN'IMMAGINE

Il candidato deve osservare con attenzione l'immagine o la fotografia. Può annotarsi su un foglio bianco le parole che gli vengono in mente.

Il candidato deve analizzare e descrivere la foto o l'immagine in modo geometrico:

• la descrizione deve iniziare dallo sfondo, cioè dalla parte più lontana per poi arrivare alla parte in primo piano, cioè la parte più vicina.

- Il candidato deve partire dall'ambiente per arrivare al personaggio (se presente). Dai colori più lontani a quelli più vicini.

- Dopo aver analizzato l'immagine nella sua completezza, ora si può passare dal CHE COSA VEDO al CHE COSA SENTO, CHE COSA PROVO, ESPERIENZE, RICORDI E FANTASIE.

ESEMPIO DI UNA SIMULAZIONE D'ESAME

CHE COSA VEDO	*Nell'immagine vedo il mare. Il cielo è blu, chiaro, il sole molto forte. Forse è pomeriggio tardi. Vedo delle montagne piccole a destra. Non vedo barche o persone. Forse fa freddo. Poi vedo la spiaggia, con sabbia e c'è una ragazza che guarda il mare, è girata, ha una borsa e non ha le scarpe. Forse viene da una passeggiata. Vedo i passi sulla sabbia. Da destra.*
CHE COSA SENTO	*A me piace il mare. Quando guardo il mare sto bene. Mi rilasso. Mi piace l'odore, il profumo. Quando guardo il mare penso a quando ero bambino. Sono andato al mare tanto con papà e mamma. Mi piaceva fare il bagno nel mare. Non so nuotare ma imparerò.* *Mi piacerebbe avere una barca. Piccola per viaggiare tanto e andare dove voglio.* *[...]*

percorso CILS DUE B2

PRODUZIONE ORALE COMPLETA 2

- **PRODUZIONE ORALE**
  PROVA N.1
  PROVA N.2

PRODUZIONE ORALE
Livello: **DUE – B2**

Prova n. 1

La prova ha le caratteristiche di una conversazione faccia a faccia. L'esaminatore dovrà fare un dialogo con il candidato su uno dei seguenti argomenti:

- **Quale genere cinematografico ti piace e perché?**
- **In quale Paese secondo te si vive meglio e perché?**
- **Come immagini il tuo futuro fra 100 anni?**
- **In che modo la tecnologia ha cambiato il mondo del lavoro?**

Il candidato potrà scegliere uno degli argomenti. Successivamente l'esaminatore avvierà la conversazione, rivolgendo al candidato una prima domanda relativa all'argomento scelto e continuerà a sollecitare la conversazione, rivolgendo altre domande sulla base delle risposte ricevute dal candidato.

Durata della conversazione: 2-3 minuti circa.

Prova n. 2

La prova ha le caratteristiche di un parlato faccia a faccia monodirezionale. L'esaminatore inviterà il candidato a parlare su uno dei seguenti argomenti:

- **In che modo i social network influenzano il mondo del lavoro;**
- **Il mezzo di trasporto che preferisci e perché;**
- **l'immagine numero uno;**
- **l'immagine numero due.**

Il candidato può trovare le immagini numero 1 e 2 nella pagina seguente.

Il candidato dovrà organizzare la propria esposizione senza l'aiuto dell'esaminatore, che potrà eventualmente intervenire per aiutare il candidato che abbia difficoltà a parlare.

Durata dell'esposizione: un minuto e mezzo circa.

Nella preparazione alla produzione orale è bene tener presente:

- Gestione del tempo:

Prova n. 1: 2-3 minuti circa

Prova n. 2: 1 minuto e mezzo circa

È bene esercitarsi con un cronometro per verificare la gestione del discorso nel tempo indicato da parte del candidato.

PRODUZIONE ORALE - PROVA N. 1-2

• Lessico

Particolare attenzione al lessico, si consiglia di prendere visione del dizionario allegato a questo libro. Durante le simulazioni è consigliabile provare ad utilizzare alcune delle parole del campo semantico di riferimento.

IMMAGINE NUMERO 1

IMMAGINE NUMERO 2

CONSIGLI PER LA DESCRIZIONE DI UN'IMMAGINE

Il candidato deve osservare con attenzione l'immagine o la fotografia. Può annotarsi su un foglio bianco le parole che gli vengono in mente.

Il candidato deve analizzare e descrivere la foto o l'immagine in modo geometrico:

- la descrizione deve iniziare dallo sfondo, cioè dalla parte più lontana per poi arrivare alla parte in primo piano, cioè la parte più vicina.

PRODUZIONE ORALE - PROVA N.1-2

- Il candidato deve partire dall'ambiente per arrivare al personaggio (se presente). Dai colori più lontani a quelli più vicini.

- Dopo aver analizzato l'immagine nella sua completezza, ora si può passare dal CHE COSA VEDO al CHE COSA SENTO, CHE COSA PROVO, ESPERIENZE, RICORDI E FANTASIE.

ESEMPIO DI UNA SIMULAZIONE D'ESAME

CHE COSA VEDO	*Nell'immagine vedo una spiaggia con il mare blu. Il cielo è chiaro e nuvoloso, il sole è intenso e fa una luce particolare. La spiaggia è piccola, sembrano sassi. In primo piano vedo un pedalò con due remi e due tavolini con un ombrellone chiuso. In spiaggia c'è una sola persona sdraiata. [...]*
CHE COSA SENTO	*A me piace molto il mare. Quando lo guardo mi rilasso e provo sensazioni uniche. Amo l'odore ed il suono del mare. Mi ricordano le vacanze e le notti ad ascoltare il rumore delle onde. Credo che sia uno dei rumori più dolci e più legati a bei ricordi.* *Mi piacerebbe avere una barca anche piccola ma abbastanza forte per viaggiare e andare ovunque.* *[...]*

percorso CILS DUE B2

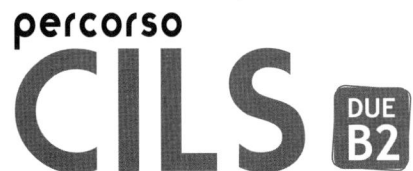

PRODUZIONE ORALE COMPLETA 3

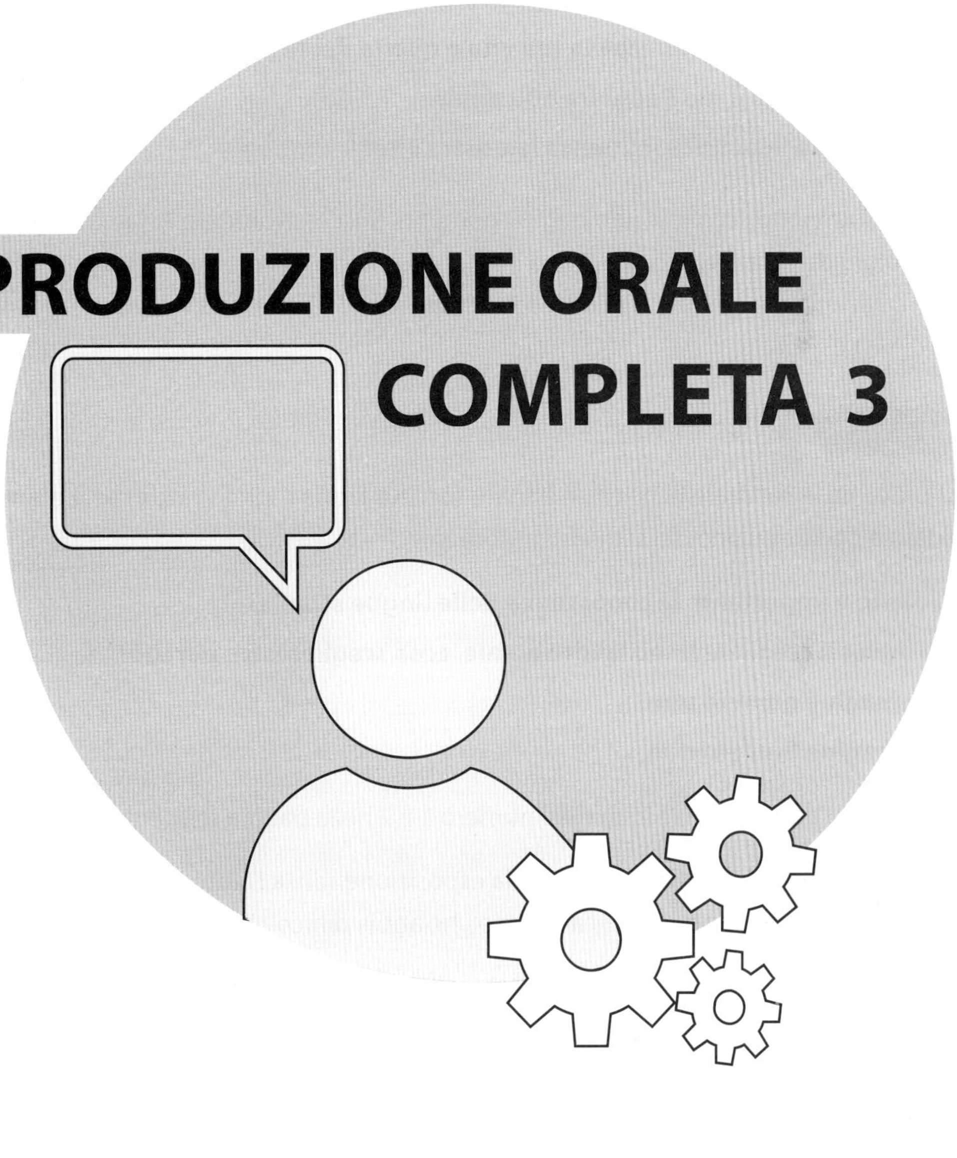

- **PRODUZIONE ORALE**

  PROVA N.1

  PROVA N.2

PRODUZIONE ORALE
Livello: **DUE – B2**

Prova n. 1

La prova ha le caratteristiche di una conversazione faccia a faccia. L'esaminatore dovrà fare un dialogo con il candidato su uno dei seguenti argomenti:

- **Cosa ti piace leggere, quale genere preferisci e perché?**
- **Come il telefonino influenza la tua vita e quella dei tuoi coetanei?**
- **Come immagini il tuo Paese fra 100 anni?**
- **In che modo la politica influenza la nostra vita?**

Il candidato potrà scegliere uno degli argomenti. Successivamente l'esaminatore avvierà la conversazione rivolgendo al candidato una prima domanda relativa all'argomento scelto e continuerà a sollecitare la conversazione rivolgendo altre domande sulla base delle risposte ricevute dal candidato.

Durata della conversazione: 2-3 minuti circa.

Prova n. 2

La prova ha le caratteristiche di un parlato faccia a faccia monodirezionale. L'esaminatore inviterà il candidato a parlare su uno dei seguenti argomenti:

- **Quanto è importante la conoscenza delle lingue straniere?**
- **Se dovessi scegliere il tuo lavoro ideale, cosa sceglieresti e perché?**
- **L'immagine numero uno.**
- **L'immagine numero due.**

Il candidato può trovare le immagini numero 1 e 2 nella pagina seguente.

Il candidato dovrà organizzare la propria esposizione senza l'aiuto dell'esaminatore, che potrà eventualmente intervenire per aiutare il candidato che abbia difficoltà a parlare.

Durata dell'esposizione: un minuto e mezzo circa.

Nella preparazione alla produzione orale è bene tener presente:

- Gestione del tempo:

Prova n. 1: 2-3 minuti circa

Prova n. 2 : 1 minuto e mezzo circa

È bene esercitarsi con un cronometro per verificare la gestione del discorso nel tempo indicato da parte del candidato.

PRODUZIONE ORALE - PROVA N. 1-2

• Lessico

Particolare attenzione al lessico, si consiglia di prendere visione del dizionario allegato a questo libro. Durante le simulazioni è consigliabile provare ad utilizzare alcune delle parole del campo semantico di riferimento.

IMMAGINE NUMERO 1

IMMAGINE NUMERO 2

PRODUZIONE ORALE - PROVA N. 1-2

CONSIGLI PER LA DESCRIZIONE DI UN'IMMAGINE

Il candidato deve osservare con attenzione l'immagine o la fotografia. Può annotarsi su un foglio bianco le parole che gli vengono in mente.

Il candidato deve analizzare e descrivere la foto o l'immagine in modo geometrico:

- la descrizione deve iniziare dallo sfondo, cioè dalla parte più lontana per poi arrivare alla parte in primo piano, cioè la parte più vicina.

- Il candidato deve partire dall'ambiente per arrivare al personaggio (se presente). Dai colori più lontani a quelli più vicini.

- Dopo aver analizzato l'immagine nella sua completezza, ora si può passare dal CHE COSA VEDO al CHE COSA SENTO, CHE COSA PROVO, ESPERIENZE, RICORDI E FANTASIE.

ESEMPIO DI UNA SIMULAZIONE D'ESAME

CHE COSA VEDO	*Nell'immagine vedo una pista da sci in mezzo agli alberi. Gli alberi circondano su tutti i lati la pista e non hanno neve. Sulla pista non c'è nessuno che scia, solo un uomo che probabilmente lavora sulle piste. Infatti ci sono anche tre mezzi parcheggiati. Il cielo è blu ed ha un colore intenso. [...]*
CHE COSA SENTO	*Ho sempre amato sciare, ho imparato quando ero piccolo e quando posso vado a sciare con gli amici. Lo sci mi rilassa e non mi fa pensare a niente, soprattutto quando le piste sono nei boschi e non c'è troppa gente. Infatti il problema maggiore è la gente. Quando ci sono troppe persone diventa pericoloso. L'immagine che sto analizzando probabilmente è una pista chiusa a fine stagione. [...]*

PROVA COMPLETA 1

- **ASCOLTO**
  PROVA N.1, PROVA N.2, PROVA N.3
- **COMPRENSIONE DELLA LETTURA**
  PROVA N.1, PROVA N.2, PROVA N.3
- **ANALISI DELLE STRUTTURE DI COMUNICAZIONE**
  PROVA N.1, PROVA N.2, PROVA N.3, PROVA N.4
- **PRODUZIONE SCRITTA**
  PROVA N.1, PROVA N.2
- **PRODUZIONE ORALE**
  PROVA N.1, PROVA N.2

ASCOLTO - PROVA N. 1

Ascolta i testi. Poi completa le frasi. Scegli una delle quattro proposte di completamento. Sentirai i testi due volte.

1. **La nuotatrice Francesca Verri è voluta diventare una nuotatrice**
   a. all'età di quattro anni.
   b. quando era molto piccola.
   c. perché motivata dai genitori.
   d. per le sue doti fisiche e capacità.

2. **Ada non pranza a casa perché deve**
   a. andare in posta per ritirare il nuovo Bancomat.
   b. passare in segreteria studenti per alcuni documenti.
   c. andare a ricevimento dal suo professore.
   d. spedire dei documenti per mezzo raccomandata.

3. **Chiara pensa di andare al mare**
   a. nelle vacanze di Pasqua.
   b. per rilassarsi un paio di giorni.
   c. con i suoi genitori.
   d. per partecipare ad un torneo di golf.

4. **Alla stazione dei treni la ragazza chiede**
   a. informazioni per andare a Genova.
   b. informazioni in merito al trasporto di bagagli.
   c. un biglietto diretto per Pisa.
   d. di modificare il suo biglietto.

5. **Il Ministero dell'Ambiente e della Tutela del Territorio ha assegnato**
   a. un importante riconoscimento a due ricercatori italiani.
   b. una borsa di studio agli studenti dell'Università degli Studi di Torino.
   c. un incentivo per lo studio dei fiumi italiani.
   d. un premio per la ricerca svolta sull'inquinamento degli oceani.

6. **L'insegnante spiega ai partecipanti del corso**
   a. quali sono le modalità di iscrizione.
   b. quanti mesi durerà il corso.
   c. il costo dei materiali da portare ad ogni lezione.
   d. il programma e le attività previste.

7. **Durante la conferenza sarà possibile**
   a. avere informazioni in merito ad un anno di studio o lavoro all'estero.
   b. conoscere gli esiti degli esami di lingua straniera.
   c. ritirare i moduli di iscrizione per partecipare al programma di mobilità studentesca.
   d. ascoltare l'esperienza di studenti stranieri in Italia.

ASCOLTO - PROVA N. 2

Ascolta il testo. Poi completa le frasi. Scegli una delle quattro proposte di completamento. Sentirai il testo due volte.

1. **La conduttrice radiofonica**
   a. inizia la trasmissione presentando l'ospite della giornata.
   b. è un' ex studentessa dell'Università di cui è rettore l'ospite in studio.
   c. conosce personalmente l'ospite in studio.
   d. è nata e cresciuta a Napoli.

2. **L'Università Suor Orsola di Napoli**
   a. rappresenta un'eccellenza nel panorama universitario del Sud Italia.
   b. è un'università statale italiana.
   c. è specializzata in discipline tecniche e scientifiche.
   d. è una nuova realtà.

3. **Nei primi quattro anni di lavoro del rettore**
   a. gli incentivi statali sono stati essenziali per l'implementazione del sistema universitario.
   b. c'è stata l'apertura di un nuovo centro di ricerca.
   c. le scienze umane si sono confermate come unico ambito di ricerca.
   d. c'è stato un potenziamento in diversi campi di ricerca.

4. **Per creare un collegamento tra studenti e mondo del lavoro**
   a. l'Ateneo organizza corsi professionalizzanti all'interno dei percorsi di studio.
   b. l'Ateneo ha stipulato accordi con alcune aziende incentivandole all'assunzione.
   c. sono previsti laboratori a pagamento al termine del percorso di studio.
   d. i professori indicano ai loro studenti gli argomenti da approfondire in vista di un colloquio.

5. **All'interno dell'Università il servizio di Job Placement**
   a. aiuta gli studenti ad orientarsi e ad entrare nel mondo del lavoro.
   b. fornisce consulenza alle aziende interessate ad assumere.
   c. organizza colloqui tra laureati e aziende.
   d. eroga borse di studio per corsi di specializzazione post-laurea.

6. **Guardando verso il futuro il rettore crede di**
   a. poter continuare ad offrire molto all'Ateneo.
   b. aver concluso i suoi anni di servizio.
   c. dover lasciare spazio ai giovani.
   d. poter ampliare le relazioni tra l'Ateneo e la città di Napoli.

7. **Il rettore crede che l'Università Suor Orsola**
   a. rivesta un ruolo fondamentale nel Mezzogiorno.
   b. rappresenti un punto di forza per la città di Napoli.
   c. sia ancora poco conosciuta in Italia.
   d. sia poco orientata ai progetti di scambio europei ed internazionali.

ASCOLTO - PROVA N.3

Ascolta il testo. Poi leggi le informazioni. Indica se le informazioni, da 1 a 12, sono Vere o False.

	Vero	Falso
1. Il festival della Cultura Creativa non è alla sua prima edizione.	○	○
2. Le iniziative del Festival sono limitate ad alcune realtà regionali.	○	○
3. Il tema scelto è rivolto agli specialisti delle aziende informatiche.	○	○
4. Bambini e ragazzi sono coinvolti nelle attività proposte per stimolarne la creatività.	○	○
5. Data la rilevanza del Festival è prevista la partecipazione della televisione e della radio.	○	○
6. A questa manifestazione partecipano enti ministeriali.	○	○
7. I 70 eventi culturali previsti si svolgeranno nei capoluoghi di regione.	○	○
8. Gli eventi culturali proposti sono uguali su tutto il territorio italiano.	○	○
9. Ai laboratori parteciperanno diverse realtà, tra cui scuole e biblioteche.	○	○
10. L'obiettivo di questa manifestazione è quello di avvicinare i giovani al mondo del lavoro.	○	○
11. In questi laboratori alcuni psicologi terranno incontri individuali con i giovani partecipanti.	○	○
12. Per avere ulteriori informazioni è possibile contattare telefonicamente gli organizzatori.	○	○

TRASCRIZIONI E SOLUZIONI - PROVA N.1

Trascrizione del testo audio

Ascolta il testo. Poi completa le frasi. Scegli una delle quattro proposte di completamento.

1.
- **Un caloroso benvenuto al nostro ospite speciale, la nuotatrice Francesca Verri. Francesca quando hai iniziato a nuotare? (uomo)**
- La prima volta che sono entrata in una piscina non sapevo ancora camminare… (donna)
- **E poi? Quando hai capito che sarebbe stata la tua professione, o meglio la tua vita?**
- Già a otto anni mi allenavo 4 volte alla settimana. Per me è stato normale iniziare a gareggiare, non sono stata mai obbligata dai miei genitori e gli allenamenti non sono mai stati una rinuncia.

2.
- **Pronto papà, sono Ada. Oggi non pranzo a casa, perché devo andare in posta a spedire una raccomandata… (ragazza)**
- Cosa devi spedire Ada? (uomo)
- **La documentazione necessaria per la domanda di borsa di studio per quel Master di cui ti avevo parlato…**
- Già, mi ricordo! Ricorda di allegare anche le referenze del tuo professore.

3.
- **Chiara, che programmi hai per questo ponte del primo maggio? (ragazzo)**
- Volevo andare al mare, i miei genitori sono via per un torneo di golf e io ho la casa libera! Vuoi venire così ci rilassiamo un paio di giorni? (ragazza)
- **Bene, non sapevo che i tuoi giocassero a golf! Comunque sì, volentieri! Che ne dici, andiamo in treno?**
- Pensavo di andare in macchina, così non abbiamo problemi di orari e prenotazioni…

4.
- **Buongiorno, vorrei fare un biglietto da Torino Porta Susa a Pisa Centrale. Ho visto sul sito internet di Trenitalia che c'è un treno alle 9:45… (ragazza)**
- Controllo subito! Ecco sì, c'è un treno Freccia Bianca che parte alle 9:45 da Porta Susa ma deve cambiare a Genova Porta Principe… (uomo)
- **Preferirei prendere un treno diretto, senza cambi, perché viaggio con tanti bagagli. È possibile?**
- Sì certamente! Sul treno che parte da Torino alle 10:45 e arriva a Pisa alle 14:55 c'è ancora qualche posto disponibile.

5.
- (voce maschile) Notizie in tempo reale, 24 ore su 24. Due ricercatori italiani dell'Università degli Studi di Torino hanno ottenuto un importante riconoscimento, il "Premio Sostenibilità e Natura", presso il Ministero dell'Ambiente della Tutela del Territorio per aver scoperto una nuova tecnica di smaltimento rifiuti nei fiumi italiani.

TRASCRIZIONI E SOLUZIONI - PROVA N.1

6.

- (voce femminile) Benvenuti al corso base di cucina biologica! Mi chiamo Sara, sono una cuoca e da oggi anche la vostra insegnante. L'incontro di oggi servirà per conoscerci e per presentarvi il corso. Le lezioni saranno tutti i lunedì sera dalle 19:30 alle 22:00. Ogni volta dovrete portare con voi un grembiule e il libro che vi è stato indicato in sede di iscrizione al corso. Insieme cercheremo di conoscere il mondo della cucina biologica con la preparazione di ottime ricette.

7.

- (voce maschile) Ciao a tutti da Radio Campus.net! In occasione della Giornate della mobilità studentesca, ricordo a tutti gli studenti che oggi pomeriggio, alle 16, si terrà una conferenza in cui verranno presentate le opportunità di studio e tirocinio all'estero per l'anno accademico 2019/2020. Non è necessario iscriversi, l'entrata è libera! Vi aspettiamo numerosi!

Soluzioni

1. B   5. A
2. D   6. D
3. B   7. A
4. C

TRASCRIZIONI E SOLUZIONI - PROVA N.2

Trascrizione del testo audio

Ascolta il testo. Poi completa le frasi. Scegli una delle quattro proposte di completamento.

- (voce femminile) Buongiorno a tutti voi che ci state ascoltando! Oggi in studio e in diretta radio abbiamo il rettore dell'Università Suor Orsola Benincasa di Napoli. Insieme a lui parleremo della ricerca, dell'Università italiana e di ciò che aspetta i nostri giovani nel futuro! Professore, quali sono le novità, gli obiettivi per i prossimi anni della sua Università?

- (voce maschile) Negli ultimi vent'anni l'Università Suor Orsola si è affermata davvero come istituzione leader nel Mezzogiorno. Un'istituzione libera, pubblica e non statale, attiva nella ricerca e nella formazione.

I primi quattro anni di lavoro, nonostante la crisi economica che ha investito il Paese e i tagli sempre più consistenti del finanziamento pubblico destinato al sistema universitario, sono stati segnati da un grande potenziamento delle attività di ricerca scientifica nei tanti ambiti delle scienze umane. Tra i nostri prossimi obiettivi c'è l'apertura del nuovo Centro di Ricerca Scienza Nuova nel settore delle nuove tecnologie applicate ai beni culturali e alla ricerca industriale.

Lei ha recentemente parlato anche della volontà di collegare i giovani al mondo del lavoro. Cosa sta facendo l'Ateneo in questo senso?

Noi ci impegniamo ad affiancare, alla didattica tradizionale, anche una metodologia di taglio pratico, che rende davvero competitivi i nostri laureati. Sono stage e laboratori che collaborano a una formazione professionalizzante, 'far fare' agli studenti credo sia il compito più difficile e impegnativo!

In pratica, come aiutate i vostri studenti e neolaureati? C'è un ufficio a cui possono rivolgersi?

Siamo stati tra i primi Atenei del Sud Italia a creare uno specifico Ufficio Job Placement, che accompagni i laureati nel loro ingresso nel mondo del lavoro. Consulenti specializzati guidano i nostri studenti nella redazione del curriculum, nella gestione dei colloqui di lavoro, orientano a percorsi formativi post-lauream specifici, o anche stage formativi in Italia e all'estero.

Ultima domanda: cosa significa essere il Rettore dell'Università Suor Orsola Benincasa di Napoli?

È un'esperienza bellissima. Ho dedicato molti anni della mia vita a questo Ateneo, al quale sento ancora di poter offrire entusiasmo e passione. Credo nel suo decisivo ruolo per questa città. Credo ancora nel ruolo di ciascuno di noi per questo territorio del quale spesso si parla osservandolo da lontano.

Soluzioni

1. A
2. A
3. D
4. A
5. A
6. A
7. B

TRASCRIZIONI E SOLUZIONI - PROVA N.3

Trascrizione del testo audio

Ascolta il testo. Poi completa le frasi. Scegli una delle quattro proposte di completamento.

- (voce femminile) Nuovo appuntamento con il Festival della cultura creativa. Dal 25 al 31 marzo torna la manifestazione promossa dalle associazioni culturali per i giovani, grazie a una ricca proposta di eventi, iniziative e laboratori diffusi su tutto il territorio nazionale. Il tema scelto per tutte le iniziative della sesta edizione è quello delle intelligenze: naturali, artificiali, tecnologiche, emotive e creative. L'obiettivo è invitare bambini e ragazzi ad ampliare il concetto di intelligenza, per scoprire e sperimentare, con l'aiuto di operatori culturali specializzati, esperienze stimolanti per far crescere la creatività. L'importanza sociale e culturale della manifestazione è testimoniata anche dalla partecipazione della Rai, Radiotelevisione italiana. Il Festival è promosso anche dal Ministero dei beni e delle attività culturali – Mibac e dalla Commissione nazionale italiana per l'Unesco.

Il tema di questa sesta edizione si svilupperà con oltre 70 eventi culturali in 45 città italiane, organizzati dalle diverse associazioni con punti di vista differenti, alla luce delle proprie specificità e di quelle del territorio di appartenenza. I laboratori e le altre attività proposte vedranno la partecipazione di rappresentanti delle associazioni e la collaborazione di scuole, musei, biblioteche e operatori culturali. L'obiettivo di questa manifestazione è quello di valorizzare il talento delle giovani generazioni, aiutandole ad affinare sia le capacità espressive sia le potenzialità creative ed innovative, strumenti indispensabili per costruire un futuro fatto di crescita ed armonia.

In occasione del Festival della cultura creativa è stato realizzato il libro *Intelligenze*, con i testi di Antonio Ferrara e le illustrazioni di Arianna Papini, edito da Carthusia edizioni. Questo libro è ideato per i ragazzi e i loro insegnanti che vogliono avvicinarsi al tema delle intelligenze multiple e della creatività.

Tutte le informazioni e i dettagli su eventi, città e sedi della manifestazione sono disponibili sul sito www.culturacreativa.it.

Soluzioni

| 1. V | 2. F | 3. F | 4. V | 5. V | 6. V | 7. F | 8. F | 9. V | 10. F | 11. F | 12. F |

COMPRENSIONE DELLA LETTURA - PROVA N. 1

Leggi il testo.

STUDENTI STRANIERI ACCOLTI IN FAMIGLIA E A LEZIONE DI AMBIENTE

1 Si rinnova anche quest'anno uno degli appuntamenti più attesi da molti studenti e famiglie delle
2 scuole superiori di secondo grado di Firenze: dal 10 al 17 marzo si svolgerà la "Settimana di scambio"
3 organizzata dai volontari di Intercultura del Centro locale di Firenze per permettere, a chi lo desidera,
4 di aprire la propria porta di casa al mondo per un breve periodo di tempo. Sono attesi per quella set-
5 timana 6 studenti stranieri di altrettante nazionalità che stanno attualmente trascorrendo il loro anno
6 di studio e di vita con Intercultura in una diversa parte dell'Italia, sempre ospitati su base volontaria da
7 una famiglia locale e stanno frequentando una scuola pubblica, così come qualsiasi adolescente italia-
8 no. "Ecosostenibilità e Agenda 2030": questo è il titolo della Settimana di scambio pensata dai volontari
9 di Firenze per permettere a questi giovani di conoscere un nuovo volto dell'Italia, un Paese, il nostro,
10 così variegato nella cultura, usi, costumi, paesaggi, gastronomia, proposte artistiche da renderlo vera-
11 mente unico e così ambito nelle scelte degli studenti stranieri.
12 Questi sei studenti prenderanno parte ad una caccia al tesoro per le strade di Firenze, all'esplorazione
13 della nostra magnifica città e visiteranno la città di Pisa.
14 I volontari di Firenze, nelle vesti di intermediatori culturali, hanno organizzato un incontro dal titolo
15 "Intercultural Cafè", previsto per venerdì 15 marzo, ore 18, presso Le Murate, in Piazza Madonna della
16 Neve, per far conoscere questi giovani studenti e la loro esperienza. Quest'incontro fornisce uno stimo-
17 lo in più per appassionarsi alle questioni internazionali e sentirsi partecipi nella ricerca delle soluzioni
18 ai problemi. Ecco perché i volontari di Intercultura invitano tutti a partecipare per non perdere l'occa-
19 sione di guardare il mondo da altri punti di vista. In questa settimana di scambio una parte importante
20 sarà dedicata agli incontri organizzati dalle scuole del territorio che dimostrano così di essere sempre
21 in prima linea nel desiderio di proseguire a lunghi passi nel processo di internazionalizzazione, offren-
22 do ai propri studenti la possibilità di conoscere culture diverse e di riflettere sull'importante tema della
23 democrazia.
24 "Alla base del progetto educativo di Intercultura - spiega Alberto Braccini, presidente del Centro locale
25 di Intercultura di Firenze - c'è la consapevolezza che lo scambio studentesco sia lo strumento privile-
26 giato di apprendimento interculturale. La settimana di scambio ne moltiplica l'impatto e la portata,
27 perché riesce ad avvicinare e a coinvolgere un numero sempre maggiore di famiglie e scuole del ter-
28 ritorio interessate a sviluppare conoscenze e strumenti che li aiutino a vivere in un mondo sempre più
29 connesso e globalizzato". L'elemento comune a tutti questi appuntamenti, oltre alla conoscenza e il
30 confronto con gli studenti provenienti da altre parti del mondo saranno le attività di educazione inter-
31 culturale a cui il gruppo classe sarà invitato a partecipare, interagendo con i giovani ospiti, per riflettere
32 su tematiche globali.

COMPRENSIONE DELLA LETTURA - PROVA N. 1

Completa le frasi. Scegli una delle quattro proposte di completamento.

1. **Durante la settimana di scambio**
   a. i volontari di Intercultura apriranno le porte di casa loro.
   b. sono coinvolti enti privati e pubblici.
   c. alcune famiglie fiorentine ospiteranno studenti stranieri.
   d. sono previste ricompense per le famiglie coinvolte.

2. **Gli studenti che partecipano al progetto**
   a. sono residenti in Italia.
   b. provengono da sei paesi diversi.
   c. sono studenti di Lingue e Letterature Straniere.
   d. hanno la stessa nazionalità.

3. **Questa settimana di scambio consente ai partecipanti di**
   a. visitare i luoghi studiati sui libri.
   b. scoprire volti unici e diversi dell'Italia.
   c. portare la loro cultura in Italia e farla conoscere.
   d. confrontarsi sulle problematiche dell'immigrazione in Italia.

4. **I sei studenti stranieri coinvolti parteciperanno a**
   a. diverse iniziative tra cui alcune attività ludiche.
   b. incontri riservati ed organizzati per loro.
   c. visite guidate organizzate dai volontari.
   d. attività di ricerca accademica.

5. **L'incontro previsto per venerdì 15 marzo**
   a. è riservato ai partecipanti allo scambio.
   b. tratta temi e problemi sollevati dagli studenti.
   c. è organizzato per trattare problematiche di rilevanza nazionale.
   d. è caratterizzato da un forte spirito di internazionalità.

6. **Tra i protagonisti di questo scambio, le scuole**
   a. si confermano forti sostenitrici all'internazionalizzazione delle loro strutture.
   b. partecipano come enti rappresentativi del territorio italiano.
   c. consentono agli studenti di conoscere a fondo la cultura italiana.
   d. non sono coinvolte direttamente nelle iniziative.

7. **Secondo Alberto Braccini questo scambio consentirà**
   a. alle scuole di adottare nuove modalità di apprendimento.
   b. di coinvolgere gli stranieri residenti in Italia.
   c. di ridurre l'impatto delle politiche di apertura economica.
   d. ai partecipanti di ampliare quelle conoscenze utili nella società odierna.

Leggi il testo.

BANDO PER 130 VOLONTARI DA IMPIEGARE IN PROGETTI DI PACE.

Con il presente bando è indetta la selezione di 130 volontari da avviare nel 2019 nei progetti dei Corpi Civili di Pace da realizzarsi all'estero (112 volontari) e in Italia (18 volontari).
I progetti hanno una durata di dodici mesi, con un orario di servizio non inferiore a trenta ore settimanali o a 1400 ore annue.
Possono partecipare alla selezione i giovani in possesso dei seguenti requisiti:
a) cittadinanza italiana, o di uno degli Stati membri dell'Unione Europea, o di un Paese extra UE purché regolarmente soggiornante in Italia;
b) aver compiuto il diciottesimo anno di età e non aver superato il ventottesimo anno di età;
Inoltre, è richiesto al candidato di:
a) essere in possesso di almeno un titolo di studio di scuola secondaria di secondo grado;
b) essere a conoscenza della lingua inglese al livello B2 e di una seconda lingua straniera funzionale al progetto.
I requisiti di partecipazione devono essere posseduti alla data di presentazione della domanda e, ad eccezione del limite di età, mantenuti sino al termine del servizio.
Ciascun giovane può presentare una sola domanda di partecipazione al bando e per un solo progetto.
La data di avvio in servizio dei volontari è differenziata per i diversi progetti e viene stabilita tenendo conto del termine delle procedure di selezione e di compilazione delle graduatorie da parte di ciascun ente.
L'avvio in servizio dovrà in ogni caso avvenire entro e non oltre il 16 settembre 2019.
Ciascun volontario selezionato sarà chiamato a sottoscrivere con il Dipartimento un contratto che fissa in € 433,80 l'assegno mensile per lo svolgimento del servizio, al quale viene aggiunta un'indennità estera giornaliera.
Per i volontari è prevista un'assicurazione relativa ai rischi connessi allo svolgimento del servizio stipulata dal Dipartimento.
Al termine del servizio verrà rilasciato al volontario, dal Dipartimento, un attestato di espletamento del servizio redatto sulla base dei dati forniti dall'ente.

COMPRENSIONE DELLA LETTURA - PROVA N.2

Leggi le informazioni. Indica se le informazioni, da 1 a 14, sono Vere o False.

	Vero	Falso
1. Il bando comprende destinazioni al di fuori dello Stato italiano.	○	○
2. Non sono previsti limiti di durata dei progetti.	○	○
3. Tra i requisiti obbligatori è prevista la laurea triennale o magistrale.	○	○
4. I candidati devono essere in possesso di determinate conoscenze linguistiche.	○	○
5. I candidati non possono superare i 28 anni di età per l'intera durata del servizio.	○	○
6. In base all'età dei candidati e al titolo di studio può essere assegnata una specifica destinazione.	○	○
7. È possibile presentare una domanda per ogni progetto per il quale si desidera concorrere.	○	○
8. L'avvio dei progetti non coincide con un'unica data.	○	○
9. I progetti non avviati per l'anno solare corrente potranno essere attivati nelle due annualità successive.	○	○
10. Ogni progetto ha una propria scadenza di presentazione delle domande.	○	○
11. Il termine ultimo, entro cui iniziare la prestazione volontaria, è fissato per il sedici settembre.	○	○
12. Il compenso erogato varia in base alla destinazione assegnata.	○	○
13. I volontari sono coperti da una polizza assicurativa.	○	○
14. A conclusione del progetto i volontari riceveranno un documento attestante la loro partecipazione.	○	○

COMPRENSIONE DELLA LETTURA - PROVA N.3

Leggi il testo. Il testo è diviso in 11 parti. Le parti non sono in ordine. Ricostruisci il testo. Scrivi il numero d'ordine accanto a ciascuna parte.

NON UNA SEMPLICE BOTTIGLIA

[1] A. Una famiglia australiana ha ritrovato, a 112 miglia a Nord di Perth, una vecchia bottiglia di gin durante una passeggiata in riva al mare.

[ ] B. Visto il valore del ritrovamento, e dopo aver scoperto la provenienza, i Signori Illman hanno deciso di portare la bottiglia e il messaggio al museo statale più vicino.

[ ] C. Una volta asciugato in forno per cinque minuti, lo hanno aperto e si sono accorti che era uno stampato in tedesco con una calligrafia molto leggera.

[ ] D. La Signora Tonya Illman, così si chiama la fortunata ritrovatrice della bottiglia, ha visto qualcosa che spuntava dalla sabbia e ha deciso di avvicinarsi.

[ ] E. Gli studiosi del museo hanno confermato che a oggi, questo è il più vecchio messaggio rinvenuto in bottiglia, risale infatti al 1886.

[ ] F. La bottiglia ritrovata è infatti solo una delle migliaia di bottiglie disperse negli oceani da imbarcazioni tedesche tra il 1864 e il 1933.

[ ] G. Quando ha visto la bottiglia ha pensato che potesse essere un oggetto di arredamento per la sua libreria, così l'ha raccolta e portata a casa.

[ ] H. I Signori Illman, incuriositi dal ritrovamento, hanno iniziato a fare ricerche sul Web e hanno scoperto l'esistenza di un piano del XIX secolo per studiare le correnti oceaniche.

[ ] I. Dopo essere arrivati a casa, la Signora Illman e il marito, hanno visto che al suo interno c'era un biglietto.

[ ] J. L'autenticità del ritrovamento è stata confermata sia dal museo australiano sia dai tedeschi. La carta del messaggio e la sua colorazione corrispondevano al periodo storico.

[ ] K. Questo biglietto era umido, arrotolato e avvolto con uno spago.

COMPRENSIONE DELLA LETTURA SOLUZIONI

Prova N.1

1. C
2. B
3. B
4. A
5. D
6. A
7. D

Prova N.2

| 1. V | 2. F | 3. F | 4. V | 5. F | 6. F | 7. V | 8. F | 9. F | 10. F | 11. V | 12. V | 13. V | 14. V |

Prova N.3

1. A
2. D
3. G
4. I
5. K
6. C
7. H
8. F
9. B
10. J
11. E

ANALISI DELLE STRUTTURE DI COMUNICAZIONE - PROVA N. 1

Completa il testo con gli aggettivi e i pronomi.

ALBERTO ANGELA. L'UOMO DELLE MERAVIGLIE

Alberto Angela, noto paleontologo, scrittore e giornalista, è figlio del famoso divulgatore scientifico Piero Angela. <u>Suo</u> $_0$ padre ha condotto per numerosi anni una trasmissione televisiva sui canali RAI. _____ $_1$ trasmissione ha ottenuto un grande successo e Alberto _____ $_2$ è diventato conduttore, insieme al padre, nel 2000. Questa trasmissione _____ $_3$ chiama Ulisse, in onda su Rai 3, la _____ $_4$ prima edizione ha ottenuto un riconoscimento televisivo.

Prima di arrivare in televisione, Alberto _____ $_5$ è laureato alla Sapienza di Roma e ha continuato i _____ $_6$ studi frequentando diversi corsi di specializzazione tra _____ $_7$ un master in paleontologia negli Stati Uniti dove _____ $_8$ ha vissuto per diversi anni.

La _____ $_9$ passione è nata dai molti viaggi fatti. I _____ $_{10}$ genitori _____ $_{11}$ hanno sempre portato sin da quando era un bambino nei _____ $_{12}$ viaggi sia in Italia che all'estero e _____ $_{13}$ hanno permesso di conoscere realtà e luoghi distanti per cultura e tradizione dall'Italia. Abbiamo provato a chieder _____ $_{14}$ di raccontar _____ $_{15}$ la _____ $_{16}$ esperienza più bella ed emozionante e ha risposto così: "Indubbiamente l'esperienza che _____ $_{17}$ porterò per sempre nel cuore è stata la spedizione nella Gola di Olduvai dove abbiamo ritrovato i resti di un uomo vissuto 1,8 milioni di anni fa. Purtroppo, durante questa spedizione, siamo stati vittime di un attacco terroristico dal _____ $_{18}$ siamo usciti tutti illesi. In _____ $_{19}$ momenti, io e gli altri scienziati, eravamo terrorizzati. Nonostante _____ $_{20}$ il ritrovamento fatto ha avuto, ed ha tuttora, una rilevanza scientifica internazionale riconosciuta dai più grandi centri di ricerca".

ANALISI DELLE STRUTTURE DI COMUNICAZIONE - PROVA N.2

Completa il testo con le forme giuste dei verbi che sono tra parentesi.

LA STORIA DEI QUEEN (ARRIVARE) <u>ARRIVA</u> ₀ NELLE SALE CINEMATOGRAFICHE ITALIANE

Dopo (**pubblicare**) _____ ₁ il primo trailer ufficiale di Bohemian Rhapsody, il film dedicato alla vita di Freddie Mercury, i produttori (**comunicare**) _____ ₂ le date ufficiali dell'uscita del film in tutto il mondo. Il film (**essere**) _____ ₃ disponibile in Inghilterra il 24 ottobre prossimo mentre in Italia non (**arrivare**) _____ ₄ prima del 29 novembre. Oltre un mese dopo, tenendo conto che in tutto il mondo il film (**essere**) _____ ₅ nelle sale a inizio mese.

Il lungometraggio (**ripercorrere**) _____ ₆ le tappe salienti della carriera del leggendario leader dei Queen, dagli esordi alla performance indimenticabile in occasione del Live Aid.

La pellicola (**essere**) _____ ₇ il secondo più grande documentario sulla musica nella storia americana e per realizzarlo (**volerci**) _____ ₈ ben 25 anni, tra cambiamenti dell'ultimo minuto, disguidi e rallentamenti tecnici. L'impresa (**sembrare**) _____ ₉ improbabile e, invece, oggi i fan di Freddie Mercury (**potere**) _____ ₁₀ rivivere un pezzo di storia della musica al cinema.

Per (**vestire**) _____ ₁₁ i panni di Freddie il regista ha scelto Rami Malek, il quale (**dichiarare**) _____ ₁₂ "Quando (**ottenere**) _____ ₁₃ questo ruolo (**pensare**) _____ ₁₄ che (**potere**) _____ ₁₅ essere una performance in grado di definire una carriera. Due minuti dopo (**pensare**) _____ invece _____ ₁₆ che questa parte (**potere**) _____ ₁₇ distruggere la mia carriera".

Secondo la critica cinematografica questa (**essere**) _____ ₁₈ una grande sfida. Le aspettative di successo sono alte e in molti (**credere**) _____ ₁₉ che questo film (**potere**) _____ ₂₀ accontentare i fan del gruppo rock più famoso degli ultimi decenni.

ANALISI DELLE STRUTTURE DI COMUNICAZIONE - PROVA N.3

Completa il testo. Scegli una delle proposte di completamento che ti diamo.

SOLO PENSARE AL CAFFÈ CI RENDE PIÙ ATTENTI E LUCIDI

Un nuovo studio $_0$ svolto dall'Università di Toronto e pubblicato sulla _____ $_1$ scientifica *Consciousness and Cognition* ha rivelato come il caffè sia una _____ $_2$ bevanda miracolosa!

Basterebbe solo pensare a una _____ $_3$ di caffè da gustare perché la nostra mente diventi più attenta e precisa. Gli studiosi hanno _____ $_4$ un effetto del caffè che può portare ad influenzare il comportamento umano. Attraverso quattro _____ $_5$ separati e coinvolgendo diversi _____ $_6$ di diversa età, sesso e provenienti da _____ $_7$ sia occidentali che orientali, hanno _____ $_8$ gli effetti che il pensiero relativo al caffè ha sui diversi individui coinvolti. Hanno _____ $_9$ che i partecipanti esposti a stimoli correlati al caffè _____ $_{10}$ il tempo come più breve, sentivano meno la stanchezza e pensavano in modo più concreto e preciso senza commettere errori.

L'effetto, però, non è stato così forte tra i partecipanti che sono nati e _____ $_{11}$ nei paesi orientali come Cina e Giappone dove la società è meno dominata dall' _____ $_{12}$ del bere il caffè almeno un paio di volte al giorno.

Secondo gli studiosi, i prossimi _____ $_{13}$ di questa ricerca riguarderanno le associazioni psicologiche che le persone hanno con altri _____ $_{14}$ come le bevande energetiche o alcoliche. In questo modo i risultati di questa ricerca dimostreranno come alcune sensazioni e stati d' _____ $_{15}$ siano correlati direttamente con ciò che mangiamo e beviamo quotidianamente.

0.	a) **studio**	b) *libro*	c) *sito*	d) *lavoro*
1.	a) rivista	b) università	c) enciclopedia	d) pagina
2.	a) colazione	b) tisana	c) bevanda	d) bibita
3.	a) ciotola	b) tazzina	c) scodella	d) caffettiera
4.	a) analizzato	b) guardato	c) visto	d) notato
5.	a) corsi	b) libri	c) studi	d) oggetti
6.	a) popoli	b) partecipanti	c) volontari	d) sportivi
7.	a) tradizioni	b) storie	c) culture	d) usanze
8.	a) notato	b) aggiunto	c) rispecchiato	d) confrontato
9.	a) studiato	b) trovato	c) scoperto	d) esplorato
10.	a) percepivano	b) provavano	c) sentivano	d) vedevano
11.	a) stati	b) cresciuti	c) sviluppati	d) diventati
12.	a) assuefazione	b) usanza	c) amore	d) abitudine
13.	a) giorni	b) scalini	c) salti	d) passi
14.	a) prodotti	b) alimenti	c) cibi	d) cocktail
15.	a) essere	b) ansia	c) amore	d) animo

ANALISI DELLE STRUTTURE DI COMUNICAZIONE - PROVA N.4

Scegli per ogni espressione una delle quattro situazioni comunicative che ti diamo.

1. **Le riviste scientifiche pubblicate dal 2002 ad oggi sono consultabili dietro prenotazione da effettuarsi sul sito internet.**
    a. È una richiesta di consulto di materiale che uno studente fa al proprio insegnante.
    b. È la prefazione di una rivista scientifica.
    c. È un avviso sulla corretta modalità di consultazione di riviste in biblioteca.
    d. È un consiglio che ti dà un amico per effettuare una prenotazione sul sito della biblioteca.

2. **Edoardo ma dove sei finito? È tutto il giorno che io e tuo padre ti cerchiamo! Ricordati che stasera l'appuntamento per la festa di tua sorella è alle 20. Non arrivare in ritardo come sempre!**
    a. È una conversazione telefonica tra madre e figlio.
    b. È un promemoria che Edoardo ha salvato sul cellulare per ricordarsi di una festa.
    c. È un messaggio che la madre manda al figlio per ricordargli dell'appuntamento.
    d. È un biglietto di auguri che Edoardo scrive alla sorella per il suo compleanno.

3. **Buonasera, vorrei chiedere le modalità di rimborso per la cancellazione di questa mattina del mio volo da Francoforte a Milano Malpensa.**
    a. È un avviso sulla cancellazione del volo da Francoforte a Milano Malpensa.
    b. È un messaggio che mandi ai tuoi genitori per avvisarli della cancellazione del volo.
    c. È una contestazione che fai alla stazione dei treni di Milano.
    d. È un reclamo scritto che invii alla compagnia aerea per ottenere un rimborso.

4. **Hanno cancellato il mio treno regionale per uno sciopero sindacale. Non arriverò mai in tempo per l'inizio della riunione. Iniziate senza di me…**
    a. È un annuncio in stazione con cui comunicano la cancellazione di un treno.
    b. È una conversazione telefonica tra te e un tuo collega in cui fissate una riunione.
    c. È un messaggio che invii ad un tuo collega per avvisarlo del tuo ritardo.
    d. Chiedi scusa al tuo capo per esserti dimenticato della riunione.

5. **Certo, signor Rossi, se vuole passare ad un altro fornitore di energia elettrica deve inviare richiesta scritta per mezzo raccomandata.**
    a. Un tuo collega ti consiglia di cambiare fornitore per l'energia elettrica.
    b. Un operatore telefonico ti spiega le modalità con cui chiedere il cambio di fornitore.
    c. È una email in cui il tuo fornitore di energia elettrica ti offre tariffe vantaggiose.
    d. Il Signor Rossi chiede al figlio di spedire una raccomandata.

6. **La parafarmacia Pashop informa i suoi clienti che scaricando l'app gratuita sul proprio smartphone sarà possibile usufruire di tariffe vantaggiose.**
    a. In una parafarmacia, una signora chiede alla cassiera di applicarle uno sconto.
    b. In una parafarmacia, una signora chiede al banco informazioni come scaricare l'applicazione.
    c. In una parafarmacia, la commessa chiede ad una cliente di mostrarle l'applicazione per ricevere lo sconto.
    d. In una parafarmacia, l'altoparlante informa i clienti dei vantaggi offerti ai possessori dell'applicazione.

ANALISI DELLE STRUTTURE DI COMUNICAZIONE - PROVA N.4

7. **Per l'emissione del certificato richiesto deve portare due marche da bollo da 2,00€. Le può comprare in una qualsiasi tabaccheria. Quando le avrà comprate torni qui allo sportello.**
   a. In tabaccheria chiedi due marche da bollo da apporre ad un certificato.
   b. Un impiegato comunale spiega le modalità di emissione del certificato richiesto.
   c. È un messaggio in cui si avvisa l'utenza della chiusura di uno sportello.
   d. Mandi una email per sapere quanto pagare per l'emissione di un certificato.

8. **Il Programma Marco Polo e Turandot è una forma di mobilità studentesca riservata agli studenti cinesi che gli consente di studiare la lingua e cultura italiana prima di immatricolarsi nelle Università italiane.**
   a. Leggi alcune informazioni relative al Programma Marco Polo e Turandot sul sito della tua università.
   b. Un tuo amico cinese ti racconta la sua esperienza dopo aver partecipato al Progetto Marco Polo e Turandot.
   c. Guardi in televisione una pubblicità ministeriale sulla mobilità studentesca.
   d. Chiedi informazioni sul Programma Marco Polo e Turandot presso l'ufficio orientamento della tua università.

9. **Parti rilassato e affida la tua macchina ai migliori specialisti del settore. Parcheggia al coperto di fronte al terminal delle partenze. Tariffe vantaggiose per chi vola con Alitalia e Meridiana.**
   a. È la pubblicità di un parcheggio aeroportuale.
   b. È la pubblicità di due compagnie aeree che offrono uno sconto per il parcheggio.
   c. È la email di un collega che ti informa sul parcheggio da usare per il viaggio di lavoro.
   d. È l'avviso della chiusura del terminal delle partenze.

10. **Presso il Circolo dei Lettori di Corso San Maurizio domenica 14 gennaio alle ore 15.00, la scrittrice albanese presenterà il suo nuovo libro *Volti in viaggio*. L'ingresso è libero.**
    a. Un tuo amico ti invita al Circolo dei Lettori.
    b. In biblioteca l'impiegata ti avvisa di un evento letterario.
    c. Su Internet leggi la notizia di presentazione di un nuovo libro.
    d. In libreria chiedi una copia del nuovo libro *Volti in viaggio*.

ANALISI DELLE STRUTTURE DI COMUNICAZIONE SOLUZIONI

Prova N.1

0. suo
1. questa
2. ne
3. si
4. cui
5. si
6. suoi
7. cui
8. ci
9. sua
10. suoi
11. lo
12. loro
13. gli
14. gli
15. ci
16. sua
17. mi
18. quale
19. quei
20. ciò

Prova N.2

0. arriva
1. aver pubblicato
2. hanno comunicato
3. sarà
4. arriverà
5. sarà
6. ripercorre
7. è
8. ci sono voluti
9. sembrava
10. potranno
11. vestire
12. ha dichiarato
13. ho ottenuto
14. ho pensato
15. sarebbe potuta
16. ho pensato
17. avrebbe potuto
18. è stata
19. credono
20. possa

Prova N.3

0. A, 1. A, 2. C, 3. B, 4. D, 5. C, 6. B, 7. C, 8. D, 9. C. 10. A, 11. B, 12, D, 13. D, 14. A, 15. D

Prova N.4

1. C
2. C
3. D
4. C
5. B
6. D
7. B
8. A
9. A
10. C

PRODUZIONE SCRITTA - PROVA N. 1

La tecnologia è entrata nella vita di giovani e adulti. Quali pensi siano i vantaggi e quali gli svantaggi del suo uso quotidiano? Devi scrivere da 120 a 140 parole.

PRODUZIONE SCRITTA - PROVA N. 2

Vuoi partecipare al programma di mobilità studentesca ERASMUS. Scrivi una email all'ufficio mobilità internazionale in cui motivi la tua richiesta di partecipazione e in cui comunichi le destinazioni preferite. Devi scrivere da 80 a 100 parole.

PROVA ORALE - PROVA N. 1

Prova n. 1

La prova ha le caratteristiche di una conversazione faccia a faccia. Il candidato dovrà fare un dialogo con l'esaminatore e dimostrare di saper interagire in una tra le seguenti situazioni comunicative:

- **Come preferisci studiare? Da solo o con gli amici? Quale pensi sia il metodo di studio più efficace? Perché?**

- **Qual è il tuo rapporto con i social media, come Facebook, Instagram e Twitter? Li usi? Se sì, quale preferisci? Quali pensi siano i vantaggi e quali gli svantaggi del loro utilizzo?**

- **Cosa pensi dell'inquinamento nel tuo paese? Lo stato adotta politiche preventive? Tu, nella vita di tutti i giorni, fai qualcosa per ridurre l'inquinamento?**

- **Segui le notizie del tuo paese? Quali notizie ti interessano? Preferisci guardare il telegiornale o leggere informazioni sul Web?**

Il candidato potrà scegliere **uno** degli argomenti. Successivamente l'esaminatore avvierà la conversazione rivolgendo al candidato una prima domanda relativa all'argomento scelto e continuerà a sollecitare la conversazione rivolgendo altre domande sulla base delle risposte ricevute dal candidato.

Durata della conversazione: 2-3 minuti circa.

PROVA ORALE - PROVA N.2

Prova n. 2

La prova ha le caratteristiche di un parlato faccia a faccia monodirezionale. L'esaminatore inviterà il candidato a parlare su uno dei seguenti argomenti:

- **Una caratteristica unica del tuo Paese.**
- **Il lavoro dei tuoi sogni.**
- **L'immagine numero uno.**
- **L'immagine numero due.**

Il candidato può trovare le immagini numero 1 e 2 nella pagina seguente.

Il candidato dovrà organizzare la propria esposizione senza l'aiuto dell'esaminatore, che potrà eventualmente intervenire per aiutare il candidato che abbia difficoltà a parlare.

Durata dell'esposizione: un minuto e mezzo circa.

IMMAGINE NUMERO 1   **IMMAGINE NUMERO 2**

PROVA COMPLETA 2

- **ASCOLTO**
  PROVA N.1, PROVA N.2, PROVA N.3

- **COMPRENSIONE DELLA LETTURA**
  PROVA N.1, PROVA N.2, PROVA N.3

- **ANALISI DELLE STRUTTURE DI COMUNICAZIONE**
  PROVA N.1, PROVA N.2, PROVA N.3, PROVA N.4

- **PRODUZIONE SCRITTA**
  PROVA N.1, PROVA N.2

- **PRODUZIONE ORALE**
  PROVA N.1, PROVA N.2

ASCOLTO - PROVA N.1

Ascolta i testi. Poi completa le frasi. Scegli una delle quattro proposte di completamento. Sentirai i testi due volte.

1. **Un signore va in Questura per**
   a. chiedere alcune informazioni sul rilascio dei documenti.
   b. aggiornare i suoi dati anagrafici e la sua residenza.
   c. denunciare il furto della sua auto.
   d. fare una denuncia.

2. **Sara telefona a Marco per**
   a. dirgli che non ha superato il concorso.
   b. chiedergli un consiglio su come affrontare un colloquio di lavoro.
   c. chiedergli di accompagnarla ad un colloquio.
   d. sapere su quale sito internet sono disponibili le graduatorie del concorso.

3. **Antonio cambia lavoro perché**
   a. è anziano ed inizia ad essere stanco.
   b. vuole lavorare in un'azienda più giovane e dinamica.
   c. ha ricevuto un'interessante offerta economica.
   d. si trasferisce in un'altra città.

4. **La professoressa Dolci ritiene che**
   a. l'argomento di tesi scelto non sia idoneo.
   b. sia meglio un incontro di persona per discutere della tesi.
   c. i capitoli scritti dallo studente siano buoni.
   d. la bibliografia di riferimento sia valida.

5. **Secondo le previsioni meteo**
   a. sabato 25 maggio ci sarà brutto tempo nelle zone montuose del Nord Italia.
   b. sulle isole ci sarà un clima primaverile.
   c. quest'anno la primavera è iniziata prima del previsto.
   d. le temperature medie saranno di 25 gradi.

6. **Il cantante Vasco Rossi**
   a. farà un tour che toccherà tutti i capoluoghi italiani.
   b. il 12 giugno festeggerà un anniversario particolare.
   c. chiuderà il tour nella sua città natale.
   d. farà un unico grande concerto a Milano.

7. **I corsi offerti da FOR.MER Piemonte**
   a. sono rivolti a privati ed aziende.
   b. si svolgono presso le scuole superiori per orientare i giovani nelle loro scelte.
   c. sono riservati a lavoratori autonomi.
   d. sono gratuiti per le persone disoccupate.

ASCOLTO - PROVA N. 2

Ascolta il testo. Poi completa le frasi. Scegli una delle quattro proposte di completamento. Sentirai il testo due volte.

1. **Il progetto di cui si parla nella trasmissione radiofonica**
   a. sta ottenendo un grande successo.
   b. è stato un grande strumento di prova per molti studenti.
   c. permetterà a numerosi studenti di lavorare nella comunicazione.
   d. verrà inaugurato dall'Università di Torino.

2. **Il progetto Unitoons è nato con lo scopo di**
   a. far conoscere la realtà universitaria all'esterno.
   b. diffondere informazioni di orientamento nelle scuole superiori.
   c. creare un canale di comunicazione innovativo.
   d. condividere materiali didattici.

3. **All'interno dell'eterogenea comunità universitaria**
   a. Unitoons opera come strumento di coesione, di creazione di un'identità comune.
   b. gli studenti sono coinvolti in vari progetti.
   c. ogni categoria ha i propri ruoli e compiti.
   d. i dottorandi e gli assegnisti godono di borse di studio erogate dalla Regione Piemonte.

4. **Il successo ottenuto dalle esperienze condotte sui social network**
   a. ha evidenziato l'importanza di usare un linguaggio d'uso quotidiano.
   b. è dato dalla partecipazione di giovanissimi.
   c. ha permesso di capire il motivo per cui i giovani ne abusano.
   d. spiega la necessità di vietarne l'uso nelle università.

5. **I protagonisti di questi brevi cartoni animati**
   a. sono i due simboli della città di Torino.
   b. sono stati scelti dagli studenti che partecipavano al progetto.
   c. vogliono rappresentare un'innovazione rispetto alla storia dell'ateneo che risale a molti anni fa.
   d. sono i due simboli storici dell'Università di Torino.

6. **Alma e Tauro avevano il compito di**
   a. creare una nuova community dedicata agli studenti.
   b. avvicinare gli studenti al sito internet dell'Università.
   c. rispondere alle domande e ai dubbi degli studenti.
   d. raccogliere le idee per nuovi progetti.

7. **Il progetto *Unitoons***
   a. rivolge lo sguardo al futuro dell'Ateneo torinese.
   b. immagina i luoghi ideali della vita universitaria.
   c. unisce tradizione ed innovazione.
   d. vuole allontanarsi dalla storia dell'Università.

ASCOLTO - PROVA N.3

Ascolta il testo. Poi leggi le informazioni. Indica se le informazioni, da 1 a 12, sono Vere o False.

	Vero	Falso
1. Antonio parla delle guerre scoppiate nei secoli scorsi.	○	○
2. Antonio parla degli attuali fenomeni migratori che interessano l'Italia.	○	○
3. Nel secolo scorso l'Italia era un Paese di forte emigrazione.	○	○
4. Il bisnonno di Antonio, Damaso, emigrò dall'Italia nel 1906.	○	○
5. Damaso abbandonò gli studi per partire per gli Stati Uniti.	○	○
6. La famiglia di Damaso era una ricca famiglia delle Marche.	○	○
7. Damaso era un sarto e cominciò presto a lavorare in bottega.	○	○
8. Un giorno Damaso decise di partire con un suo amico per gli Stati Uniti.	○	○
9. Quando Damaso arrivò negli Stati Uniti venne interrogato dalla polizia.	○	○
10. Damaso ebbe grandi difficoltà di comprensione perché non parlava né italiano né inglese.	○	○
11. In quel periodo storico l'analfabetismo stava diminuendo in Italia.	○	○
12. Fu ospite per un paio di giorni da parenti.	○	○

TRASCRIZIONI E SOLUZIONI - PROVA N.1

Trascrizione del testo audio

Ascolta il testo. Poi completa le frasi. Scegli una delle quattro proposte di completamento.

1.
- **Buongiorno! Avrei bisogno di denunciare il furto del mio portafoglio. (uomo)**
- Certo, si accomodi. Avrei bisogno dei suoi dati anagrafici, residenza e di un suo recapito telefonico. Quali documenti aveva nel portafoglio? (donna)
- **Oltre alle carte di credito, che ho già bloccato, avevo la patente, la carta di identità e il codice fiscale.**
- Perfetto, ho scritto tutto. Questa è la sua denuncia che dovrà presentare in comune per avere una nuova carta di identità. Alla patente invece ci pensiamo noi qui in Questura.

2.
- **Pronto Marco, sono Sara. Hai già visto online le graduatorie del concorso a cui abbiamo partecipato? (donna)**
- Ciao Sara! Sì le ho viste e purtroppo non sono risultato idoneo per pochi punti, e tu? (uomo)
- **Mi dispiace... Io invece sono risultata idonea e mi hanno convocata per il colloquio. Mi accompagneresti? Sai, sono molto nervosa!**
- Certamente, ti accompagnerò volentieri.

3.
- **Ehi Antonio, ho saputo la novità, cambi lavoro! Ma, se non sono indiscreta, come mai? (donna)**
- E sì, cambio lavoro ma non è un segreto! Ero stanco di questo ufficio, iniziavo a sentirmi stretto e le possibilità di crescita erano e sono poche. (uomo)
- **Capisco cosa vuoi dire. Purtroppo questa realtà è poco innovativa e le possibilità di fare carriera sono limitate!**
- Infatti, proprio per questo ho deciso di cambiare lavoro e andare in un'azienda giovane e in crescita.

4.
- **Buongiorno Professoressa Dolci! Sono venuto al ricevimento per confrontarmi con lei sulla scelta dell'argomento di tesi. (uomo)**
- Certo, ha fatto bene! È molto meglio un colloquio faccia a faccia che uno scambio di email. Mi dica, aveva qualche idea? (donna)
- **Volevo fare una ricerca sul ruolo delle donne in qualche avvenimento storico importante.**
- Penso di avere qualche idea per lei. Provi a leggere questi capitoli sulle donne della Rivoluzione francese e se le interessa possiamo iniziare a lavorarci su!

5.
- (voce maschile) Ultime notizie flash Meteo: nella giornata di domani, sabato 25 maggio, sono previsti fenomeni intensi, con piogge e grandine, sull'arco alpino. Nel resto d'Italia la condizione sarà più stabile ad eccezione delle isole dove tirerà un forte vento di libeccio. Per quest'anno la primavera si sta facendo aspettare!

6.

- (voce femminile) Con un video Vasco Rossi ha annunciato che, col nuovo tour, tornerà a San Siro per la ventinovesima volta: il 'Vascononstop Live 2019', in partenza con una data zero il 27 maggio toccherà poi solo due grandi città, Milano e Cagliari: nel capoluogo lombardo suonerà allo Stadio di San Siro per ben sei date, per poi spostarsi a Cagliari. Il 12 giugno per Vasco sarà una doppia festa: quel giorno sarà infatti per lui la 29esima volta sul palco di San Siro, traguardo raggiunto in 29 anni di tournée.

7.

- (voce maschile) FOR.MER Piemonte prepara i futuri imprenditori ad affrontare le sfide del mercato, studia la singola realtà aziendale e propone soluzioni formative personalizzate con corsi individuali e aziendali. Svolge i corsi abilitanti obbligatori come quelli per barman o ristoratori e offre servizi di orientamento al lavoro per disoccupati. Inoltre, valuta e consiglia le migliori opportunità di finanziamento per rendere più vantaggioso l'intervento formativo.

Soluzioni

1. D 5. A
2. C 6. B
3. B 7. A
4. B

TRASCRIZIONI E SOLUZIONI - PROVA N.2

Trascrizione del testo audio

Ascolta il testo. Poi completa le frasi. Scegli una delle quattro proposte di completamento.

- (voce femminile) Benvenuti su Radio Unito, l'unica radio ufficiale dell'Università di Torino. Oggi vorrei fare con voi un salto nel passato per farvi conoscere un grande progetto, oramai concluso, che ha permesso a molti studenti di provare a lavorare nel settore della comunicazione e della multimedialità.

Il progetto in questione si chiama *Unitoons* ed è nato con lo scopo di promuovere i servizi on line dell'Ateneo e di diffondere informazioni utili alla community universitaria. L'obiettivo principale del progetto è stato quello di creare, attraverso una formula multimediale e innovativa, un canale di comunicazione più diretto con gli studenti, principale target di riferimento per l'Ateneo, allo scopo di diffondere la conoscenza dei servizi a loro disposizione. All'interno di una comunità universitaria numericamente importante, con ben 70.000 studenti iscritti, oltre 4.000 dipendenti, oltre 6.000 tra assegnisti, dottorandi, specializzandi e borsisti e distribuita su gran parte del territorio della Regione, il progetto ha lo scopo di promuovere iniziative utili a rafforzare il senso di identità comune.

Il successo delle esperienze condotte dall'Università di Torino sui social network ha inoltre evidenziato l'efficacia di un contatto informale e diretto, e di un linguaggio più vicino alla quotidianità degli studenti, come quello utilizzato in una serie di cartoon con personaggi animati con tecnica digitale. Gli spot sono stati concepiti per raggiungere un target più ampio possibile, essendo fruibili dai non udenti e da studenti stranieri.

Unitoons è stata una serie di spot cartoon che vedeva come protagonisti Alma e Tauro. Alma, l'aquila, e Tauro, il toro, sono i due animali che compongono lo storico sigillo dell'Università di Torino, simbolo dell'Ateneo fin dal 1615. La proposta progettuale si è basata sull'idea di far prendere vita al sigillo dell'Università, per fare di Alma e Tauro due studenti che potessero guidare in modo divertente la community di Unito alla scoperta dei servizi online del portale unito.it.

Attraverso una serie di episodi successivi, le storie degli studenti Alma e Tauro si arricchivano di nuove avventure e, allo stesso tempo, presentavano un nuovo servizio. Nel trattare temi legati alla tecnologia e all'innovazione, il progetto *Unitoons* ha mantenuto comunque vivo il legame con la tradizione attraverso il richiamo al sigillo dell'Ateneo. L'ambientazione degli episodi richiamava inoltre i luoghi fisici della vita universitaria torinese, evidenziando il legame con il territorio e la città stessa.

Possiamo affermare che il progetto Unitoons è stato un grande successo portatore di forte innovazione. Non ci resta che aspettare un nuovo progetto simile!

Soluzioni

1. B
2. C
3. A
4. A
5. D
6. B
7. C

TRASCRIZIONI E SOLUZIONI - PROVA N. 3

Trascrizione del testo audio

Ascolta il testo. Poi completa le frasi. Scegli una delle quattro proposte di completamento.

- (voce maschile) Buongiorno a tutti, mi chiamo Antonio e oggi vorrei raccontarvi una storia comune a tantissime persone, ma che molto spesso viene nascosta, quasi per essere dimenticata. Vi vorrei parlare di migrazione, ma non di quella attuale, dove l'Italia è terra di arrivo, bensì quella del secolo scorso in cui l'Italia era il paese da cui scappare, in cerca di un futuro migliore.

Il mio bisnonno è stato uno di questi uomini coraggiosi che il 25 agosto 1906 partì per gli Stati Uniti. Si chiamava Damaso e viaggiò in terza classe, come la maggior parte delle circa 1500 persone a bordo della nave. La traversata sarebbe dovuta durare sei giorni, ma ci mise qualche giorno in più. Il 1° settembre, con appena due giorni di ritardo, arrivò a New York. Con la valigia in mano e i piedi che ancora gli ballavano per il mare, andò al banchetto immigrazione per effettuare le procedure di registrazione.

Il mio bisnonno era nato l'11 dicembre 1880 in un minuscolo paese della provincia di Ancona, nelle Marche. Era cresciuto in una famiglia di sarti e quando fu abbastanza grande per tenere in mano ago e filo senza pungersi, i suoi genitori iniziarono a farlo lavorare in bottega. Cuciva maglie e camicie a mano, faceva gli orli alle giacche, prendeva le misure. Visse la stessa vita per 26 anni. Ma i clienti erano così pochi che non riusciva a risparmiare soldi per sposarsi. Poi un giorno del 1905 un suo amico partì per gli Stati Uniti e dopo aver ricevuto una sua cartolina anche il mio bisnonno decise di partire.

Per ragioni economiche decise di partire dalla Francia e per raggiungere la Normandia, da dove sarebbe partita la nave, ci mise oltre un mese. Viaggiò in terza classe, insieme a centinaia di italiani. Al suo arrivo la polizia iniziò a fargli un interrogatorio con molte domande sulla sua vita in Italia e sui suoi ideali. Finite le domande gli fu fatta una visita medica per controllare che fosse in salute e non avesse qualche malattia. Per lui fu molto difficile capire e rispondere alle domande che gli venivano fatte, perché non parlava inglese e neanche italiano, in realtà parlava il dialetto del suo paese ed essendo analfabeta, come il 70% circa degli italiani a quell'epoca, non sapeva né leggere né scrivere. All'inizio fu ospite del suo amico che era partito prima di lui. Dopo pochi mesi dal suo arrivo trovò la sua casa nel cuore di Little Italy, il quartiere degli italiani, iniziò a lavorare e dopo ben poco si sposò e nacque il suo primo figlio.

Il mio bisnonno, qui in America, ricominciò una nuova vita!

Soluzioni

| 1. F | 2. F | 3. V | 4. V | 5. F | 6. F | 7. V | 8. F | 9. V | 10. V | 11. F | 12. F |

COMPRENSIONE DELLA LETTURA - PROVA N. 1

Leggi il testo.

COM'È CAMBIATA TORINO IN 45 ANNI DI MIGRAZIONI?

1. Spesso descritta come città laboratorio, Torino è profondamente cambiata nell'ultimo mezzo secolo
2. di storia. "È stata trasformata da uomini, donne, bambini e anziani che avevano storie di migrazioni
3. alle spalle e per cui Torino è diventata la meta del loro viaggio", ha spiegato Roberta Ricucci, sociologa
4. dell'Università di Torino, introducendo il ciclo di incontri UniTo, Spazio pubblico 2019.
5. Il primo evento di questa rinnovata rassegna è stato dedicato ai fenomeni migratori che hanno, nel
6. corso dei decenni, coinvolto, in tutta la sua complessità, il capoluogo piemontese. La tavola rotonda,
7. intitolata "Torino città multiculturale dopo 45 anni di immigrazione: governance e processi di inte-
8. grazione", è stata aperta dal professor Sergio Scamuzzi, Vice-Rettore per la comunicazione interna ed
9. esterna di Ateneo e curatore della rassegna.
10. "L'integrazione si costruisce nella vita di tutti i giorni e - ha precisato la professoressa Ricucci - non ci si
11. integra da soli. Tutta la città è stata coinvolta dai fenomeni migratori, anche quella parte che è rimasta
12. a guardare. È stata la scuola a buttarsi subito in frontiera e ora gli studenti di seconda generazione
13. arrivano all'Università".
14. E, a proposito di scuola, Tommaso De Luca, preside dell'Istituto Avogadro da nove anni, è intervenuto
15. per evidenziare i cambiamenti in corso nel mondo dell'istruzione, che riflettono anche le mutazioni
16. avvenute nel mercato del lavoro. "Nel diurno abbiamo un assestamento, da almeno dieci anni, il 20%
17. delle iscrizioni è di studenti stranieri. Un valore che è, invece, in costante variazione nel serale, dove
18. il numero è salito dal 32% al 40%. Sono aumentate, in particolare, le donne straniere, le più fragili nel
19. mercato del lavoro, perché in perenne rischio di perdita di occupazione". Un aspetto nuovo sono i ra-
20. gazzi che se ne vanno, loro "Abbandonano la scuola - ha aggiunto De Luca - per trasferirsi all'estero, in
21. seguito al ricongiungimento con uno dei due genitori che ha trovato lavoro in paesi come la Francia o
22. la Germania".
23. L'impatto dei movimenti migratori è stato notevole sulla città di Torino, e non solo, e le scuole sono
24. state le prime ad accogliere questo cambiamento. Per quanto riguarda il mondo del lavoro Claudio
25. Spadon, direttore dell'Agenzia Piemonte Lavoro, ha analizzato il rapporto tra occupazione e migrazio-
26. ne. Da questa analisi è emerso come il numero dei disoccupati di origine straniera sia più alto (20,9%)
27. rispetto alla media; ai lavoratori stranieri viene affidata la quasi totalità del welfare familiare. Per risolve-
28. re questo problema sono diverse le istituzioni che dovranno intervenire per fare passi avanti. Lo stesso
29. coordinatore nazionale della Rete Europea contro il razzismo ha dichiarato "Passi avanti, in tema di
30. integrazione, ne sono stati fatti, ma non possiamo ancora ritenerci soddisfatti".

COMPRENSIONE DELLA LETTURA - PROVA N. 1

Completa le frasi. Scegli una delle quattro proposte di completamento.

1. **Torino è cambiata negli ultimi cinquant'anni**
   a. per l'aumento della popolazione anziana.
   b. per i fenomeni migratori di cui è stata protagonista.
   c. per mano di giovani e anziani torinesi.
   d. per una notevole trasformazione urbana.

2. **Il ciclo di incontri Spazio pubblico 2019 si apre con**
   a. la tematica della migrazione.
   b. una dedica alla città ospitante, Torino.
   c. una rassegna stampa sui cambiamenti dell'ultimo decennio.
   d. un ringraziamento all'Università di Torino.

3. **La professoressa Ricucci sostiene che**
   a. l'integrazione sia un tema che riguarda l'intera collettività.
   b. integrarsi sia un dovere solo dei migranti.
   c. la scuola non ha partecipato alla costruzione di una solida integrazione.
   d. gli studenti universitari siano soddisfatti del loro percorso di studi.

4. **Il preside dell'Istituto Avogadro interviene in questi incontri**
   a. per testimoniare l'impegno degli istituti tecnici nell'integrazione di studenti stranieri.
   b. per raccontare la sua esperienza di preside degli ultimi nove anni.
   c. per parlare di come la scuola si sia adattata ai cambiamenti del mercato del lavoro.
   d. per evidenziare l'immobilità del sistema scolastico e delle realtà lavorative.

5. **La percentuale degli studenti iscritti all'Istituto Avogadro**
   a. mostra una costante variazione nel numero degli iscritti.
   b. evidenza la problematica della frequenza ai corsi serali.
   c. mostra una diminuzione di iscritti ai corsi diurni.
   d. evidenzia la crescita del numero di straniere iscritte.

6. **Sempre secondo De Luca una nuova tendenza è data**
   a. dal maggior abbandono scolastico nel biennio.
   b. dalla presenza di ragazzi con genitori residenti in altri paesi.
   c. dai ragazzi che se ne vanno per motivi familiari.
   d. dalla tendenza di cercare il primo lavoro all'estero.

7. **Da questo testo emerge come**
   a. gli stranieri siano al centro di politiche statali di inclusione.
   b. la percentuale di disoccupazione inerente la popolazione straniera sia più alta.
   c. i processi di inclusione non vengano promossi dalle scuole.
   d. non ci siano sufficienti strumenti di welfare familiare.

BANDO DI CONCORSO PER L'AMMISSIONE AI CORSI DI DOTTORATO DI RICERCA DEL POLITECNICO DI MILANO (XXXV CICLO)

Il Politecnico di Milano ha indetto il concorso per l'ammissione al 35° ciclo dei corsi di dottorato di ricerca. Nel presente bando, per ciascun dottorato, sono indicati i posti messi a concorso e il numero delle borse di studio disponibili. Ulteriori posti e borse di studio potranno essere resi disponibili prima dell'espletamento delle valutazioni e fino alla conclusione delle stesse, fermi restando, comunque, i termini della data di scadenza per la domanda. Ai fini dell'effettiva attivazione di un corso di dottorato, il numero minimo di iscritti a tale dottorato non potrà essere inferiore a tre.

TIPOLOGIA DI POSTI

I posti di dottorato rientrano nelle seguenti categorie: a) posti con borsa di studio di dottorato erogata dal Politecnico di Milano. Tali borse possono essere di tipo generico o vincolate all'esecuzione di uno specifico tema di ricerca (borse a tema o interdisciplinari); b) posti senza borsa di studio di dottorato erogata dal Politecnico di Milano.

Gli argomenti di ricerca, le specifiche attività e le condizioni economiche sono consultabili alla pagina web "Aree, argomenti e temi di ricerca pubblicati nel bando".

REQUISITI DI AMMISSIONE

Saranno ammessi al concorso solamente i candidati che:
- hanno conseguito la Laurea Magistrale in Italia (o titolo equivalente valido per l'ammissione al dottorato) con votazione minima 95/110 oppure di 86/100;
- hanno per il titolo conseguito in paesi esteri la media minima degli esami indicata in appendice nel bando di concorso; (allegato 1). Per i Paesi non compresi in tale tabella la valutazione sarà rimessa direttamente alla commissione giudicatrice.

Gli ex-dottorandi del Politecnico di Milano non possono partecipare al bando di ammissione per lo stesso dottorato se negli ultimi 5 anni è stato emesso nei loro confronti un provvedimento di esclusione dal corso.

AGEVOLAZIONI

Il Politecnico di Milano offre ai vincitori del presente bando che ne facciano richiesta n. 40 posti nelle sue residenze, in stanze singole collocate in aree riservate a dottorandi di ricerca. Le residenze in cui si trovano queste aree sono le seguenti:
- Residenza Pareto. Prezzo concordato: EUR 250,00 / mese;
- Residenza Einstein. Prezzo concordato: EUR 250,00 / mese.

La condizione necessaria per concorrere all'assegnazione dell'alloggio è che il vincitore si trovi nella condizione di "fuori sede". Il dottorando si definisce "fuori sede" se non risiede in un comune classificato di area urbana e dal quale sia impossibile raggiungere la sede del corso entro 90 minuti prendendo i mezzi pubblici.

DOMANDA DI AMMISSIONE AL CONCORSO

Le domande di ammissione al concorso, una per ogni corso di dottorato per il quale si intende concorrere, e la relativa documentazione allegata, devono essere redatte e inviate esclusivamente in forma elettronica entro le ore 14.00 (tutte le ore indicate nel presente bando sono da intendersi ore italiane) del 21.05.2019, attraverso la procedura on-line disponibile all'indirizzo http://www.phd-admission.polimi.it.

COMPRENSIONE DELLA LETTURA - PROVA N.2

Leggi le informazioni. Indica se le informazioni, da 1 a 14, sono Vere o False.

	Vero	Falso
1. Nel bando di concorso è riportato il numero complessivo dei posti disponibili.	○	○
2. Non sono previsti ulteriori posti oltre a quelli presenti nel bando.	○	○
3. È previsto un limite massimo di iscritti a ciascun corso di dottorato.	○	○
4. La borsa di studio non è prevista per tutti i posti di dottorato.	○	○
5. Ci sono alcune borse di studio erogabili solo se il dottorato è inerente ad uno specifico campo di ricerca.	○	○
6. Per essere ammessi al concorso è sufficiente un titolo universitario rilasciato da università italiane o straniere.	○	○
7. Sono ammessi gli studenti stranieri che abbiano conseguito la laurea in un paese europeo.	○	○
8. I vincitori del concorso negli anni precedenti, esclusi dal dottorato, non possono presentare una nuova domanda per un periodo di tempo stabilito.	○	○
9. I vincitori richiedenti possono ottenere una sistemazione presso una residenza universitaria.	○	○
10. Per i 40 vincitori del concorso, le residenze sono interamente pagate dal Politecnico.	○	○
11. L'assegnazione di un posto letto in residenza è riservata agli studenti residenti in comuni raggiungibili con i mezzi pubblici in più di un'ora e mezza.	○	○
12. Le residenze distano 90 minuti dai centri universitari in cui si svolgono le lezioni.	○	○
13. È possibile concorrere per diversi corsi di dottorato.	○	○
14. Sul sito del Politecnico sono disponibili ulteriori informazioni inerenti alle scadenze.	○	○

COMPRENSIONE DELLA LETTURA - PROVA N. 3

Leggi il testo. Il testo è diviso in 11 parti. Le parti non sono in ordine. Ricostruisci il testo. Scrivi il numero d'ordine accanto a ciascuna parte.

DA ANTICA MASSERIA A *WINE RESORT*

- [1] A. Abbandonata da secoli, 3 imprenditori pugliesi ne hanno recuperato la bellezza e la storia attraverso un piano basato su un'attenta riqualificazione e un marketing d'eccellenza.
- [ ] B. Tutto questo è stato trasformato in eleganti sale per ricevimenti, confortevoli camere per soggiornarvi e prestigiose stanze per degustare i vini che qui vengono prodotti come un tempo.
- [ ] C. Il primo documento in cui compare questa masseria risale al 1400 quando era di proprietà di una famiglia nobile del posto.
- [ ] D. La storia della famiglia Montanaro si può definire di grande successo. Oggi Amastuola è un Wine Resort d'eccellenza che ha comportato un'imponente opera di valorizzazione territoriale.
- [ ] E. Per poter degustare al meglio questi sapori unici le degustazioni avvengono nelle due sale realizzate ad hoc, arricchite di una bottaia, una libreria e un prestigioso ristorante.
- [ ] F. Dopo anni di abbandono, dal 1700 a metà del 1900, la famiglia Montanaro ha trasformato, con lunghi lavori di ristrutturazione e recupero, la masseria facendone la realizzazione di un sogno.
- [ ] G. La produzione dei vini avviene nei vigneti circostanti la masseria dove le sostanze nutritive presenti in questi terreni conferiscono a questo vino un sapore e un aroma davvero unico.
- [ ] H. La masseria in questione si chiama Amastuola e sorge su una collina pugliese.
- [ ] I. Nonostante gli interventi di ristrutturazione la struttura ha conservato l'originale conformazione tipica delle antiche masserie della zona.
- [ ] J. Il vino è quindi uno degli elementi portanti di Amastuola, ma per renderlo un vero Resort d'eccellenza sono necessarie altre qualità.
- [ ] K. Tra queste troviamo un'impeccabile organizzazione che non lascia nulla al caso, una calorosa accoglienza, un'ottima ospitalità e un elevato livello di comfort delle camere.

COMPRENSIONE DELLA LETTURA SOLUZIONI

Prova N.1

1. B
2. A
3. A
4. C
5. D
6. C
7. B

Prova N.2

| 1. F | 2. F | 3. F | 4. V | 5. V | 6. F | 7. F | 8. V | 9. V | 10. F | 11. V | 12. F | 13. V | 14. F |

Prova N.3

1. A
2. H
3. C
4. F
5. I
6. B
7. G
8. E
9. J
10. K
11. D

ANALISI DELLE STRUTTURE DI COMUNICAZIONE - PROVA N. 1

Completa il testo con gli aggettivi e i pronomi.

ALCUNI₀ CONSIGLI PER VIAGGIARE COMODI

Se amate viaggiare, sicuramente saprete che non è importante solo quel che si mette in valigia, ma anche _____₁ che si indossa durante il viaggio. Spesso, infatti, gli spostamenti _____₂ possono rivelare lunghi ed è essenziale scegliere un outfit che _____₃ permetta di sentirvi comodi e a _____₄ agio, senza risultare poco ordinati. È importante vestirsi in base al mezzo di trasporto che avete scelto: aereo, macchina, treno, traghetto, le opzioni sono molteplici e _____₅ richiede un abbigliamento adeguato. Ma cosa bisogna indossare per viaggiare comodi?

È molto importante essere a proprio agio, specialmente quando il tragitto richiede di restare seduti per molto tempo o fare delle piccole passeggiate nei brevi corridoi. Per evitare che il vostro viaggio _____₆ trasformi in un'esperienza stressante, bisogna tenere presenti _____₇ accortezze. Cercare la vostra comodità non significa dover correre in _____₈ centro commerciale a fare spese perché se scegliete con cura e attenzione potreste trovare nel vostro armadio _____₉ capi di abbigliamento che vi lasceranno la libertà di movimento e con _____₁₀ vi sentirete a vostro agio.

Le donne potrebbero indossare un bel paio di leggins, ad esempio, in cotone; _____₁₁ aderiscono perfettamente al vostro corpo senza stringere, a differenza dei normali pantaloni. Non optate, quindi, per i famosi jeans _____₁₂ vi porterebbero solamente fastidi creandovi delle difficoltà nel muovervi. Scegliete possibilmente, dei colori scuri, ai _____₁₃ potete abbinare degli indumenti adatti sia per il caldo che per le temperature più basse. Risulta utile, quindi utilizzare il metodo del vestirsi "a cipolla", ovvero vestirsi a strati; questo vi permetterà di adeguarvi a qualsiasi clima _____₁₄ possiate incontrare, soprattutto sull'aereo, dove l'aria condizionata è molto forte. Utilizzate tessuti che non _____₁₅ stropiccino facilmente, così potete arrivare alla _____₁₆ destinazione mantenendo un aspetto ordinato. Altro capitolo importante da trattare è _____₁₇ delle scarpe. Indossate scarpe basse, preferibilmente un paio che abbiate indossato anche altre volte, e che siano quindi di comprovata comodità. Gli operatori di viaggio consigliano sempre a viaggiatori inesperti che viaggiano per la _____₁₈ volta di portare una borsa molto capiente in _____₁₉ è possibile metter _____₂₀ tutto ciò che occorre per la partenza: passaporto, documenti vari, cellulare e qualche pastiglia, nel caso soffriate di nausee durante il viaggio.

ANALISI DELLE STRUTTURE DI COMUNICAZIONE - PROVA N.2

Completa il testo con le forme giuste dei verbi che sono tra parentesi.

ERASMUS IN OLANDA: UN'ESPERIENZA UNICA

Il progetto Erasmus è un'esperienza unica che accomuna, ogni anno, moltissimi studenti che <u>decidono</u> $_0$ di partire e intraprendere questo percorso sicuri di vivere attimi indimenticabili. Abbiamo raccolto l'esperienza di una studentessa che (**decidere**) _____$_1$ di partire per Utrecht, nei Paesi Bassi.

Come si vive a Utrecht? La (consigliare) _____$_2$**? Com'è la città?**

La città è molto artistica e culturale, diversa da Amsterdam, per farvi un esempio. (**esserci**) _____$_3$ molti meno turisti ed è anche più piccola. È molto bello viverci, in mezz'ora la potete percorrere tutta in bici, da un lato all'altro. Ve la consiglierei se state cercando una città in cui studiare, che (**essere**) _____$_4$ accogliente, vivace e culturale.

Com'è l'ambiente universitario di Utrecht?

Se non sbaglio, oltre il 20 % degli abitanti della città sono studenti. Ci sono molti luoghi, ad esempio bar, caffetterie e aule studio che (**creare**) _____$_5$ appositamente per gli studenti. Di solito incontro sempre persone che (**conoscere**) _____$_6$ per strada quando cammino in centro e questo mi (**dare**) _____$_7$ la sensazione di vivere in un paesino più che in una grande città.

Qual è il costo della vita a Utrecht?

Credo che per il cibo (**bastare**) _____$_8$ una trentina di euro a settimana. Il costo della vita in generale dipende dalla zona in cui si (**vivere**) _____$_9$. Per gli alloggi i prezzi sono variabili. Quando (**arrivare**) _____$_{10}$, e mentre (**essere**) _____$_{11}$ ospite a casa di una mia compagna dell'università, (**cercare**) _____$_{12}$ casa ad Uithof, l'area in cui (**concentrarsi**) _____$_{13}$ le università. Qui (**pagare**) _____$_{14}$ circa 320 € al mese per una stanza abbastanza grande.

(**essere**) _____$_{15}$ **facile trovare alloggio a Utrecht? Hai qualche consiglio da dare?**

Devo dire che è abbastanza difficile trovare alloggio. Io, mentre (**cercare**) _____$_{16}$ un alloggio, non (**dovere**) _____$_{17}$ pagarmi un'altra sistemazione, ma molti studenti Erasmus devono pagarsi ostelli o alberghi per le prime settimane. Penso che un mio errore (**essere**) _____$_{18}$ quello di non cercare prima della partenza l'appartamento perché, se non (**avere**) _____$_{19}$ chi mi ospitava, (**spendere**) _____$_{20}$ molti più soldi del previsto.

ANALISI DELLE STRUTTURE DI COMUNICAZIONE - PROVA N.3

Completa il testo. Scegli una delle proposte di completamento che ti diamo.

MANTOVA SOGNA₀ IN GRANDE. È LA CITTÀ EUROPEA DELLO SPORT 2019

Mantova città della cultura e adesso anche dello sport. Un connubio che porta più in alto il nome della città lombarda e ne conferma il profilo di città _____₁ e all'avanguardia in due _____₂ cardine della quotidianità. Sulla spinta del successo e delle _____₃ di sviluppo degli ultimi anni, Mantova decide di scommettere sulle sue capacità di essere _____₄ di attrazione grazie a importanti _____₅ in strutture moderne e attraverso iniziative ed eventi che _____₆ soprattutto i giovani, i disabili, l'associazionismo e il volontariato. "Dopo la cultura nel 2016, l'enogastronomia nel 2017, la Fao nel 2018," – sottolinea il _____₇ di Mantova Mattia Palazzi – "il 2019 per la città è l'anno dello sport. In un triennio abbiamo _____₈ 5,5 milioni di euro per nuovi _____₉ sportivi e per sistemare tanti di quelli esistenti. Nello sport, e nelle scuole, cresce e si forma il futuro della nostra città, un _____₁₀ senza pregiudizi, senza razzismi che _____₁₁ l'individuo insieme agli altri. Anche per questo abbiamo avviato nel 2019 un fondo di 20 mila euro per consentire alle famiglie in _____₁₂ di far praticare sport ai propri bimbi e nel 2020 lo faremo per le scuole di musica. Vogliamo che tutti possano fare sport e imparare la bellezza della musica". Il primo cittadino sottolinea poi i tanti _____₁₃ sportivi che caratterizzeranno il 2019. "14 eventi internazionali, 82 nazionali e regionali, 30 iniziative per lo sport e l'inclusione sociale e popolare, 80 iniziative sulla cultura, educazione e formazione sportiva," – spiega Palazzi – "in tutto 206 eventi per l'anno di Mantova Città Europea dello Sport. Questo grazie a un _____₁₄ e inedito lavoro di _____₁₅ tra Comune, enti, società sportive e Coni".

0.	a) **sogna**	b) desidera	c) sogna	d) guarda
1.	a) nuova	b) moderna	c) reale	d) industriale
2.	a) angoli	b) settori	c) aspetti	d) elementi
3.	a) caratteristiche	b) innovazioni	c) strategie	d) azioni
4.	a) centro	b) posto	c) luogo	d) polo
5.	a) ampliamenti	b) lavori	c) investimenti	d) versamenti
6.	a) coinvolgono	b) considerano	c) contemplano	d) vedono
7.	a) governatore	b) ministro	c) capo	d) sindaco
8.	a) aggiunto	b) investito	c) creato	d) risparmiato
9.	a) stabilimenti	b) impianti	c) luoghi	d) spazi
10.	a) desiderio	b) domani	c) avvenire	d) pensiero
11.	a) forma	b) crea	c) costruisce	d) compone
12.	a) difficoltà	b) crisi	c) ritardo	d) periferia
13.	a) impegni	b) avvenimenti	c) convegni	d) eventi
14.	a) ricco	b) proficuo	c) efficiente	d) generoso
15.	a) gruppo	b) squadra	c) tutti	d) banda

ANALISI DELLE STRUTTURE DI COMUNICAZIONE - PROVA N.4

Scegli per ogni espressione una delle quattro situazioni comunicative che ti diamo.

1. **Nota catena di supermercati, Comprogià, cerca magazzinieri per ampliamento della propria sede centrale sita a Chivasso in provincia di Torino.**
   a. È la pubblicità dell'apertura di un nuovo supermercato.
   b. È un annuncio di lavoro per l'apertura di un nuovo supermercato.
   c. È l'indicazione che ti da un passante per raggiungere il Comprogià di Chivasso.
   d. È un annuncio di lavoro per il magazzino centrale di un supermercato.

2. **Si avvisano studenti, docenti e personale amministrativo che la sede di Psicologia, nella palazzina Venturi, rimarrà chiusa a causa di un guasto imprevisto alla rete elettrica.**
   a. È un avviso che leggi su una bacheca universitaria.
   b. È l'avviso di un gestore dell'energia elettrica che trovi nella tua buca delle lettere.
   c. È la comunicazione che leggi all'ingresso del tuo condominio.
   d. È l'avviso del Dipartimento di Psicologia che comunica la chiusura programmata di una sua sede.

3. **È disponibile in tutte le edicole aderenti all'iniziativa il nuovo numero della rivista "Cucina col sorriso". Questo numero è dedicato ai piatti perfetti per le grandi occasioni!**
   a. È la pubblicità di una rivista che parla di alimentazione sana.
   b. È l'introduzione di un libro di ricette.
   c. È la pubblicità di un corso di cucina.
   d. È la pubblicità di una rivista con ricette pensate per eventi speciali.

4. **Buongiorno! Mi servirebbe un regalo per il battesimo di mia nipote. Lei ha 2 anni e sono indecisa se comprarle degli orecchini o una collanina d'oro. Cosa mi consiglia?**
   a. Chiedi ad una tua amica cosa ha intenzione di regalare a sua nipote.
   b. Chiedi ad una tua collega di accompagnarti in oreficeria.
   c. Telefoni ad un'amica per chiedere un consiglio su un regalo.
   d. Chiedi alla commessa di un'oreficeria un consiglio per un regalo.

5. **Il Job Placement dell'Università di Torino, in collaborazione con la Regione Piemonte, propone un tirocinio per neolaureati in Scienze Politiche con indirizzo in Studi Internazionali. Per partecipare è necessario non aver compiuto 26 anni di età.**
   a. È un annuncio di lavoro di una multinazionale.
   b. È una proposta di tirocinio riservata ai residenti nella Regione Piemonte.
   c. È la proposta di uno stage dell'Università di Torino.
   d. È la presentazione del corso di laurea in Studi Internazionali presso l'Università di Torino.

ANALISI DELLE STRUTTURE DI COMUNICAZIONE - PROVA N.4

6. **Messaggio di risposta automatica. Sono assente dal lavoro e tornerò il 10 giugno. Nel mio periodo di assenza contattare la Dott.ssa Franceschi al seguente indirizzo email: franceschi@fiat.it**
   a. È un messaggio nella segreteria telefonica di un'azienda.
   b. È un messaggio di posta elettronica in cui si comunica un contatto alternativo.
   c. È un messaggio che la Dott.ssa Franceschi invia ai suoi colleghi.
   d. È un messaggio sul sito internet di un'azienda.

7. **Gentilissimo, le allego alla presente il programma del corso "I mutamenti storici dell'era moderna" a cui è iscritto presso la nostra Associazione culturale. Nel dettaglio potrà vedere gli orari e gli argomenti di ciascun modulo. In calce sono riportati i testi consigliati.**
   a. È una mail di presentazione di un corso di storia.
   b. È la pubblicità di un corso di storia.
   c. È una mail che un docente universitario manda ai suoi studenti.
   d. È la presentazione di un corso sui mutamenti storici presso un'università.

8. **Buongiorno, ho compilato i moduli, disponibili sul vostro sito internet, per il cambio residenza. Mi potrebbe indicare l'ufficio competente a cui consegnare la pratica?**
   a. Un signore chiede informazioni ad un suo amico sulle modalità di cambio residenza.
   b. In banca chiedi informazioni sull'ufficio competente per le pratiche di mutuo.
   c. In comune un signore chiede informazioni sull'ufficio in cui consegnare alcuni moduli.
   d. Un signore chiede i moduli necessari per il cambio residenza.

9. **Sei pronto per il nuovo concorso docenti 2019? Da sabato 24 aprile la nostra libreria propone corsi di avvicinamento ai test previsti nel concorso. Sarà possibile consultare la bibliografia consigliata, acquistare i libri e svolgere simulazioni d'esame con docenti esperti. Cosa aspetti? Iscriviti subito!**
   a. È un avviso del Ministero dell'Istruzione sull'apertura di un nuovo concorso.
   b. È una mail in cui la scuola per cui lavori ti avvisa di alcuni corsi di aggiornamento.
   c. È la pubblicità di una libreria che organizza incontri di preparazione al nuovo concorso docenti.
   d. È il messaggio che ti invia una tua collega in cui ti avvisa delle novità previste nel concorso docenti 2019.

10. **Gentilissima Dottoressa Ferri, le invio i referti delle mie analisi del sangue. Posso passare nel suo studio giovedì 11 giugno per parlarne? La ringrazio anticipatamente, Maria.**
    a. Telefoni alla tua dottoressa per chiedere informazioni sulle analisi del sangue.
    b. Telefoni in ospedale per prenotare alcune analisi.
    c. Mandi una mail alla tua dottoressa per chiederle un appuntamento.
    d. Mandi un sms a tua mamma per avvisarla che i referti delle sue analisi sono disponibili.

ANALISI DELLE STRUTTURE DI COMUNICAZIONE SOLUZIONI

Prova N.1

0. alcuni
1. quello
2. si
3. vi
4. vostro
5. ciascuna / ognuna
6. si
7. alcune
8. qualche
9. alcuni
10. cui
11. questi
12. che
13. quali
14. voi
15. si
16. vostra
17. quello
18. prima
19. cui
20. ci

Prova N.2

0. decidono
1. ha deciso
2. consiglieresti
3. ci sono
4. sia
5. sono stati creati
6. conosco
7. dà
8. bastino
9. vive
10. sono arrivata
11. ero
12. ho cercato
13. si concentrano
14. pago
15. è stato
16. cercavo
17. ho dovuto
18. sia stato
19. avessi avuto
20. avrei speso

Prova N.3

0. A, 1. B, 2. B, 3. C, 4. D, 5. C, 6. A, 7. D, 8. B, 9. B. 10. C, 11. A, 12. A, 13. D, 14. C, 15. B

Prova N.4

1. D
2. A
3. D
4. D
5. C
6. B
7. A
8. C
9. C
10. C

PRODUZIONE SCRITTA - PROVA N.1

La plastica è un materiale presente in ogni casa. Ci sono i piatti, i bicchieri e le posate usa e getta. La comodità è unica, ma quali sono le ripercussioni sul nostro ambiente? Quanto, l'uso eccessivo della plastica, sta danneggiando i nostri mari e oceani? Cosa ne pensi? Fai qualcosa nella tua vita quotidiana per limitarne l'uso? Devi scrivere da 120 a 140 parole.

PRODUZIONE SCRITTA - PROVA N.2

Hai bisogno di consultare alcune riviste degli anni Cinquanta per la tua tesi. Per poterle consultare è necessaria la prenotazione. Scrivi una mail alla biblioteca universitaria in cui chiedi un appuntamento per la consultazione, motivando la tua richiesta. Devi scrivere da 80 a 100 parole.

PROVA ORALE - PROVA N. 1

Prova n. 1

La prova ha le caratteristiche di una conversazione faccia a faccia. Il candidato dovrà fare un dialogo con l'esaminatore e dimostrare di saper interagire in una tra le seguenti situazioni comunicative:

- **Se dovessi scegliere la città ideale in cui vivere, quale sceglieresti? Perché?**

- **Qual è stato il giorno più importante della tua vita? Cosa è successo? Perché lo reputi il più importante?**

- **Se ti chiedessero di spiegare quali sono le differenze maggiori tra il tuo paese e l'Italia, cosa diresti? Quali sono invece gli aspetti di somiglianza tra i due paesi?**

- **Sempre più persone acquistano prodotti online. I prodotti più venduti sono abbigliamento, prodotti di elettronica e libri. Tu compri online? Quali pensi siano i vantaggi e quali gli svantaggi? Pensi che ciò possa creare problemi ai negozi?**

Il candidato potrà scegliere **uno** degli argomenti. Successivamente l'esaminatore avvierà la conversazione rivolgendo al candidato una prima domanda relativa all'argomento scelto e continuerà a sollecitare la conversazione rivolgendo altre domande sulla base delle risposte ricevute dal candidato.

Durata della conversazione: 2-3 minuti circa.

Prova n. 2

La prova ha le caratteristiche di un parlato faccia a faccia monodirezionale. L'esaminatore inviterà il candidato a parlare su uno dei seguenti argomenti:

- **Una persona particolarmente importante per te.**
- **I motivi per cui ha scelto di studiare la lingua italiana.**
- **L'immagine numero uno.**
- **L'immagine numero due.**

Il candidato può trovare le immagini numero 1 e 2 nella pagina seguente.

Il candidato dovrà organizzare la propria esposizione senza l'aiuto dell'esaminatore, che potrà eventualmente intervenire per aiutare il candidato che abbia difficoltà a parlare.

Durata dell'esposizione: un minuto e mezzo circa.

IMMAGINE NUMERO 1

IMMAGINE NUMERO 2

percorso CILS DUE B2

ESERCIZIARIO

ESERCIZIARIO

1. Completa le seguenti frasi con i pronomi diretti, indiretti o le particelle ci e ne, come nell'esempio.

*Esempio: Lucia **mi** ha invitato a cena a casa sua.*

1. Io e Marco non siamo d'accordo, ___ sembra scorretto nei nostri confronti. **2.** Ho comprato 1 kg di gelato e ___ ho già mangiato mezzo! **3.** Hanno aperto una nuova pizzeria in Piazza Vittorio, ___ andiamo? **4.** Ieri ___ ho mandato una email, ___ hai ricevuta? **5.** Vorrei regalare questi occhiali a mio fratello. Secondo te, ___ piacciono? **6.** Stasera viene a cena Maria, ___ preparo le lasagne vegetariane! **7.** Buongiorno Signora, ___ comunico la mia nuova residenza. **8.** Non ___ regalare un altro libro, sai che odio leggere! **9.** A Maria piace molto il teatro, ma non ___ va perché non ha abbastanza tempo libero! **10.** Per la grigliata di domenica compro delle birre, ___ compro una decina!

2. Completa le seguenti frasi con le particelle ci e ne, come nell'esempio.

*Esempio: Ieri per tornare a casa **ci** abbiamo messo un'ora! C'era un traffico incredibile.*

1. In questa scuola ___ sono molti problemi da risolvere, fortunatamente il preside è un gran lavoratore! **2.** Che ___ dite se il prossimo fine settimana andiamo al mare? ___ sarà il sole! **3.** Silvia ___ chiama tutti i giorni per chieder___ gli appunti, ma noi abbiamo deciso di non darglieli. **4.** Nel mio ufficio sono arrivati cinque nuovi colleghi, ma io ___ conosco solo due. **5.** Organizziamo una festa a sorpresa per Lucia, che ___ pensi? **6.** Per andare da casa mia a scuola ___ metto 10 minuti in bici. **7.** Ho litigato con la mia migliore amica e adesso non ___ voglio neanche sentir parlare. **8.** ___ credi che per il mio compleanno ho ricevuto tre regali uguali? Incredibile, vero? **9.** Per cuocere tre etti di spaghetti ___ vogliono 9 minuti. **10.** Ti piace Paola Cortellesi? È uscito il suo ultimo film, ___ hai sentito parlare?

3. Completa le seguenti frasi usando i pronomi combinati, come nell'esempio.

*Esempio: A: Hai restituito il libro di Storia dell'Arte alla tua professoressa? B: No, non **gliel'** ho ancora restituito.*

1. A: Hai detto a tuo fratello della mia festa di compleanno? B: No, ma _____ dirò stasera!
2. A: Come si chiama quella tua compagna di classe che abita vicino a casa mia? B: Sai che non _____ ricordo…
3. A: Stasera dovrebbe piovere, hai portato l'ombrello? B: Certo, _____ sono ricordato questa volta!
4. La settimana scorsa è tornata Martina da Londra. Perché non _____ hai detto?
5. Matteo mi ha regalato un bellissimo orologio, ma non _____ metto mai, non sono abituata!
6. Ho tantissimi libri di Margaret Mazzantini, se li volete _____ presto alcuni.
7. Oggi sono a piedi. Mio marito mi ha chiesto la macchina e _____ ho prestata.
8. Marta, se avessi soldi, _____ presterei!
9. Quando volete tornare a casa, dite _____, vi accompagno io!
10. Se non sapete a chi lasciare il vostro cane, portate _____, lo teniamo noi!

ESERCIZIARIO

4. Completa il testo con i pronomi diretti, indiretti, combinati, riflessivi o con le particelle ci e ne, come nell'esempio.

Suona la sveglia. __Mi__₀ sveglio, guardo l'ora: sono le 4.30 di mattina. Sono stanca, ma felice…finalmente _____₁ parte! _____₂ alzo, _____₃ lavo il viso e i denti, _____₄ vesto. Sono in perfetto orario, devo essere in aeroporto alle 5.30, ma non trovo le chiavi della macchina. Mi ricordo che erano nella borsa, _____₅ avevo messe prima di andare a dormire, eppure non ci sono! Dopo 40 minuti, _____₆ trovo! Erano nella tasca esterna della borsa. Guardo l'orologio e _____₇ accorgo di essere in ritardo. Devo chiamare le mie amiche, altrimenti _____₈ preoccuperanno quando non _____₉ vedranno arrivare. _____₁₀ avviso del mio ritardo e _____₁₁ dicono di non preoccuparmi che arriverò in tempo! Appena entro in aeroporto _____₁₂ vedo: come sono felice! Andiamo al banco check-in e _____₁₃ mettiamo in coda. Finite le pratiche e ritirate le carte di imbarco decidiamo di andare al bar. Decido di bere un bel caffè, sono sveglia da tre ore e non _____₁₄ ho ancora bevuto uno! _____₁₅ ho un grande bisogno!

5. Completa le seguenti frasi con i pronomi relativi che e cui (più preposizione), come nell'esempio.

*Esempio: La casa **in cui** abitano i miei nonni è un podere antico.*

1. Torino è una città _____ potrei vivere e lavorare, perché è tranquilla ed elegante. **2.** Matteo e Luca sono gli amici _____ condivido la passione per il calcio, in particolare per la Juventus! **3.** Ho molte amiche _____ hanno deciso di andare a vivere all'estero. **4.** Il medico _____ sono andato ieri, mi ha consigliato di prendere delle vitamine. **5.** La casa _____ vorrei vivere, dovrebbe avere una terrazza enorme! **6.** Lui è il ragazzo _____ ti ho tanto parlato, te lo presento perché presto ci sposeremo! **7.** La ragazza _____ parla con lui è mia sorella. **8.** Gli studenti _____ decidono di studiare la lingua italiana sono in aumento. **9.** Le scarpe _____ indossi sono veramente belle. **10.** Il paese, _____ provengo, è in provincia di Trapani.

6. Completa le seguenti frasi con l'aggettivo dimostrativo *quello* alla forma corretta, come nell'esempio.

*Esempio: **Quelle** magliette sono di lino.*

1. _____ ragazzo è di Boston, lui è americano. **2.** _____ studente è il migliore della sua classe. Ha appena vinto le Olimpiadi di matematica! **3.** _____ ragazze non le conosco! Penso siano delle amiche di Maria. **4.** _____ zaini sono nuovi, li abbiamo comprati in un outlet fuori Milano. **5.** _____ animale è di una razza in via di estinzione. **6.** _____ yogurt è il mio preferito, l'ho assaggiato per la prima volta in Grecia. **7.** _____ bambini frequentano la seconda elementare nell'Istituto qui di fronte. **8.** Lo vedi _____ ragazzo? È il mio fidanzato, si chiama Antonio. **9.** Ho comprato _____ orologio che avevamo visto insieme l'altra settimana. **10.** Ti ricordi _____ bellissima ragazza che frequentava la quinta B? Adesso è giudice!

ESERCIZIARIO

7. Scegli e completa le seguenti frasi usando gli aggettivi e i pronomi indefiniti presenti nel riquadro sottostante, come nell'esempio.

TROPPO – CHIUNQUE - MOLTA – NIENTE – QUALCUNO - QUALSIASI – TUTTI – POCHE – NESSUNO – OGNUNO - ~~QUALCUNO~~

Esempio: **Qualcuno** ha dimenticato le chiavi sul bancone del bar.

1. _____ decida di partecipare alla conferenza deve iscriversi sul sito Internet. **2.** Stamattina ero di fretta e non ho fatto colazione, adesso ho _____ fame. **3.** Oggi fa veramente _____ caldo, non si respira! **4.** Ragazzi, quando tornerete dalla vostra luna di miele, mi porterete un souvenir dal Vietnam? Uno _____, giusto un pensierino! **5.** La settimana scorsa _____ ha rubato la mia macchina, ma, fortunatamente, oggi la polizia l'ha ritrovata. **6.** Un'anziana del mio paese quando morì, lasciò _____ i suoi soldi alla parrocchia locale. **7.** Puoi comprare ancora delle birre per domani sera? Ce ne sono _____ e penso che non basteranno. **8.** Sono andato al cinema a vedere il nuovo film di Muccino ma non c'era _____, la sala era vuota! **9.** Il progetto è stato un successo perché _____ di noi ha lavorato duramente. **10.** Devo uscire a fare la spesa, il frigo è vuoto, non c'è _____.

8. Coniuga i verbi tra parentesi al passato prossimo o all'imperfetto, come nell'esempio.

Esempio: **Dovevo** usare i miei risparmi per cambiare la macchina, ma alla fine ho deciso di fare un bel viaggio.

1. (**Sapere**) _____ dalla mia vicina di casa che l'altra notte sono entrati i ladri.
2. (**Studiare**) _____ francese per cinque anni, ma non lo parlo ancora bene.
3. Ieri, mentre (**parlare**) _____ con Lucia, mi è caduto il telefono nel lavandino.
4. I ragazzi di quinta superiore (**fare**) _____ ieri l'esame di maturità.
5. Marco, tu (**sapere**) _____ che hanno aperto una nuova pizzeria sotto casa nostra?
6. Scusa, ieri non ti (**potere**) _____ rispondere perché ero in riunione.
7. Ma cosa ti (**succedere**) _____? Perché hai una gamba rotta?
8. Finalmente (**noi-incontrarsi**) _____, erano mesi che non (**vedersi**) _____.
9. Quando vi abbiamo telefonato, (**stare**) _____ mangiando?
10. L'altra settimana (**stare**) _____ male e non (**potere**) _____ venire in palestra.

9. Coniuga i verbi tra parentesi al passato prossimo, all'imperfetto o al trapassato prossimo, come nell'esempio.

Esempio: Quando ti **ho telefonato** a casa forse **eri** già **uscito** per andare a lavoro.

1. Prima di ieri non (**vedere**) _____ mai un mare così blu!
2. Ieri Martina mi ha vista, ma non mi (**salutare**) _____, chissà perché!
3. La settimana scorsa sono andato a ricevimento dal Professor Rossi, ma non (**trovare**) l'_____ perché (**andare**) _____ via 10 minuti prima.

226

ESERCIZIARIO

4. L'altra sera Luca (**venire**) _____ in pizzeria con me anche se (**mangiare**) _____ già _____ a casa.

5. Ho chiamato Edoardo, ma non mi (**rispondere**) _____ perché (**essere**) _____ sotto la doccia.

6. Il mio collega ieri non (**venire**) _____ in ufficio, perché la notte prima (**sentirsi**) _____ male.

7. Sabato scorso Andrea e Matteo (**andare**) _____ al cinema, ma le loro fidanzate non (**andare**) _____ perché (**vedere**) _____ quel film la settimana prima.

8. Due settimane fa, mentre (**passeggiare**) _____, un ladro mi (**rubare**) _____ il telefono dalla borsa.

9. Gli studenti non (**superare**) _____ l'esame, perché non (**studiare**) _____ abbastanza.

10. Il regalo che gli (**io-fare**) _____ per il compleanno lo (**ricevere**) _____ a Natale, così ha dovuto cambiarlo.

10. Scegli la forma corretta del passato remoto, come nell'esempio.

*Esempio: Garibaldi **fu** / fosse un grande eroe nazionale.*

1. I miei nonni *spesero / spensero* solo 10 milioni di lire per comprare la loro casa, oggi vale 120 mila euro.
2. Quando Arturo *venii / venne* in Italia aveva solo 3 anni, non ricorda più nulla del suo paese d'origine.
3. Me ne *innamorai / innamorasti* subito quando la *veddi / vidi* per la prima volta.
4. La *conobbi / conscei* quando aveva 12 anni, oggi ne ha 98.
5. Il mio ex marito *tacette / tacque* di fronte alla sentenza di divorzio del giudice.
6. Michelangelo *dipinge / dipinse* la volta della Cappella Sistina più di 500 anni fa.
7. Leopardi *scrivette / scrisse* "L'Infinito" nell'Ottocento.
8. Dopo l'incidente non si *mosse / muovette* per mesi.
9. L'accusato *rimase / rimanse* in silenzio perché non sapeva cosa dire.
10. Da giovane, durante la guerra, mio nonno *mando / mandò* molte lettere alla sua famiglia.

11. Coniuga i verbi tra parentesi al passato prossimo, all'imperfetto o al passato remoto, come nell'esempio.

*Esempio: Nei primi anni del Novecento, quando gli italiani (sbarcare) **sbarcarono** negli Stati Uniti, in Italia (esserci) **c'era** una grande povertà.*

1. Antonio (**cominciare**) _____ a lavorare quando ancora (**essere**) _____ un bambino. Nella sua famiglia, a quel tempo, non (**esserci**) _____ molte possibilità economiche di farlo studiare e quindi (**frequentare**) _____ solo le scuole elementari.

2. Nel lontano Settecento la Francia (**essere**) _____ protagonista di grandi moti rivoluzionari.

ESERCIZIARIO

3. I miei genitori (**sposarsi**) _____ nel 1988 e pochi giorni fa (**festeggiare**) _____ il loro trentunesimo anniversario.

4. Mio zio (**lavorare**) _____ alla Fiat ed (**andare**) _____ in pensione dopo 41 anni di lavoro.

5. Il Rinascimento (**segnare**) _____ un momento di svolta decisivo nella storia di alcuni paesi.

6. Il mio bisnonno (**nascere**) _____ in un piccolo paesino lucano, ma si (**trasferirsi**) _____ all'età di 20 anni a Torino dove (**morire**) _____ nel 1989.

7. Nel 1946 l'Italia (**diventare**) _____ una Repubblica segnando la fine del periodo monarchico.

8. Chiara, quando (**essere**) _____ una ragazzina, (**piangere**) _____ per ore quando (**scoprire**) _____ che il suo fidanzatino l'aveva lasciata. Oggi, dopo 40 anni, pensa a questo fatto con un sorriso.

9. Le prime olimpiadi (**tenersi**) _____ più di 130 anni fa.

10. Negli anni Sessanta Torino (**essere**) _____ una città prevalentemente industriale, molte persone la (**scegliere**) _____ per viverci proprio per la facilità di trovare un'occupazione in fabbrica.

12. Coniuga i verbi tra parentesi al futuro semplice e al futuro composto, come nell'esempio.

Esempio: Quando (finire) **avrò finito** *di lavorare (andare)* **andrò** *finalmente in vacanza!*

1. Dopo che i bambini (**finire**) _____ di studiare (**potere**) _____ andare al parco a giocare.

2. Il prossimo anno, dopo che (**io-diplomarsi**) _____, (**andare**) _____ in Canada per un corso di specializzazione.

3. Non appena _____ (**noi-tornare**) in Italia, (**mangiare**) _____ un bel piatto di pasta al pomodoro!

4. Tra due mesi (**iniziare**) _____ il Salone del Libro. Non vedo l'ora!

5. Tu e i tuoi amici (**venire**) _____ al mare con noi il prossimo fine settimana?

6. Quando (**io-diventare**) _____ maggiorenne, (**prendere**) _____ subito la patente.

7. A: Che ora è? – B: Bah, non lo so, (**essere**) _____ mezzogiorno!

8. Quando Maria si è sposata, (**avere**) _____ vent'anni.

9. Non capisco! Ma cosa ci (**tu- trovare**) _____ in lui?

10. Il giorno prima della mia laurea (**dormire**) _____ meno di due ore a causa dell'agitazione!

ESERCIZIARIO

13. Coniuga i verbi tra parentesi al condizionale semplice e composto, come nell'esempio.

*Esempio: Mi scusi, (volere) **vorrei** sapere a che ora parte il treno per Pisa.*

1. Buongiorno, mi (**dire**) _____ quanto costa quella borsa rossa in vetrina?
2. Ieri sera (**rimanere**) _____ volentieri alla tua festa, ma ero veramente stanca!
3. Ero sicura che i miei studenti (**superare**) _____ l'esame.
4. La tua macchina è troppo vecchia, (**dovere**) _____ comprarne una nuova.
5. Ti (**accompagnare**) _____ volentieri io a quel concerto, ma purtroppo avevo una cena di lavoro già organizzata da tempo.
6. Ieri mi hai detto che (**arrivare**) _____ con il treno delle 11. Perché non sei ancora arrivato?
7. Mia nonna (**volere**) _____ tornare nel paese in cui è nata per rivedere la sua vecchia casa.
8. Cameriere, mi (**portare**) _____ il conto per favore?
9. Quando ero bambino (**volere**) _____ imparare a nuotare.
10. I ladri che hanno rapinato la banca (**scappare**) _____ a bordo di un autobus di linea.

14. Coniuga i verbi tra parentesi al futuro semplice, futuro composto, condizionale semplice e condizionale composto, come nell'esempio.

*Esempio: In questo ultimo periodo ho lavorato tanto, quanto (volere) **vorrei** andare in ferie!*

1. Io e le mie amiche abbiamo deciso che quest'estate (**andare**) _____ in vacanza a Cuba per due settimane.
2. Mamma, mi (**prestare**) _____ la tua macchina, per favore? Piove e non ho voglia di prendere l'autobus.
3. Lo scorso fine settimana (**andare**) _____ volentieri al concerto di Vasco Rossi, ma non c'erano più biglietti.
4. La nonna mi ha promesso che (**preparare**) _____ le lasagne, ma poi ha cambiato idea e ha preparato i cannelloni.
5. Mi (**piacere**) _____ andare al mare lo scorso fine-settimana, ma pioveva.
6. Non credo che Mauro e Teresa (**arrivare**) _____ in tempo per l'inizio del film.
7. Secondo me, (**dovere**) _____ chiamare il tuo medico dato che hai la febbre alta e mal di gola già da quattro giorni.
8. Mia figlia (**compiere**) _____ gli anni tra due giorni e le abbiamo organizzato una festa a sorpresa.
9. Ieri (**volere**) _____ tornare presto a casa, ma c'era un incidente in autostrada e sono arrivata ancora più tardi del solito.
10. Non so proprio cosa (**tu - fare**) _____ senza di me!
11. Dopo la scuola Mario (**volere**) _____ continuare gli studi, ma la sua famiglia non poteva permetterselo.

ESERCIZIARIO

12. Che ne (**tu - dire**) _____ di andare a cena in quel nuovo ristorante di Piazza Vittorio?
13. Se vuoi imparare bene una lingua straniera, (**potere**) _____ guardare i film in lingua originale!
14. Da giovane mia mamma (**volere**) _____ tanto viaggiare, ma purtroppo i miei nonni non avevano molti soldi.
15. I miei amici, dopo che (**laurearsi**) _____, partiranno per la Germania in cerca di una buona occupazione.

15. Coniuga i verbi tra parentesi al modo congiuntivo, presente e passato, come nell'esempio.

*Esempio: Hai la faccia stanca, credo che tu (lavorare) **abbia lavorato** troppo negli ultimi mesi.*

1. Maria pensa che tu (**sbagliare**) _____ a lasciare il tuo vecchio posto di lavoro.
2. Temo che mio fratello non (**arrivare**) _____ in tempo per l'inizio della partita.
3. Credo che i miei colleghi (**andarsene**) _____, perché il parcheggio è vuoto.
4. Suppongo che i miei genitori (**uscire**) _____, perché non rispondono al telefono.
5. I miei amici vogliono che io (**andare**) _____ in vacanza con loro.
6. Hai sentito Martina? Dicono che (**vincere**) _____ il concorso per accedere alla scuola di specializzazione di magistratura.
7. Bisogna che qualcuno gli (**dire**) _____ la verità.
8. Sono contenta che tuo fratello (**sposarsi**) _____ con Ada!
9. È possibile che (**sbagliare**) _____ strada, sono le nove e non sono ancora arrivati!
10. La mia professoressa spera che noi (**continuare**) _____ a studiare.

16. Coniuga i verbi tra parentesi al modo congiuntivo, presente e imperfetto, come nell'esempio.

*Esempio: Aspetto che Marco mi (passare) **passi** a prendere!*

1. Credeva che Marco (**essere**) _____ mio fratello, perché non gli avevo ancora detto che è mio marito.
2. Penso che i miei colleghi (**andare**) _____ in vacanza in Sardegna la prossima estate.
3. È meglio che (**voi-andarsene**) _____, prima che si faccia troppo tardi.
4. Non mi aspettavo che Marco (**cambiare**) _____ lavoro, pensavo gli piacesse.
5. Temo che mio marito (**lavorare**) _____ anche questo fine settimana e non possiamo andare al mare.
6. I genitori di Antonio vogliono che lui (**andare**) _____ in vacanza con loro.
7. Chiunque (**essere**) _____ il responsabile di questo disastro, è giusto che (**pagare**) _____.
8. Nonostante fuori (**fare**) _____ freddo, voglio fare una passeggiata.

9. Avevo paura che tu non (**arrivare**) _____ in tempo per l'apertura della cerimonia di inaugurazione.

10. Ho sempre pensato che gli svedesi (**essere**) _____ tutti biondi e alti.

17. Coniuga i verbi tra parentesi al modo congiuntivo, imperfetto e trapassato, come nell'esempio.

*Esempio: Avevi la faccia stanca, Credevo che tu (lavorare) **avessi lavorato** troppo negli ultimi mesi.*

1. Pensavano che tuo padre (**essere**) _____ originario della Sicilia.
2. Vorrei che tu (**impegnarsi**) _____ di più a scuola.
3. Credevate che io non (**venire**) _____ alla festa, invece non mi avevate vista!
4. Mi piacerebbe che voi (**venire**) _____ con me in vacanza, che ne dite?
5. Avevo paura che tu (**dimenticarsi**) _____ del mio compleanno e per questo non mi avessi fatto gli auguri.
6. Sembrava che (**dovere**) _____ uscire il sole invece dopo pochi minuti ricominciò a piovere.
7. I miei genitori erano contenti che io (**superare**) _____ l'esame di ammissione alla facoltà di medicina.
8. Speravo che i miei figli (**fare**) _____ delle buone scelte per il loro futuro.
9. Mi chiedevo come voi (**potere**) _____ partire senza avermi salutata.
10. Era necessario che il preside della scuola (**sospendere**) _____ alcuni studenti.

18. Completa i seguenti periodi ipotetici della realtà, possibilità o irrealtà coniugando i verbi dati tra parentesi, come nell'esempio.

*Esempio: Se mi (tu-dire) **avessi detto** subito la verità adesso non (tu-essere) saresti in questa situazione.*

1. Se quel film fosse interessante, (**io-andare**) _____ a vederlo.
2. Se (**tu-avere**) _____ abbastanza soldi, dovresti cambiare macchina.
3. Se domani (**venire**) _____ con noi, ti divertirai.
4. Se Martina (**imparare**) _____ a nuotare quando era bambina, oggi (**potere**) _____ andare al mare con le amiche.
5. Se Luca mi (**ascoltare**) _____, non avrebbe avuto altri problemi.
6. Se l'anno scorso (**lavorare**) _____ di meno, mi (**potere**) _____ iscrivere ad un corso di inglese e oggi lo parlerei perfettamente.
7. Vedrai che se (**studiare**) _____ di più, la prossima volta (**superare**) _____ l'esame!
8. Se Sara non mi invita al suo compleanno, ho deciso che non le (**parlare**) _____ più.
9. Se stasera tu e Marco (**uscire**) _____, (**avvisarmi**) _____!
10. Se quest'inverno tu (**mangiare**) _____ di meno, adesso (**essere**) _____ pronta per la prova costume!

ESERCIZIARIO

19. Coniuga il verbo tra parentesi al modo e tempo opportuni, come nell'esempio.

*Esempio: Mi avevi promesso che (smettere) **avresti smesso** di fumare.*

1. **(Noi-andare)** _____ in vacanza in Sardegna tre anni consecutivi.
2. Spesso io e le mie amiche **(fare)** _____ un aperitivo dopo il lavoro.
3. Ho detto a mio marito che **(arrivare)** _____ prima a casa e invece sono ancora in ufficio!
4. Ieri non **(io-andare)** _____ in ufficio perché **(avere)** _____ la febbre.
5. Quando **(essere)** _____ piccoli, io e mio fratello **(andare)** _____ tre mesi al mare in Toscana con i nostri nonni.
6. Secondo le previsioni del meteo, domani **(piovere)** _____ tutto il giorno.
7. Quando, ieri sera, Maria **(arrivare)** _____ a casa nostra, noi **(andare)** _____ già a letto.
8. Non penso che i miei coinquilini **(rimanere)** _____ a Torino quando **(finire)** _____ l'Università.
9. Allora, tu e Antonio **(decidere)** _____ già dove **(andare)** _____ al mare la prossima estate?
10. Non sapevo che i tuoi figli **(partire)** _____ per gli Stati Uniti.
11. Mentre la mamma **(cucinare)** _____ i bambini **(guardare)** _____ la televisione in soggiorno e il papà **(apparecchiare)** _____ la tavola.
12. Mario pensava che i suoi amici **(ascoltare)** _____ i suoi consigli, invece lo ignorarono.
13. Ho promesso a tutti che **(iscriversi)** _____ in palestra per dimagrire, ma poi non **(andarci)** _____ , sono troppo pigro!
14. Spero tanto di **(trovare)** _____ un buono lavoro.
15. Se Chiara **(finire)** _____ la scuola, **(potere)** _____ fare la domanda di ammissione al concorso delle Poste Italiane, invece non ha potuto.

LESSICO PROBABILE

20. Inserisci la parola che ti sembra più probabile: può essere un sostantivo, un aggettivo, un verbo o un avverbio.

A

1) Mia [_____] sa cucinare una pizza squisita.
2) A che ora [_____] il treno per Palermo?
3) Il vento [_____] le foglie.
4) Ieri sera [_____] due bicchieri di birra.
5) Ho visto passare un treno di [_____].
6) Le [_____] hanno le ali delicatissime.
7) La [_____] è uno degli animali più lenti.
8) Il [_____] di [_____] è molto giovane.
9) Il gatto di Luigi [_____] le fusa sul divano.
10) Mi piaci di più quando ti metti quella [_____] azzurra.
11) [_____] la mia raccolta di CD.
12) Nel buio [_____] la campana del villaggio.
13) La [_____] di ieri non mi è venuta bene.
14) L'aereo [_____] al di sopra di un mare di nubi.

B

1) Hai mangiato anche il [_____] al prosciutto?
2) I citofoni non [_____].
3) Il sentiero era tutto [_____].
4) Le lezioni oggi sono [_____].
5) L'idraulico ha finito il suo [_____].
6) Le [_____] di latte stanno per finire.
7) Vorrei due [_____] vegetariane, da portare via.
8) Oggi la scuola è in [_____].
9) Non voglio mettermi il [_____], ho caldo.
10) Ecco i giornali della [_____] scorsa.
11) Quando i [_____] bisticciano si sente in tutto il condominio.
12) Questa è la [_____] dei nostri due bimbi.
13) Vorrei vedere una [_____] fotografica digitale.
14) Gli [_____] possono essere luoghi di tormento per gli animali.

C

1) Tu sei la mia migliore [_____].
2) Quando apriremo i [_____]?
3) Sono rimaste solo due [_____] a controllare la banca.
4) Mario stanotte ha avuto degli [_____].
5) Fido si è aggrappato alla tovaglia e ha fatto cadere tutti i [_____].
6) Giovanni canta le [_____] napoletane tradizionali.
7) I [_____] fanno i loro concerti di notte sui tetti.
8) Il gatto di Luigi ha la [_____] bianca e nera.
9) Il gatto di Luigi ha le [_____] affilatissime.
10) Il gatto di Luigi mangia i [_____].
11) Ho sentito il rintocco delle [_____].
12) Le [_____] strisciano lentamente.
13) La vasca da bagno perde acqua da tutte le [_____].
14) Bisogna chiamare un [_____].

D

1) Francesca ha sbagliato il [_____].
2) Una [_____] di pazzi ha invaso il negozio Apple!
3) Il vento ha fatto cadere le [_____].
4) Ieri sera ho mangiato una [_____] con i funghi.
5) Il vetro si è rotto ed è caduto in mille [_____].
6) Luisa gioca sempre con una vecchia [_____] di stoffa.
7) Gli [_____] vanno in cerca delle rimanenze di cibo.
8) Il [_____] di Annalisa fa il presentatore.
9) Il gatto di Luigi ha il [_____] morbido.
10) Non mi piace il formaggio sugli [_____].
11) Sto preparando un [_____] di spaghetti.
12) Una [_____] risuona in lontananza.
13) Le [_____] del marchese si estendevano per sette chilometri.
14) Giuseppe gioca sempre al lotto, ma le [_____] sono molto scarse.

LESSICO PROBABILE

21. Inserisci la parola che ti sembra più probabile: può essere un verbo o un avverbio.

E

1) Oggi non ho voglia di [_____] a scuola.
2) Appena Enrico mi ha visto mi è venuto [_____].
3) Non ho voglia di giocare con voi, mi sento [_____] stanca.
4) Cosa dobbiamo fare [_____] entra il preside?
5) Prima di [_____] la strada guarda bene a destra e a sinistra.
6) Ti sei comportato [_____].
7) Giovanna mi ha consigliato di [_____] la mia pettinatura.
8) Maria è una dirigente capace ed ha scelto [_____] i suoi collaboratori.
9) Tu stai [_____] chinato sul tavolo, non è una posizione corretta.
10) Il sabato sera andiamo [_____] al cinema.
11) Noi li [_____] che il sentiero era pericoloso.
12) [_____] arrivate al bivio, prendete la strada a sinistra.
13) Oggi non posso andare in palestra, non mi sento [_____].
14) Se pensi di avere fatto un errore cerca di [_____].

F

1) Ti spiego [_____] cosa è successo.
2) Ho inciampato in un sasso e [_____].
3) Nell'uscita dall'esercizio sono caduto [_____] e mi sono slogato una caviglia.
4) Mi ha accolto [_____], come se fossimo vecchi amici.
5) Il pubblico ha apprezzato e [_____] lungamente.
6) Il treno sta viaggiando [_____], non arriverò prima delle dieci.
7) Ha estratto l'arma ed [_____] fuoco all'improvviso.
8) Mentre uno mi [_____], l'altro abilmente mi ha sottratto il portafogli.
9) È uno spettacolo noioso che sta arrivando [_____] alla fine.
10) Mi sono addormentato [_____] nelle sue braccia.
11) Mi sembra che tu [_____] in giro a cercare guai.
12) Solo tu ci potevi [_____]: si trattava proprio di una truffa.
13) Una signora [_____] mi ha indicato la strada.
14) Tu parli [_____], faresti meglio a riflettere di più.

LESSICO PROBABILE

22. Inserisci la parola che ti sembra più probabile: può essere un sostantivo, un aggettivo, un verbo o un avverbio.

G

1) Ieri [_____] inaugurato la nuova banca qui sotto.
2) È già passato un [_____]?
3) Non [_____] visto la curva e sono usciti di strada.
4) È dall'inizio dell' [_____] che aspetto tue notizie.
5) A Carnevale [_____] preparato uno spettacolo a scuola.
6) In un [_____] bisestile ci sono 366 giorni.
7) Quando [_____] sentito il rumore sono scappati tutti.
8) Una volta all'[_____] torniamo in Sicilia dai nonni.
9) [_____] pareggiato proprio quando mancavano pochi secondi alla fine.
10) Ogni [_____] è sempre la solita storia.
11) Lo [_____] cercato dappertutto, e lui era in vacanza in montagna.
12) Non riusciamo a vincere in trasferta da un [_____].
13) L'[_____] scorso sono riuscito a correre i cento metri in 13 secondi.
14) I nonni [_____] vissuto in campagna per tutta la loro vita.

H

1) Luigi e Maria vanno a [_____] insieme in [_____]
2) Paola è caduta dal [_____] mentre sognava di scendere da una montagna.
3) Quando gli stagni sono pieni di [_____] i ranocchi giocano felici.
4) Stefania ha una bella [_____] nuova, come quella di [_____] sorella.
5) Danilo corre in moto come un [_____]
6) Ecco il coltello, il [_____], la forchetta, il [_____] e il tovagliolo.
7) Vorrei cinque chili di [_____] per favore?
8) Quando ascolto questa canzone allo [_____], mi sento in paradiso
9) Sono stati questi [_____] bambini: Luigi e Stefano.
10) Ieri al cinema ho visto un bel [_____] di [_____]
11) Se non finisci il compito vai a [_____] senza [_____]
12) Come mai al tuo quaderno a [_____] mancano delle [_____]
13) Mi presti il temperino? Il mio l'ho dimenticato nel cassetto a [_____]
14) Il proverbio dice che è meglio un [_____] oggi che una gallina domani.

SOLUZIONI ESERCIZIARIO

ESERCIZIARIO

1.
1. ci   2. ne   3. ci   4. ti – l'   5. gli   6. le   7. le   8. mi   9. ci   10. ne

2.
1. ci   2. ne–ci   3. ci-ci   4. ne   5. ne   6. ci   7. ne   8. ci   9. ci   10. ne

3.
1. glielo   2. me lo   3. me lo/ me ne   4. me l'   5. me lo   6. ve ne   7. gliel'   8. te li   9. melo   10. celo

4.
1. si   2. mi   3. mi   4. mi   5. ce le   6. le   7. mi   8. si   9. mi   10. le
11. mi   12. le   13. ci   14. ne   15. ne

5.
1. in cui   2. con cui   3. che   4. da cui   5. in cui   6. di cui   7. che   8. che   9. che   10. da cui

6.
1. quel   2. quello   3. quelle   4. quegli   5. quell'   6. quello   7. quei   8. quel   9. quell'   10. quella

7.

1. chiunque	2. molta	3. troppo	4. qualsiasi	5. qualcuno	6. tutti	7. poche	8. nessuno	9. ognuno	10. niente

8.

1. ho saputo	2. ho studiato	3. parlavo	4. hanno fatto	5. sapevi
6. ho potuto	7. è successo	8. ci siamo incontrati - ci vedevamo	9. stavate	10. stavo-sono potuto/a

9.

1. avevo visto
2. ha salutato/a
3. ho trovato - era andato
4. è venuto - aveva mangiato
5. ha risposto - era
6. è venuto - si era sentito
7. sono andati - sono andate - avevano visto
8. passeggiavo - ha rubato
9. hanno superato - avevano studiato
10. ho fatto - aveva ricevuto

SOLUZIONI ESERCIZIARIO

10.

1. spesero	2. venne	3. innamorai - vidi	4. conobbi	5. tacque
6. dipinse	7. scrisse	8. mosse	9. rimase	10. mandò

11.

1. cominciò - era - c'erano - frequentò
2. fu
3. si sono sposati - hanno festeggiato
4. ha lavorato - è andato
5. segnò
6. nacque - si trasferì - morì
7. è diventata
8. era - pianse - scoprì
9. si tennero
10. era - scelsero

12.

1. avranno finito - potranno
2. mi sarò diplomato - andrò
3. saremo tornati - mangeremo
4. inizierà
5. verrete
6. sarò diventato - prenderò
7. sarà
8. avrà avuto
9. troverai
10. avrò dormito

13.

1. direbbe	2. sarei rimasta	3. avrebbero superato	4. dovresti	5. avrei accompagnato/a
6. saresti arrivato	7. vorrebbe	8. porterebbe	9. avrei voluto	10. sarebbero scappati

14.

1. andremo	2. presteresti	3. sarei andato / a	4. avrebbe preparato	5. sarebbe piaciuto
6. arriveranno	7. dovresti	8. compirà	9. sarei voluta	10. faresti / avresti fatto
11. avrebbe voluto	12. diresti	13. potresti	14. avrebbe voluto	15. si saranno laureati

SOLUZIONI ESERCIZIARIO

15.

1. abbia sbagliato	2. arrivi	3. se ne siano andati	4. siano usciti	5. vada
6. abbia vinto	7. dica	8. si sposi	9. abbiano sbagliato	10. continuiamo

16.

1. fosse	2. vadano	3. ve ne andiate	4. cambiasse	5. lavori
6. vada	7. sia - paghi	8. faccia	9. arrivassi	10. fossero

17.

1. fosse	2. ti impegnassi	3. fossi venuta	4. veniste	5. ti fossi dimenticato/a
6. dovesse	7. avessi superato	8. facessero	9. foste potuti / e	10. sospendesse

18.

1. andrei
2. avessi
3. verrai
4. avesse imparato - potrebbe
5. avesse ascoltato
6. avessi lavorato - sarei potuto / a
7. studierai - supererai
8. parlo / parlerò
9. uscite - avvisatemi
10. avessi mangiato - saresti

19.

1. siamo andati
2. facciamo
3. sarei arrivata
4. sono andato /a - avevo
5. eravamo - andavamo
6. pioverà
7. è arrivata - eravamo andati
8. rimarranno / rimangano - avranno finito
9. avete deciso - andrete
10. fossero partiti
11. cucinava - guardavano - apparecchiava
12. avrebbero ascoltato / ascoltassero
13. mi sarei iscritto - ci sono andato
14. trovare
15. avesse finito - avrebbe potuto

238

SOLUZIONI ESERCIZIARIO

20. A volte le soluzioni proposte potrebbero anche avere altre opzioni altrettanto valide.

A
1) Mia *madre* sa cucinare una pizza squisita.
2) A che ora *parte* il treno per Palermo?
3) Il vento *muove* le foglie.
4) Ieri sera *ho bevuto* due bicchieri di birra.
5) Ho visto passare un treno di *studenti*.
6) Le *rondini* hanno le ali delicatissime.
7) La *tartaruga* è uno degli animali più lenti.
8) Il *padre* di *Mario* è molto giovane.
9) Il gatto di Luigi *fa* le fusa sul divano.
10) Mi piaci di più quando ti metti quella *maglia* azzurra.
11) *Guarda* la mia raccolta di CD.
12) Nel buio *si sente* la campana del villaggio.
13) La *torta* di ieri non mi è venuta bene.
14) L'aereo *vola* al di sopra di un mare di nubi.

B
1) Hai mangiato anche il *panino* al prosciutto?
2) I citofoni non *funzionano*.
3) Il sentiero era tutto *bagnato*.
4) Le lezioni oggi sono *sospese*.
5) L'idraulico ha finito il suo *lavoro*.
6) Le *scorte* di latte stanno per finire.
7) Vorrei due *pizze* vegetariane, da portare via.
8) Oggi la scuola è in *festa*.
9) Non voglio mettermi il *cappotto*, ho caldo.
10) Ecco i giornali della *settimana* scorsa.
11) Quando i *vicini* bisticciano si sente in tutto il condominio.
12) Questa è la *stanza* dei nostri due bimbi.
13) Vorrei vedere una *macchina* fotografica digitale.
14) Gli *zoo* possono essere luoghi di tormento per gli animali.

C
1) Tu sei la mia migliore *amica*.
2) Quando apriremo i *regali*?
3) Sono rimaste solo due *telecamere* a controllare la banca.
4) Mario stanotte ha avuto degli *incubi*.
5) Fido si è aggrappato alla tovaglia e ha fatto cadere tutti i *piatti*.
6) Giovanni canta le *canzoni* napoletane tradizionali.
7) I *gatti* fanno i loro concerti di notte sui tetti.
8) Il gatto di Luigi ha la *coda* bianca e nera.
9) Il gatto di Luigi ha le *unghie* affilatissime.
10) Il gatto di Luigi mangia i *topi*.
11) Ho sentito il rintocco delle *campane*.
12) Le *bisce* strisciano lentamente.
13) La vasca da bagno perde acqua da tutte le *parti*.
14) Bisogna chiamare un *idraulico*.

D
1) Francesca ha sbagliato il *compito*.
2) Una *folla* di pazzi ha invaso il negozio Apple!
3) Il vento ha fatto cadere le *foglie*.
4) Ieri sera ho mangiato una *pizza* con i funghi.
5) Il vetro si è rotto ed è caduto in mille *pezzi*.
6) Luisa gioca sempre con una vecchia *bambola* di stoffa.
7) Gli *animali* vanno in cerca delle rimanenze di cibo.
8) Il *padre* di Annalisa fa il presentatore.
9) Il gatto di Luigi ha il *pelo* morbido.
10) Non mi piace il formaggio sugli *spaghetti*.
11) Sto preparando un *piatto* di spaghetti.
12) Una *campana* risuona in lontananza.
13) Le *terre* del marchese si estendevano per sette chilometri.
14) Giuseppe gioca sempre al lotto ma le *vincite* sono molto scarse.

SOLUZIONI ESERCIZIARIO

21. Inserisci la parola che ti sembra più probabile: può essere un verbo o un avverbio.

E

1) Oggi non ho voglia di *andare* a scuola.
2) Appena Enrico mi ha visto mi è venuto *incontro*.
3) Non ho voglia di giocare con voi, mi sento *troppo* stanca.
4) Cosa dobbiamo fare *quando* entra il preside?
5) Prima di *attraversare* la strada guarda bene a destra e a sinistra.
6) Ti sei comportato *bene*.
7) Giovanna mi ha consigliato di *cambiare* la mia pettinatura.
8) Maria è una dirigente capace ed ha scelto *attentamente* i suoi collaboratori.
9) Tu stai *troppo* chinato sul tavolo, non è una posizione corretta.
10) Il sabato sera andiamo *spesso* al cinema.
11) Noi li *avevamo avvertiti* che il sentiero era pericoloso.
12) *Quando* arrivate al bivio, prendete la strada a sinistra.
13) Oggi non posso andare in palestra, non mi sento *bene*.
14) Se pensi di avere fatto un errore cerca di *correggerlo*.

F

1) Ti spiego *bene* cosa è successo.
2) Ho inciampato in un sasso e *sono caduto*.
3) Nell'uscita dall'esercizio sono caduto *male* e mi sono slogato una caviglia.
4) Mi ha accolto *calorosamente* come se fossimo vecchi amici.
5) Il pubblico ha apprezzato e *applaudito* lungamente.
6) Il treno sta viaggiando *lentamente*, non arriverò prima delle dieci.
7) Ha estratto l'arma ed *ha fatto* fuoco all'improvviso.
8) Mentre uno mi *distraeva*, l'altro abilmente mi ha sottratto il portafogli.
9) È uno spettacolo noioso che sta arrivando *finalmente* alla fine.
10) Mi sono addormentato *subito* nelle sue braccia.
11) Mi sembra che tu *vada* in giro a cercare guai.
12) Solo tu ci potevi *cadere*: si trattava proprio di una truffa.
13) Una signora *gentile* mi ha indicato la strada.
14) Tu parli *troppo*, faresti meglio a riflettere di più.

SOLUZIONI ESERCIZIARIO

22. Inserisci la parola che ti sembra più probabile: può essere un sostantivo, un aggettivo un verbo o un avverbio.

G

1) Ieri *hanno* inaugurato la nuova banca qui sotto.
2) È già passato un *anno*?
3) Non *hanno* visto la curva e sono usciti di strada.
4) È dall'inizio dell' *anno* che aspetto tue notizie.
5) A Carnevale *ho preparato* uno spettacolo a scuola.
6) In un *anno* bisestile ci sono 366 giorni.
7) Quando *hanno* sentito il rumore sono scappati tutti.
8) Una volta all' *anno* torniamo in Sicilia dai nonni.
9) *Hanno* pareggiato proprio quando mancavano pochi secondi alla fine.
10) Ogni *volta* è sempre la solita storia.
11) Lo *hanno* cercato dappertutto, e lui era in vacanza in montagna.
12) Non *riusciamo* a vincere in trasferta da un anno.
13) L' *anno* scorso sono riuscito a correre i cento metri in 13 secondi.
14) I nonni *hanno* vissuto in campagna per tutta la loro vita.

H

1) Luigi e Maria vanno a *scuola* insieme in *tram*.
2) Paola è caduta dal *letto* mentre sognava di scendere da una montagna.
3) Quando gli stagni sono pieni di *fiori*, i ranocchi giocano felici.
4) Stefania ha una bella *gonna* nuova, come quella di sua sorella.
5) Danilo corre in moto come un *pilota*.
6) Ecco il coltello, il *cucchiaio*, la forchetta, il *bicchiere* e il tovagliolo.
7) Vorrei cinque chili di *pane* per favore!
8) Quando ascolto questa canzone alla *radio*, mi sento bene.
9) Sono stati questi *due* bambini: Luigi e Stefano.
10) Ieri al cinema ho visto un bel *film* di *spionaggio*.
11) Se non finisci il compito vai a *letto* senza *cena*.
12) Come mai al tuo quaderno a *quadretti* mancano delle *pagine*.
13) Mi presti il temperino? Il mio l'ho dimenticato nel cassetto a *casa*.
14) Il proverbio dice che è meglio un *uovo* oggi che una gallina domani.

VOCABOLARIO SINTETICO SUDDIVISO IN CAMPI SEMANTICI

VOCABOLARIO SINTETICO SUDDIVISO IN CAMPI SEMANTICI

CAMPO SEMANTICO "POLITICA"

Italiano	English	Español
a breve termine	short-term (dated)/short	término corto
a lungo termine	long-term (dated)/long	a largo plazo
a norma/termini di legge	by law/according to law	conforme a la ley
abolizione	abolition	abolición
abrogare una legge	abrogate a law	abrogar una ley
accordo	agreement	acuerdo
accordo di entrambi i partiti	aypartisan agreement	acuerdo de ambas partes
addetto comunale	council's worker	empleado municipal
all'unanimità	unanimously	por unanimidad
Alleanza Nazionale	National Alliance	Alianza Nacional
amministratori locali	local administrators	administradores locales
amministrazione	local government	administración
amministrazione locale	local administration/government	administración local
andare alle urne	go to the polls (to)	votar
antica legge sull'assistenza ai poveri	poor law	ley antigua sobre asistencia a los pobres
appalto pubblico	public procurement	la contratación pública
approvare un disegno di legge	pass a bill (to)	aprobar un proyecto de ley
approvare una legge	pass a law (to)	aprobar una ley
articolo preliminare di un trattato	preliminary article to a treaty (the)	artículo preliminar de un tratado
articolo di legge	article	artículo de derecho
assessorato	councellor's office	departamento
assessore (USA)	senior Executive Officer	concejal (EE. UU.)
astensione	opt out	abstención
attuare applicare concretizzare	inact (to)	implementar aplicar
autoamministrarsi	administrate oneself (to)	autogobierno

CAMPO SEMANTICO "SPORT"

Italiano	English	Español
baseball	baseball	béisbol
basket (o pallacanestro)	basketball	básquet/ baloncesto
calcio	football	fútbol
hockey su ghiaccio/ su prato	ice hockey/ field hockey	hockey sobre hielo/ césped
pallamano	handball	handball/ balonmano
pallanuoto	water polo	waterpolo/ polo acuático
pallavolo	volleyball	voleibol
alpinismo	mountaineering	montañismo
arrampicata	climbing	escalada
arti marziali (kung fu, tai-chi, karate, ecc)	martial arts	artes marciales
atletica leggera	track and field athletics	atletismo
automobilismo	auto racing	automovilismo
culturismo	bodybuilding	fisicoculturismo
canottaggio	rowing	remo
ciclismo	cycling	ciclismo

VOCABOLARIO SINTETICO SUDDIVISO IN CAMPI SEMANTICI

corsa (o jogging)	jogging	carrera
danza classica/moderna/jazz	dance	danza clásica/moderna/jazz
equitazione	horse riding	equitación
ginnastica artistica	artistic gymnastics	gimnasia artística
golf	golf	golf
motociclismo	motorcycle sport	motociclismo
motonautica	powerboating	motonáutica
nuoto	swimming	natación
pattinaggio a rotelle/ su ghiaccio	roller skating/ Ice skating	patinaje sobre ruedas/ hielo
pugilato	boxing	boxeo
sci	skiing	esquí

CAMPO SEMANTICO "SPORT"

Italiano	English	Español
sport nautici (windsurf, vela, ecc)	water sports (windsurfing, sailing)	deportes acuáticos (windsurf, navegación a vela, etc)
tennis	tennis	tenis
tiro con l'arco	archery	tiro con arco
alpinismo	mountaineering	montañismo

CAMPO SEMANTICO "PARTI DEL CORPO"

Italiano	English	Español
sopracciglia	eyebrows	ceja
collo	neck	cuello
spalla	shoulder	hombro
ascella	armpit	axila
braccio (pl. braccia)	arm	brazo
avambraccio	forearm	antebrazo
gomito	elbow	codo
mano	hand	mano
dito (pl. dita)	finger	dedo
ginocchio (pl. ginocchia)	knee	rodilla
gamba	leg	pierna
piede	foot	pie
caviglia	ankle	tobillo
testa	head	cabeza
petto	chest	pecho
schiena	back	espalda
addome	abdomen	abdomen
pancia	belly	panza
capelli	hair	cabello
viso	face	cara
occhio	eye	ojo
orecchio	ear	oreja
naso	nose	nariz

VOCABOLARIO SINTETICO SUDDIVISO IN CAMPI SEMANTICI

| bocca | mouth | boca |
| guancia | cheek | mejilla |

CAMPO SEMANTICO "LA SCUOLA"

Italiano	English	Español
scuola	school	escuela
scuolabus	school bus	autobús escolar
insegnante	teacher	maestra / el maestro
studentessa	student	alumna
studente	student	alumno
classe	class	clase
aula	classroom	aula
lavagna	blackboard	pizarra / pizarrón
cattedra	teacher's desk	escritorio
banco	desk	banco
lezione	lesson	lección
lettura	lecture	lectura
scrittura	writing	escritura
matematica	mathematics	matemática
alfabeto	alphabet	alfabeto
compiti	homework	tareas
appunti	notes	apuntes
esame	exam	examen
pagella	school report	libreta
insegnare	to teach	enseñar
scrivere	to write	escribir
leggere	to read	leer
studiare	to study	estudiar
zaino	backpack	mochila
un astuccio	pencil case	cartuchera
quaderno	notebook	cuaderno
foglio di carta	sheet of paper	hoja de papel
libro	book	libro
penna	pen	lapicera
matita	pencil	lápiz
righello	ruler	regla
gomma	rubber	goma
temperino o temperamatita	pencil sharpener	sacapunta
compasso	compass	compás
calcolatrice	calculator	calculadora
forbici	scissors	tijera

Il sistema scolastico italiano si suddivide in:

- Scuola dell'infanzia: bambini dai circa 3 ai 6 anni.

- Scuola primaria: durata 5 anni. I bambini imparano a scrivere e a leggere, apprendono le prime nozioni di storia, geografia, matematica, grammatica italiana, scienze, musica, disegno ecc. Da pochi anni è obbligatorio l'insegnamento della lingua inglese e dell'informatica.

VOCABOLARIO SINTETICO SUDDIVISO IN CAMPI SEMANTICI

- Scuola secondaria di primo grado (scuola media): durata 3 anni. Si approfondiscono le materie e si prepara lo studente alla scuola secondaria di secondo grado.
- Scuola secondaria di secondo grado: durata 5 anni. Si divide in 4 tipologie di istituti: licei, istituti tecnici, istituti professionali e istituti d'arte. I licei, che hanno l'obiettivo di preparare lo studente all'ambito universitario si suddividono in: liceo artistico, liceo classico, liceo linguistico, liceo musicale, liceo scientifico e liceo delle scienze umane.
- Università: è articolata su 3 livelli. Questi sono: 1. Laurea triennale (3 anni), 2. laurea magistrale (2 anni), 3. Dottorato di ricerca (3 anni). Inoltre è possibile frequentare un Master: un percorso di specializzazione che può essere di primo o secondo livello e che può avere una durata variabile di uno o due anni.

CAMPO SEMANTICO "LE PROFESSIONI"

Italiano	English	Español
professione / mestiere	profession / occupation	profesión / oficio
agricoltore	farmer	agricultor
architetto	architect	arquitecto
attore	actor	actor
autista	driver	chofer
barista	barman	barman
cameriere / cameriera	waiter/waitress	camarero
casalinga	housewife	ama de casa
commesso/a	shop assistant	dependiente/empleado
cuoco/a	cook	cocinero
disoccupato/a	unemployed	desocupado
dottore / dottoressa	doctor	doctor
falegname	carpenter	carpintero
farmacista	pharmacist	farmacéutico
giornalista	journalist	periodista
impiegato/a	employee	empleado
infermiere/a	nurse	enfermero
ingegnere	engineer	ingeniero
insegnante	teacher	enseñante
meccanico	mechanic	mecánico
medico	doctor	médico
muratore	builder	albañil
operaio/a	manual worker	obrero
pensionato/a	pensioner	jubilada
professore / professoressa	professor	profesor
ragioniere/a	accountant	contador
scrittore/scrittrice	writer	escritor
segretaria	secretary	secretaria
studente / studentessa	student	estudiante
traduttore / traduttrice	translator	traductor
vigile del fuoco	fireman	bombero

VOCABOLARIO SINTETICO SUDDIVISO IN CAMPI SEMANTICI

regista	director	director cinematográfico
poliziotto	cop	policia
cantante	singer	cantante
musicista	musician	músico
idraulico	hydraulic	fontanero / plomero
ballerino/a	dancer	bailarín / bailarina

CAMPO SEMANTICO "EDIFICI PUBBLICI"

Italiano	English	Español
aeroporto	airport	aeropuerto
banca	bank	banco
biblioteca	library	biblioteca
chiesa	church	iglesia
ospedale	hospital	hospital
scuola	school	escuela
stazione dei treni	train station	estación de trenes
stazione degli autobus	bus station	estación de autobuses / estación de ómnibus
teatro	theatre	teatro
ufficio postale	post office	oficina de correos
università	university	universidad

CAMPO SEMANTICO "NEGOZI"

Italiano	English	Español
centro commerciale	shopping centre	centro comercial
edicola	newsstand	quiosco de periódicos
farmacia	chemist's	farmacia
gioielleria	jeweller's	joyería
libreria	bookshop	librería
macelleria	butcher's	carnicería
negozio di generi alimentari	grocer's	tienda de comestibles
negozio di frutta e verdura	grocer's	negocio de fruta y verduras / verdulería
negozi d'abbigliamento	clothes shop	tienda de ropa
negozi di elettrodomestici	electronics shop	tienda de electrodomésticos
negozi di giocattoli	toy shop	juguetería

CAMPO SEMANTICO "CITTÀ"

Italiano	English	Español
città	city	ciudad
cattedrale / duomo	cathedral	catedral
chiesa	church	iglesia
teatro	theatre	teatro
museo	museum	museo
cinema	cinema	cine

VOCABOLARIO SINTETICO SUDDIVISO IN CAMPI SEMANTICI

porto	port/harbour	puerto
stazione di treni / di autobus	train/bus station	estación de trenes / de bus
albergo	hotel	hotel
banca	bank	banco
posta	post office	correo
scuola	school	escuela
asilo / scuola materna	nursery school	jardín de infantes
condominio/ edificio o Immobile	building	edificio
ufficio	office	ificina
edicola	kiosk	kiosco de diarios y revistas
supermercato	supermarket	supermercado
bar	café	bar
negozio	shop/store	negocio
via / strada	street/road	calle
piazza	square	plaza
parco	park	parque
portico	[ortico / arcade	pórtico

 Il glossario è disponibile anche in altre lingue sul nostro sito web: gratuito, scaricabile, stampabile e in continuo aggiornamento.

BIBLIOGRAFIA E SITOGRAFIA

Testi adattati e modificati tratti dalle seguenti fonti

Prova n.1 Comprensione della lettura

http://www.asils.it/modena-citta-dai-mille-volti/

http://www.asils.it/racconto-silenzioso-delle-mura-firenze/

http://www.asils.it/street-food-allitaliana/

https://www.asils.it/la-storia-pedro-nuova-vita-grazie-allo-studio-dellitaliano/

Prova n.2 Comprensione della lettura

https://en.unito.it/sites/sten/files/bando_borse_studio_stud_internaz_2018-_2019.pdf

https://studyinitaly.esteri.it/it/call-for-procedure

https://www.unibo.it/it/servizi-e-opportunita/borse-di-studio-e-agevolazioni/Borse-di-studio-e-premi/bando-di-concorso-per-l2019assegnazione-di-incentivi-alle-iscrizioni-a-corsi-di-studio-inerenti-ad-a-ree-disciplinari-di-particolare-interesse-nazionale-per-l2019anno-accademico-2017-2018

Prova n.3 Comprensione della lettura

Informazioni tratte da :

https://www.antoninocannavacciuolo.it/origini/

https://www.antoninocannavacciuolo.it/io-antonino/

https://www.acmilan.com/it/gianni-rivera

Prova n. 2 Ascolto

Informazioni tratte da :

https://www.radioitalia.it/news/intervista/1/index.php

https://www.repubblica.it/sport/vari/2016/02/04/news/gregorio_paltrinieri_il_veterano_a_rio_al_massimo_e_voglio_trovare_sun_-132717288/

https://www.iodonna.it/personaggi/star-italiane/2018/12/08/alessandra-mastronardi-chiedetemi-tutto-ma-non-di-fare-unautopsia/

Prova n. 3 Ascolto

Informazioni tratte da :

https://www.italiaparchi.it/parchi-di-arte-e-storia/area-archeologica-di-villa-adriana.aspx

https:// www.villaadriana.beniculturali.it.

https://www.fieradeltartufo.org/fiera-del-tartufo/

https://www.unibz.it/it/news/130642-inaugurato-l-anno-accademico-2018-19

https://www.donnamoderna.com/news/i-nostri-soldi/fondi-ue-come-accedere-le-occasioni-per-le-donne-i-giovani-le-start-up

BIBLIOGRAFIA E SITOGRAFIA

Quaderno d'esame completo n.1
Prova n. 2 Ascolto
http://www.corriereuniv.it/cms/2015/07/lintervista-al-rettore-dalessandro-ricerca-e-laboratori-le-sfide-del-futuro

Prova n. 3 Ascolto
https://www.corrierenazionale.it/2019/03/18/dal-25-marzo-torna-il-festival-della-cultura-creativa/

Prova n. 1 Comprensione della lettura
https://www.firenzetoday.it/cronaca/studenti-stranieri-accolti-famiglia-ambiente-intercultura.html

Prova n. 2 Comprensione della lettura
http://www.serviziocivile.gov.it/media/757014/bando-ccp.pdf

Prova n. 3 Comprensione della lettura
http://www.ilgiornale.it/news/politica/trovato-messaggio-bottiglia-pi-antico-mondo-1502539.html

Prova n. 2 Analisi delle strutture di comunicazione
https://www.virginradio.it/news/rock-news/254142/bohemian-rhapsody-rami-malek-ecco-come-sono-diventato-freddie-mercury.html

Prova n. 3 Analisi delle strutture di comunicazione
https://blog.prevenzioneatavola.it/2019/04/02/effetti-caffe/

Quaderno d'esame completo n.2
Prova n. 2 Ascolto
https://www.unito.it/ateneo/gli-speciali/unitoons

Prova n. 3 Ascolto
http://reportage.corriere.it/cronache/2015/storia-del-mio-bisnonno-emigrato-in-america-nel-1906/

Prova n. 1 Comprensione della lettura
http://www.unitonews.it/index.php/it/news_detail/come-cambiata-torino-45-anni-di-migrazioni

Prova n. 2 Comprensione della lettura
http://www.dottorato.polimi.it/fileadmin/files/dottorato/concorso35/Bando_ITA_XXXV.pdf

BIBLIOGRAFIA E SITOGRAFIA

Prova n. 3 Comprensione della lettura
https://www.imprenditoridisuccesso.it/lussuoso-wine-resort/

Prova n. 1 Analisi delle strutture di comunicazione
https://ideeviaggi.zingarate.com/cosa-indossare-per-viaggiare-comodi-203501.html

Prova n. 2 Analisi delle strutture di comunicazione
https://erasmusu.com/it/erasmus-utrecht/erasmus-esperienze/esperienza-ad-utrecht-paesi-bassi-di-madeleine-856711

Prova n. 3 Analisi delle strutture di comunicazione
https://www.ilgazzettinonuovo.it/mantova-sogna-grande-la-citta-europea-dello-sport-2019/

Per le definizioni
Il nuovo De Mauro, https://dizionario.internazionale.it/cerca/